大霊界

神霊学
用語事典

日本神霊学研究会 編

展望社

――解説――

神霊学が拓く新しい世界

日本神霊学研究会　神主 聖師教
隈本 正二郎

神霊の位置づけ

この世界は霊界と現界がコインの裏表のように、あるいは車の両輪のように一体となって、歩みを続けている。この考え方は、霊魂の存在や死後の世界を信じる者、また霊学の研究者らにとって、共通する認識である。

霊界とは、いわゆるあの世とよばれている死者の世界に限らない、大宇宙界さらには神霊界を含めた大霊界である。そして現界とは、地上界いわゆるこの世を表す言葉である。

こうした存在を認識してこそ、この世界のありようが見えてくるのである。

心霊と神霊は、出版物やネットなどでも混同されて使われることが多い。このほかに、霊魂、霊、魂、精霊、善霊、悪霊など、霊に関するよび方は数えれば限りない。

死によって肉体は滅んでも霊魂は生き続けるという霊魂存続の願いは、国境を超えて、古来よりの人類共通の関心事であった。

かつて地上の権力者は、富と力を使って永遠の命を望んだ。永遠の若さと活力にあふれる不老不死への望みは、権力の頂点に立つ者が手に入れたい夢であり悲願であった。

古代エジプトに起こりアラビアからヨーロッパに広まった錬金術は、卑金属を金や銀の貴金属に変えようという原始的な化学技術である。その過程で、不老不死の秘薬をつくり出すことも試みられた。古代中国においては、不老不死の仙薬や術が試みられた。

いずれも成功は見なかったが、その試みを通して、さまざまな化学物質の知識や、それらを扱う科学技術が生まれた。また東洋思想や文化が育まれ、漢方の基礎を構築させた。

この事実を思うとき、短絡的との批判は受けつつも、万物の引きあう関係を考えてしまう。プラスとマイナス、陰と陽。大きく何かが動くとき、その裏側で別の大きな何かが動くような感覚をもつのである。不老不死の願いがかなわぬ一方で、霊魂存続への関心は宗教や信仰心を強める力になったであろう。同時に、霊魂の存在を証明しようという流れも育んだことだろう。

霊魂の存在を感じさせるものは、たとえば幽霊であり、ふつうには起こりえない神秘的な現象、怪現象であろう。この超自然的な現象が心霊現象である。

「心霊」は辞書によれば、精神や心、神秘的精神現象を意味するが、一般には「心霊」と聞くと、心霊写真や心霊スポットといった、死者の霊魂にかかわる心霊現象を思い浮かべるのではないだろうか。霊魂の存在につながる可能性のある心霊現象をどうにかして解明しようという動きは、古代哲学や原始科学においてすでに見られる。

では、「神霊」とはどういうものか。

日本神霊学研究会（略称・日神会）が定義する「神霊」とは、死者の霊魂を超えた、神の領域に含まれる存在であり、大宇宙に遍満する神秘のエネルギーをいう。

日神会が神の領域から、そのパワーを頂くことで難病奇病（霊障）を癒し回復へ導く神霊治療をその研究の原点に置いていることからも、それは当然の成りゆきといえる。

神霊治療には、神霊だけでなく、守護霊や生者の魂（霊魂）自身のエネルギーも含まれはするが、それには高い霊格をもつという条件がつく。これらの力を含めて「神霊治療」とよんでいるのである。「神霊治療」が単なる除霊でなく、浄化を大きな特徴とするのも、「心霊」治療ではなく「神霊」治療とよぶゆえである。

人に霊障を与える霊を払い除くのではなく、穢れた霊を神霊力によって清め、霊障で傷んだ人の体を癒し回復に導くのが浄化である。

しかしながら神霊と心霊を理論として明確に分類するものではない。神霊の加護力、宇宙に遍満する神秘のエネルギーの解明は、まだまだ未知の部分が多い。のちに述べるが、「心霊」「神霊」ともに、霊格や霊界の段階と深くかかわってくる分け方、というとわかりやすいかもしれない。

さまざまなよび方をされる霊だが、神霊の対極にあるのが、いわゆる憑依霊として一括りにされる低級霊である。霊界の現界近くにさまよい、人間に取り憑いて、肉体的また精神的な障り（霊障）を与える。霊界に居場所を見つけられず、生きていたときの未練や恨みをもち続け、おのれの想いにあえぎ苦しみ、さまよう霊である。

低級霊による霊障は、霊界で苦しみあがく霊の霊界通信といえる。波長が合った人間を見つけると、取り憑くことで苦しみを訴えるのである。なかには、自暴自棄になり、人間を苦しめ害をなすことが目的となってしまった狂霊や悪霊もいる。

波長が合って取り憑かれる人間の側からすると、波長を放っているのはその人間の魂（霊魂）である。想い、念とよんでもよい。

生きている人間の激しい念を生き霊というのは、あながち間違いではない。他人を恨んだり憎んだり、あるいは相手を激しく恋う想いは、強いエネルギーとなってその対象である相手あるいは自身に作用することがある。念による障害は低級霊による霊障とよく似ている。つまり、霊魂は生者においても死者においても、想いの存在なのである。

無念を残して死した霊魂が、その無念の想いを人間界にぶつける例は、数限りない。

その一つに、霊魂ブームを巻き起こし、心霊研究の近代化を進める契機となった事件がある。それは、アメリカニューヨーク州の小さな町ハイズヴィルで起きた。

霊魂実在への科学的アプローチ

1848年、ハイズヴィルに転居したフォックス一家は、引っ越した家で毎日のように起こる物音に悩まされていた。気づいたのは、娘のマーガレットとケイト姉妹である。誰もいない部屋で、コツコツと音が聞こえる叩音（ラップ）現象であった。

あるとき、ケイトがふと手を叩いた数と同じ数だけ叩音が返ってきたことで、事態は大きく動く。何かが意志をもって叩音を立てていると考えた家族は、アルファベットを書いた板を作り、これを数字化して、交信を試みたのである。すると5年前に、この家の以前の住人に殺された行商人であるとの答えがあった。そして、のちに地下から叩音での答えのとおりに、人骨と行商人の鞄が発見されたのである。

この叩音事件は、その霊媒のみが感知する霊視や霊聴といった主観的な心霊現象とは一線を画す画期的な出来事であった。

家族という複数が感じた心霊現象であり、叩音という第三者も感じることができる物理的心霊現象であり、さらに交信が可能な出来事となったのである。報道されるや、フォックス家には物見高い人々がひきもきらず訪れた。マーガレットとケイト姉妹は、その後、長姉リアのマネジメントで交霊会を開き活躍したという。

霊との交信を試みる交霊会は、このハイズヴィル事件以降、人々の関心を集め、数多く開かれるようになった。

人は亡くなって、肉体は消えても、霊魂というものはやはりあった。そして、霊魂とのコミュニケーション手段があれば、会話ができるのだ。ハイズヴィル事件は、おどろおどろしい現象とはいえ、愛する人との死別に悲しみ、喪失感にさいなまれる人々に、温かな希望の灯をもたらしたのである。

調査によれば、当時、アメリカ国内でおよそ１００万人が霊魂の存在を信じたという。

その背景には、当時の社会情勢もあった。ハイズヴィル事件の起こる数年前には電信機が発明され、欧州との間に大型蒸気船の行き来が盛んになっていた。人や物、そして情報の交流が盛んになり始めた時代であった。こうした時代の潮流にあって、コツコツ鳴る叩音をモールス信号に見立て、遠い世界から届く通信と受け取る者もいたであろう。

ブームには、それを支える人間の想いがある。また、そうした人の想いを支える科学技術の進歩があった。

この時代、人や物、情報の広がりと速さは以前とは比較にならないほど飛躍的に伸びた。まさに心霊ブームは、起こるべくして起こったのである。

ブームは、心霊現象や霊魂存在を科学的に実証しようという動きをも活発化させた。

1880年代から1920年代にかけて、イギリス、アメリカを中心に心霊研究の団体や組織がつくられた。ちまたで盛んに開かれた交霊会に参加した人々の中には、上中階級の人々のほか、科学者、医者、哲学者なども多数含まれていた。学者や研究者が中心となって霊魂存在や死後個性の存続を科学的に実証しようと試みたのである。

その後、心霊研究はイギリスからフランスへ、南米へと広がりを見せる。

霊魂の存在につながる心霊現象をどうにかして科学的に解明したいという心霊研究は、心霊科学ともよばれる。

面白いことに心霊科学の研究には、あの世に霊魂など実在しないことを証明するというものも含まれる。心霊現象のトリックや詐術の可能性を実験などにより、一つずつ潰して、トリックも詐術も考えられないのなら、心霊現象は事実として存在したことになる、という実証法である。研究は、広義には、超能力や潜在意識、深層心理を探求する心理学、超心理学といった幅広い分野に及んだ。

日本においても、心霊研究の草分けともいえる浅野和三郎が1923年（大正12）に心霊科学研究会および1929年（昭和4）に東京心霊科学協会を設立。会の精神は、のちの1946年につくられた学術的心霊研究団体である公益財団法人日本心霊科学協会に受け継がれ、現在も活動が続けられている。

同協会には医学者や物理学者、心理学者ら著名な学者が理事として参加、スピリチュアリズムの思想哲学や心霊現象、超常現象の解明、人間の思考や精神世界に関する科学的な研究を行っている。

こうした科学的研究の広がりは、霊との交信方法も飛躍的に発展させた。霊との交信にフォックス家族が思いついたアルファベットと数字の組み合わせは、さっそく交霊実験に生かされた。それ以外にも、楽器が立てる音で検証する霊魂の交信、また降霊した霊に生前の姿や体の一部を現してもらう物理的心霊実験など、科学によるアプローチが活発化したのである。

こうした心霊研究や交霊会は、ふつうには見えない霊の存在を広く知らしめるのに大きな役割を果たしたといえる。同時に科学的アプローチは、見えない霊の世界にかかわる偽者や詐術をあばく効果もあった。

それでも霊界が見えない世界ゆえに、十分といえるものではなかった。

既に述べたが、人間世界にかかわってくる霊の大半は、霊格の低い低級霊なのである。人間界に近い幽界に浮遊している霊が、面白がって交信してくることもある。歴史に名をはせた英雄や著名人の名を騙って霊が交信してくることも多々ある。

交霊会で中心的役割を果たした霊媒（霊能者）の中には、ペテン師や偽者もいたのである。

霊界において霊は進化する

霊界に上界や下界があることは、よく知られている。霊格という霊魂のレベルの高さによって、さまざまな段階があり、ある種のヒエラルキー世界なのである。このことは、種々の霊界通信などで、広く知られるところである。

死者の霊魂は、生きていたときのように幽体というものに包まれて、まず霊界の入り口である幽界へ向かう。幽界はこれから始まる霊界生活を霊が自覚する、いわば準備期間を過ごすところである。ここで霊魂を包んでいた幽体が解けて消え、霊はしだいに霊人としての自覚に目覚める。

幽界を出た霊が向かう先は、大きく分類すると、初階、中階、上階に分けられる。このよび名はさまざまで、またもっと細かな分け方もできるが、このような霊界の段階は、霊格の高さに合わせた段階である。霊がどこへ行くかは、その霊人の生前の過ごし方や精神の磨き方、そして生前の霊界とのかかわり方によって、霊界入りの場所が定まる。

おもに現界のよびかけに応じて霊界通信をしてくるのは、中階の霊人が多いとされる。また守護霊や指導霊として、人間を守り導く役割をつとめる霊が多いのは上階である。

概して高い段階へいくほど、霊は人間界に積極的に関心を寄せることはない。それより穏やかで心静かに霊的な修行に励み、魂の向上をはかるといわれている。

ただ、すべての人間がよき霊界人になれるわけではない。なかには霊界になじめない霊人もいる。すでに肉体がないことを信じようとせず、幽界と現界を行き来し浮遊する霊、現界の未練や憎悪を引き摺ったままで、狂霊・悪霊となる霊。それら低級霊が、霊言や自動書記などの現象を起こし、でたらめな内容の霊界通信を寄越すこともあるのだ。

実にさまざまな霊界模様である。

かといって、霊たちが永遠に同じ段階にとどまっているわけではない。

ここが霊界の深遠さである。

霊は進化する存在なのだ。人間界に生きていたときと同様に、いやそれ以上に、霊は自由意志をもつ存在である。

人間の死は、現界での修行の卒業であるともいえる。肉体の衣を脱いで霊界入りした霊魂にとって、今度は霊界人として新しい霊的な修行が始まるのである。霊界人は自由な意志で修行を積むことで、高い霊格へと進化をしていく。そして、ゆっくりと長い時をかけて、より高い段階の霊界へと上っていくのである。

上階の次の高級階で、進化を続けた霊は、霊的修行の完成を迎える。さらに分厚いバリアの上に天界が広がる。天界はもはや神の領域であり、高い霊格となった高級霊たちは、神霊とよばれる存在となるのである。

霊魂存続で変わる意識、新しい生き方

進化や文明の発展は一定の速さで進んでいくわけではない。ときに、激しいうねりの大波を受ける。物質至上主義の行き詰まりや、環境破壊への懸念の深まりを暗示させる波が起こったのは、20世紀後半である。

それが精神世界や魂の世界に光を当てた、スピリチュアリズムともよばれる心霊主義の動きである。その波をもたらしたニューエイジ運動は、１９６０年代から７０年代にかけ、アメリカ合衆国の西海岸を中心に起こった運動であり思想である。

６９年にニューヨーク州ウッドストックで開かれた『ウッドストック・フェスティバル』や、またビートルズの世界的人気に、その精神は見られる。

簡単にいえば、宇宙や生命といったテーマと個人としての自分とのかかわり、生き方を重視する考え方であり、人間に本来備わっている無限の潜在能力に気づき、霊性や精神性の向上をはかろうというものである。

音楽のほか、演劇、映画、文学、セミナー、ワークショップ、チャネリング、セラピーなど、その精神は裾野を広げ、サブカルチャーも含まれる。「精神世界」ともよばれ、日本の自己啓発セミナーもその一環と考えられる。

こうした変革の波の大きな特徴は、それまで社会や個人を縛っていた伝統的な常識や自己規制を解きはなち、人は一人一人違うという個性を認め、人々を開放することといえるだろう。人々とは、権力者や指導者、一部の富裕層や、限られた専門家ではない。ふつうの暮らしをする、ふつうの人々、老若男女の意識変革が、いま現在も、ゆるやかにネットワークを広げている。

その背景として、物質至上主義の行き詰まり、乱開発や物にあふれた生活スタイルが招いた環境破壊への反省などがあろう。

超高速の移動はもはや当たり前になった。火星旅行の実現も夢ではない。ＡＩ（人工知能）の進歩は家事労働や介護の手の代わりになりつつある。しかし、精神は満たされているだろうか。

こうした現代社会の不安の予兆は、文明のひずみとして、すでに始まっていたのである。時間に追われ、人間らしい暮らしとは程遠い毎日。そんな暮らしでよいのかと懐疑がもたげ、不安や心細さに気持ちを揺らす人々もいた。そのころ日本で起きた守護神ブームも、そうした影響の一つと見ることもできる。

神霊学的にとらえれば、意識の変革とは霊というものをとらえ直すことでもある。

霊の世界や霊魂存続が確信できるのなら、いままで当たり前のように受け入れてきた常識や建て前や価値観は一変する。霊としての死後の世界が続くのなら、この世での生き方も変わってくる。物質的な豊かさより精神的な豊かさが大事なことに意識が変えられるのだ。

霊界のとらえ方も、死者の霊のみならず、宇宙の精霊、そして霊界の高みに存在する神霊へと、その意識を広げる。霊界を認識することは、この世にあって真実の生き方を問い直すことでもある。

神霊学の真髄は人類と霊界の幸福である

日本人に信仰の有無を尋ねると、多くの人が「信じている特定の宗教はない」「無宗教」と答える。そんな人々が正月には、新年の幸せを願って初詣に行き、各地の神社仏閣は押すな押すなの賑わいを見せる。お盆や春秋の彼岸に、墓参を欠かさない家族も多い。秋には七五三の宮参りに、幼い子どもの手を引いた家族の姿を見掛ける。

特定の宗教は信じていなくても、超越した存在を認めている。神仏の前に身を低くして拝するのは、儀礼というより心の奥底にある魂の意志ではないか。そう思うのである。

そうした姿勢に、古来より人々がよりどころとしてきた信仰心を見る。

日本古来の神道は自然崇拝の宗教といえる。あらゆるものに精霊や霊魂が宿るとされた。自然災害は神の怒りであり、怒りを鎮める社を建てた。怨霊となった荒ぶる霊は鎮めの儀式をとり行った。祖霊は田の神となり、豊作の祈願と感謝が年中行事となった。

神に祈り、その怒りを鎮め、神に感謝し喜ばせる、そうした神と人との関係は謙虚さを保ちながらも、なんと大らかであったことだろう。

グローバル社会の中で格差が生まれ、一握りが富を占有し、貧困者との格差を広げているという、いびつな現代の人間界。排除と憎しみがもたらす分断の世界。そうした現代にあって、神と人間、霊界と現界との新しい関係こそが求められるのではないか。

神霊学の大きなテーマは、人間の尊厳を取り戻すことである。霊界を認識し、霊魂と共存しながら、

精神世界を磨くことである

ふだん意識していなくとも人間界と霊界は、深くかかわり合い、影響を与え合っている。

生きていたときの精神の汚れ、欲望の芥を引き摺って霊界入りした霊が増えれば、霊界に低級霊があふれることになる。つまり人間にダメージを与える霊障も、低級霊の増加とともに増大するという悪循環に陥る。

霊の穢れを神霊のエネルギーで浄化し、迷える霊を清浄な霊界の高みに送り届ける神霊治療の理論は、霊の救済が、すなわち人間界の幸せにつながるというものである。

科学による霊魂実在のアプローチは、さまざまな心霊現象の事例の収集と検証によってなされる。

神霊現象において未知なる神秘のエネルギーの実在は、実際に霊障による苦しみが消えて、心身が癒されるという事実の積み重ねによっても立証されている。

神霊の前に謙虚に祈るとき、胸の精神世界は大霊界に開放されている。大霊界の深遠に住まう神霊と直結しているのだ。

精神世界を汚さない謙虚な生き方とは、霊界の超越した神的存在を信じて、そのメッセージに耳を傾けることである。物質至上主義から精神世界を重んじる生き方への意識の変革は、その流れをとめないであろう。

神霊のメッセージもそこにある。

大霊界　神霊学用語事典　目次

い

う

え

か

し

す

せ

ち

ふ

へ

ほ

ま

み

ろ

大霊界　神霊学用語事典

あ

アーユルヴェーダ

Āyurveda

サンスクリット語で生命・精気・寿命を意味する「アーユス」と知識・真理を意味する「ヴェーダ」からできた言葉で、インドの伝統的医学。

紀元前5〜6世紀には体系づけられたと考えられている。ギリシアやアラビアに起こったユニナ医学、中国医学と並び、世界三大伝統医学とされる。

アーユルヴェーダ理論は、体液などのバランスが崩れることを病気の原因とするが、医学のほか生活の知恵や、生命科学、哲学なども含み、よりよい人生を送ることを目的としている。１９８０年代以降、伝統医学が現代医学を補佐する健康促進医療として世界で注目されており、アーユルヴェーダもその一つである。

ＲＳＰＫ（アールエスピーケー）

Recurrent Spontaneous Psychokinesis

再起性偶発念力現象。ポルターガイスト現象の一種で、同じ現象が一定期間くり返し起こる念力現象のこと。そこに住む人間の無意識の念力が影響して起こさせているという。

愛（あい）

一般的には、男女、親子兄弟、また自然、人類を慈しみ思いやる心を意味する。キリスト教では、神がすべての人間を慈しむこと。アガペー。一方で、仏教における十二因縁では、愛着や愛欲を迷いの根元とみなす。

神霊学的には、人間は神霊より深い慈しみを授かっており、そうした神霊に対する謙虚・礼節・敬い・感謝の想いから、他者へも博愛や慈愛をすすめている。

相性（あいしょう）

人が出逢い交流したときに放射される互いの守護霊の波長。この波長同士が引かれ合うと、友人とよい関係を築き、幸福な家庭生活を送ることができる。逆に合わないと、関係の悪化や、別離に至ることがある。

この相性の良さ悪さは霊界における修行の度合いに左右される。

愛染明王（あいぜんみょうおう）

真言密教の明王の一つ。人間が本来もつ愛欲等の煩悩を、仏の悟りの境地の高みにまで導くとされる。チベット密教のラーガラージャ（*rāgarāja*）を起源とし、平安時代に日本に伝来し、のちに恋愛成就や商売繁盛の神として、庶民のあいだで広く信仰される。

アイドロン　*Eidolon*　→エクトプラ

ズム

霊の姿を目に見える形や音で現すときに関与する、ある種のエネルギー体。降霊実験などで、霊媒体質者の肉体にあるこのエネルギー体を利用して、霊の視覚化、物理的現象が起こされる。ふつうエクトプラズムとよばれるが、アイドロン、サイコプラズム、幽物質も同義に用いられる。

青火

浮遊霊や地縛霊となった人間の怨念が発する青い光。火の魂ともいわれる。日本各地の墓地や草原などに現れる発光現象。類似する現象として不知火や狐火などがあげられる。江戸時代に『和漢三才図会』に記載されたことで広く語り継がれることになった。→鬼火

アカーシャ記録（きろく） *Akashic Records*→**精気的記録**

宇宙におけるあらゆる出来事の記録。アカシック・レコード。

宇宙で起こる出来事のすべては宇宙のアカーシャ（精気）に記録されており、特殊な能力をもつ霊能力者はこれを読み取ることができるという。アカーシャはインド哲学において、すべての根源となる物質をさす。

ある物質（品物）に蓄積された、その物質にまつわる過去の記録を読み解くサイコメトリーの能力も、これに似ているとされる。

アガスティアの葉

紀元前３０００年頃のインドの聖者アガスティアの予言を記録した葉。南インドのタミル地方に保管されており、人生に迷いその地を訪れる人々は、その葉に触れ、アガスティアの予言を代読するナディリーダーの口述により、自らの運命を知るとされる。

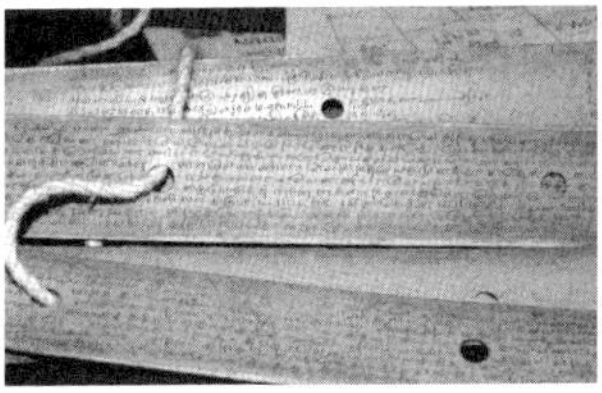

贖い（あがない）

ユダヤ教やキリスト教における、神の御心により民を奴隷の身分から解放するはたらきをさす。キリスト教の概念では、万人はすべて罪人であったが、キリストが民の身代わりとなり十字架に架けられ「あがなわれた」ことにより、人々は赦され自由と解放を得たとされる。

悪（あく）

正しくない行い。不道徳なふるまい。法律違反をすること。

悪運（あくうん）

不運、運が悪いこと。悪事をはたらいても、それを罰するような報いを受けず、かえって栄えるような運をも意味する。

悪縁（あくえん）

仏教で、悪に導くような良くない縁のこと。また、好ましくない人間

関係や思うようにならない男女関係をさす言葉。

悪行（あくぎょう）
悪い行い。非道。

悪業（あくごう）
仏教用語で、悪い行い。転じて、前世において行った悪によって、悪い報いを受けること。
仏教では、身・口・意がつくり出す悪しき行いを十種に分け、十悪業道としている。

悪邪霊（あくじゃれい）
未熟な霊魂のこと。霊自身の無知により、霊界を理解しようとせず、波長の合う現界の人間を見つけては憑依したり、さまざまな霊界通信を行ったりする。→低級霊

吾郷清彦（あごうきよひこ）
日本の古代史、古神道の研究家。漢字渡来以前（古事記、日本書紀以前）の日本の古代文字（ホツマ文字）の研究でも知られる。

阿含宗（あごんしゅう）
1948年、桐山靖雄が横浜で創設した仏教系新興宗教団体。「因縁解脱」（悪因縁を排するための行）や「念力護摩」（念力で護摩に火をつける）といった独特の修行法で知られる。

浅草神社（あさくさじんじゃ）
東京都台東区にある神社。浅草寺に隣接する。推古天皇の世、漁をしていた三人の兄弟の網に尊像がかかった。これを郷土の物知りが観世音菩薩と見抜き、奉安したのが浅草寺の起源。のちにこの三人を三社として祀ったのが浅草神社である。

下町に初夏を告げる浅草神社三社祭りの名は、この三社からきている。

浅野多慶子（あさのたかこ）
心霊研究者・浅野和三郎の妻。

浅野正恭（あさのまさやす）
［1868〜1954］心霊研究者。日本海軍の軍人であったが退役後、仏教系新宗教「大本」に入信。弟和三郎とともに教主出口王仁三郎の側近となる。やがて兄弟で大本の実権を掌握。大正時代には「大正十年立替説」という終末論を日本全国で展開し、政府からの弾圧を受けることになる。戦後は日本心霊科学協会の創設に顧問として関わった。

浅野和三郎（あさのわさぶろう）
心霊研究者、宗教家。兄正恭、弟とともに「大本」に入信。政府からの弾圧を受けた後は教団を離れ「心霊科学研究会」を創設した。

麻原彰晃（あさはらしょうこう）
［1955〜2018］本名松本智津夫。宗教団体オウム真理教の元代表、教祖。視覚障害者として生まれ、

盲学校に通いながら医師の道を志す。80年代に鍼灸院やヨガ道場の経営を経て、オウム真理教を設立。90年代に坂本弁護士殺害事件、地下鉄サリン事件などの一連のオウム事件を起こす。９５年に逮捕、２００６年死刑が確定。２０１８年執行。

阿修羅（あしゅら）

古代インドの太陽神「アスラ」が起源。ヒンドゥー教を経て、仏教の八部衆または二十八部衆に属す守護神となる。大乗仏教の世にその好戦的な性格が災いし追放、修羅道の主となる。争いごとが止め処のないことを喩えて「修羅場」とよばれるように、戦いの神として知られ、いっぽうで禁酒成就の神としても知られる。日本への伝来は奈良時代で、奈良興福寺の八部衆の阿修羅像、京都三十三間堂の二十八部衆の阿修羅像などで親しまれている。

アスター *Astor*

アイルランドの霊媒、ヘスター・ダウデン（トラヴァース・スミス夫人の名でも知られる）に寄り添っていたコントロール（支配霊）。アスターは聡明であり、話し方もわかりやすく将来を見通す能力に優れていたという。ダウデン霊媒には、5人のコントロールがついていたという。

アストラル界

死後に行くという、あの世、黄泉、冥土。

神霊学的には、亡くなって肉体を脱いだ霊魂が、まず入る霊界の入り口。幽界で過ごす時間は霊としてスタートする準備期間ともされる。霊界になかなかなじめない霊の中には、この幽界と人間界を幽霊として行き来し、さまよう者も多い。→幽界

アストラル光 *Astrallight*

幽体（アストラル体）自体が発する光で、霊視能力によって見ることができるとされる。神智学では、アストラル光を「魂の体・創造主の息」としている。

アスポーツ *Asports*

交霊実験などで、試験対象物が別の場所に移動する現象。物質移動現象。アポーツの対語。

アセンション *Ascension*

スピリチュアル界で近年、次元上昇という意味で使われてきた言葉。波動を発する森羅万象の中で、宇宙の波動は高く微細であり、その宇宙との一体化に至るまで、人類は次元上昇を続けるという。宇宙の次元は、4次元のさらに高位の、5次元・意

識世界である。

アセンションの思想はキリスト教の世紀末思想との共通性が見られるほか、物質偏重主義から精神性重視への移行を促す時代の流れも背景にあるとされる。

愛宕（あたご）

京都の愛宕山にある愛宕神社発祥の神道の信仰。

古くから修験者が多く集まる修験道の場として知られ、ここから愛宕信仰が全国にひろまった。現在でも「愛宕」を社名につける神社が日本全国に広く存在する。

アッディター *Additor*

霊界の霊魂と通信する際に用いる用具の一種。

円筒形の空箱に指示棒がついたもので、これをアルファベットが書かれた板版の上を動かして、言葉を判読する。

アッラー *Allāh*

イスラム教における唯一神。アラーフともよばれる。

ユダヤ教・キリスト教の神ヤハウェのアラビア語呼称であり、イスラム教の開祖ムハンマドはヤハウェ（アッラー）の預言をアラビア語で伝えた使徒とされる。またムハンマドはアッラーの意思を伝えるための被造物にすぎないという考え方から、神の言葉を著したコーランこそがアッラーの意思そのものとされ、偶像化は厳しく戒められている。

アデア卿 *Lord Adare*

［1841〜1926］世界的に知られるスコットランドの霊媒師D.D.ホームと親交があり、さまざまな霊的現象に立ち合ったことで知られる。著書『D.D.ホームとのスピリチュアリズムに関する体験』には、78回にのぼる交霊会の様子が記されている。

アドラー、アルフレッド *Alfred Adler*

［1870〜1937］オーストリア出身の心理学者、精神科医。フロイト、ユングと並ぶ心理学の三大巨匠の一人。

フロイトが患者の過去の心的外傷を探求することを治療の起点とするのに対し、アドラーは患者の自助努力の心の育成を促すことで治療を進めるとされる。日本でも近年『嫌われる勇気』などの出版物によって、アドラー心理学が広く認知されることとなった。

アトランティス *Ἀτλαντίς*

プラトンの対話篇に出てくる伝説

上の大陸（島）。ジブラルタル海峡の西方にあり、繁栄した王国であったが軍事力で世界覇権をもくろみ、ゼウス神の怒りに触れて、一日一夜にして海に沈んだという。太平洋にあり海中に没したとされる古代のムー大陸とともに、人々にロマンと謎を抱かせる伝説である。

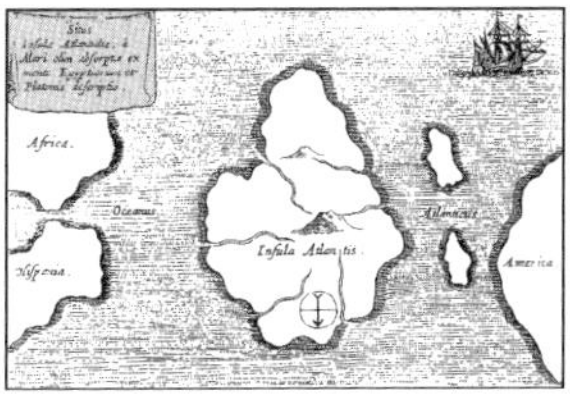

アニミズム *Animism*

自然界のすべてのものには、生物・無機物を問わず、霊魂・精霊が宿っているという世界観や宗教観。イギリスの人類学者タイラーの著書で広まった。精霊説。原始宗教の一つの形とされ、日本の神道に流れる思想にもアニミズムの概念を見ることができる。

あの世

死後の世界。霊界のこと。現界・霊界・全宇宙界を包括する大霊界の一部。↔現し世（うつしよ）

アフィド *Afid*

イギリスの霊媒、クーパー夫人のコントロール（支配霊）の一人。ブランチ・クーパーは、20世紀初頭に活躍した霊媒で、模擬喉頭を使って行う直接談話現象で知られる。

安倍晴明（あべのせいめい）

平安中期の陰陽道の大家。賀茂忠行・保憲父子に陰陽道を学び、村上天皇の命により宮廷で占いや予言を行い、徐々に頭角を現す。その名声は広く、彼の説話は『今昔物語集』『大鏡』『宇治拾遺物語』などにも著されている。明治初期まで続いた官制の機関「陰陽寮」を統括した安倍家（土御門〈つちみかど〉家）の祖。編纂書に『金烏玉兎集（きんうぎょくとしゅう）』などがある。

アポート（アポーツ）

物体引き寄せ現象、アスポーツの対語。

アポロン *Apollōn*

ギリシア神話のオリンポス十二神の一。ゼウス神とレト女神の子として生まれ、女神アルテミスの双子の兄。弓矢と竪琴に秀で、美男子として知られる。詩歌や音楽、予言などを司る。のち太陽神ヘリオスと混同

された。→太陽神

尼（あま）

仏門に入るべく髪をおろし、出家した女性のこと。サンスクリット語の梵 *ambā*（母）からきたとされ、尼僧、比丘尼（びくに）ともよばれる。カトリック教の修道女のことをさすこともある。

雨乞い（あまごい）

干ばつが続き、水不足になったとき、雨を乞うために神仏に祈願する宗教儀礼。

世界各地に雨乞いの風習があるが、ほとんどの文化圏では「雨は神からの恵みであり、干ばつになるのは神の怒りの表明」という観念から、神の怒りを鎮める意味で儀式を行う。

天照大御神（あまてらすおおみかみ）

日本神話に登場する太陽神。高天原の主神であり、伊弉諾尊（いざなぎのみこと）の娘。

弟の素戔嗚尊（すさのおのみこと）の乱行を見かね天の岩戸に身を隠した「天の岩戸伝説」や、孫の瓊瓊杵尊（ににぎのみこと）を葦原中国（あしはらのなかつくに）に天から遣わし支配させたなどの神話がある。

天の岩戸伝説（あまのいわとでんせつ）

日本神話に出てくる話の一つ。天照大神が弟スサノオの乱暴な行為に怒り、岩戸に籠もって地上は闇に包まれてしまう。神々が相談して、アメノウズメノミコトが岩戸の前で舞い、再び光を取り戻したという伝説。

太陽の力が弱まる冬至を経て光が復活する、この型の神話は北半球の国々に見られる。

阿弥陀（あみだ）

大乗仏教の浄土教の代表的な仏。浄土宗、浄土真宗の本尊。

衆生の救済のために修行を行い、自らの修行努力で成仏できない人も、念仏を唱えることで極楽浄土に往生できると説いた。弥陀（みだ）、阿弥陀仏、阿弥陀如来ともよばれる。

阿弥陀仏

阿弥陀経（あみだきょう）

大乗仏教の経典の一つ。

極楽浄土の様子や、阿弥陀仏の姿などを説いたあと、衆生に向けて、極楽への往生のため阿弥陀の徳を信じ念仏を唱えるべき、阿弥陀の国に生まれることを願うべきと説く。

天之御中主神（あめのみなかぬしの

かみ）
天地創造のとき高天原に最初に現れた神。
続いて高御産巣日神（たかみむすび）、神産巣日神（かみむすび）が出現、すぐに身を隠したとされる。この三柱の神は造化三神とよばれ、性別のない「独神」（ひとりがみ）である。宇宙の根源をなす神といわれる。

アメリカ科学研究協会 *American Institute for Scientific Research*
1906年、異常心理学ならびに心霊研究を目的にニューヨークに設立された。のちに心霊研究は独立組織としてアメリカ心霊研究協会（ASPR）となった。

アメリカ心霊科学研究所 *American Psychical Institute and Laboratory*
1920年、心霊研究を目的にニューヨークに設立。一時解散したが、1933年に復活、世界的な科学者が参加している。

アメリカ心霊研究協会 *American Society for Psychical Research (ASPR)*
1885年にボストンに設立。のちにアメリカ科学研究協会の心霊研究部門が独立した形で、ニューヨークに再組織化された。

アメリカ・スピリチュアリスト教会連合 *National Spiritualist Association of Churches*
科学、哲学、宗教を柱に活動する

Columnn

天の岩戸と根（ね）の国

太陽の神アマテラスが岩戸に隠れ、再び姿を現す天の岩戸伝説は、陽と陰、明と暗の世界を対比させた伝説でもある。

天の高天原は太陽神アマテラスが治める明るい陽の世界。これに対するのが、騒動のもととなった弟スサノオが行く根の国である。

スサノオは、陽の世界を取り戻した神々の命により、高天原から追放され、根の国に渡る。地下の黄泉とされる陰、暗の世界である。

この根の国、「妣（はは）の国」の別名もある。新しい命を生む「母」に通じる言葉である。民俗学者の柳田國男は、根の国のネは琉球の他界信仰であるニライカナイと同じであり、根の字が当てられて暗い地下世界とされたと推測する。

さらに時代が下って、大国主命が根の国で生大刀や生弓矢を授かった神話からも、本来はニライカナイのような明るい世界として考えられたのではないかとしている。

古代の人々は、あの世を幸せな世界と考えたのであろう。

アメリカ最大のスピリチュアリストの団体。霊界側から示される事実の分析、顕在世界と霊界における自然法則の研究、その法則に従う道筋を示すことなどが活動のテーマである。

アライン、ジョン　*John Alleyne*

［1861～1933］バートレット大佐の霊媒師としての名称。数人の霊媒による交叉通信をもとに出版された、グラストンベリー文書にかかわった霊媒の一人。文書に基づく発掘の結果、不明であったグラストンベリー修道院のエドガー礼拝堂の位置などが明らかになった。

荒深道斎（あらふかみちなり）

古神道霊能者。仏教伝来以前の日本古来の神道の精神を説く「道ひらき」の創始者。宇宙発生の根源から人類誕生に至る神霊界と現界を古事記を中心に学びなおし、日本精神の魂を古神道に求めている。

阿頼耶識（あらやしき）

仏教用語で、万有は識の現れにほかならないとする唯識説において説かれる八識の第八。

宇宙万有の展開の根源であり万有発生の種であるとする。知覚や認識、自己意識など、諸意識の根底にある意識であり、心の活動の源でもある。

アリオラ（ペピート・アリオラ）
Pepito Ariola

2歳からピアノを始め、すぐに才能を開花させた天才児として知られる。演奏中は幼児の小さな手が広がり、1オクターブをたやすく弾きこなしたという。霊視によると、ピアノ演奏中はアリオラの姿が幼児から成人の男性になっていたと報告されている。

アルケミスト　*Alchemist*

錬金術師のこと。錬金術は紀元前のエジプトに起こり、イスラム世界で発展、12世紀にヨーロッパに伝わり盛んに実験が行われた。

8世紀初頭のアラビア錬金術の祖とされるジャービル・ブン・ハイヤーンは、すべての金属は水銀と硫黄の混合物であり、その混合バランスを容易にする物質が見つかれば金に変えられるとした。→錬金術

アルファ波　*Alpha Wave*

人や動物が発生する脳波（電気的信号）の一つ。

安静時や閉眼時に、ほかの周波数の脳波より高い割合で観察され、開眼、運動、緊張、睡眠時には減少する。このため、意識障害や睡眠障害の診断や状態把握に利用される。

アロマテラピー　*Aromatherapy*

エッセンシャルオイルや芳香を用いて、病気の治療、ストレスの解消を行う療法。芳香療法ともよばれる。

もともとアラブ圏や欧州

で古代から行われている伝統医学＝民間療法であるが、現代では近代産業社会で癒しを求めるニューエイジのライフスタイルとして称揚されている。

暗剣殺（あんけんさつ）

古代中国の占星術・九星において、もっとも凶となる方位。その年の五黄に相対する方位であり、暗闇で剣難に遭うという。

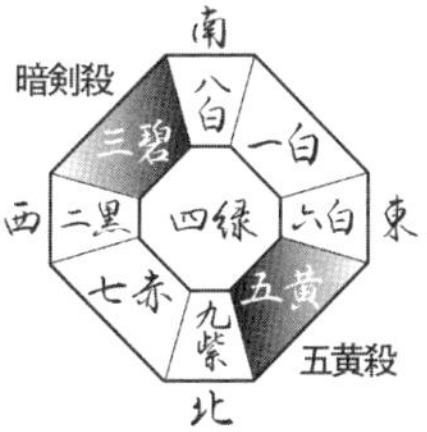

暗視能力者（あんしのうりょくしゃ）

暗闇でも、ものが見える人のこと。特殊な能力とされる。

暗示（あんじ）

心理学用語で、言語や視覚などの刺激や働きかけに対して、無批判に受け入れてしまう心の動きをいう。広告や宣伝に利用されるほか、神経症の治療などにも用いられる。

アンダーヒル夫人

19世紀後半に活躍した霊媒フォックス姉妹の長姉リアのこと。フォックス家は霊能の家系であった。財力あるアンダーヒルの夫人となってからは交霊会を度々開き、欧米の著名人たちも出席した。

安珍・清姫（あんちん・きよひめ）

和歌山の道成寺に伝わる伝説。屋敷に泊まった旅の青年僧・安珍に恋をした清姫は修行の身を理由に拒絶されても、恋慕のあまり蛇となって追いかける。安珍は寺の釣鐘に逃げ込むが、清姫は釣鐘に巻きついて焼死させたという。『今昔物語』に書かれるほか、能や浄瑠璃にもなっている。

鳥山石燕『今昔百鬼拾遺』より
「道成寺鐘」

アンドラーデ夫人

スペインの霊媒。念を送って対象物を移動させるテレキネシス（隔動現象）の霊能力で知られる。

安楽死（あんらくし）

重症患者や、完治の見込みのない病にかかった患者を、医師の判断で死に至るまでの痛み苦しみから救済するために、生命を絶つ処方をすること。

い

ESP（超感覚的知覚） *Extra Sensory Perception*

超感覚的知覚。既知の五感によらずに、見たり情報を得たり、認識する働き。超心理の主要な研究テーマの一つである。

ESPカード *Zener Cards*

ESP（超感覚的知覚）を調べる

実験などで使用されるカード。代表的なものでは、星、四角、円、波形、十字の5種類の図形が描かれ、実験者が選んだカードの図形を、離れた場所にいる被験者が言い当てることで、ESPの存在を証明する。

イエス・キリスト　*Jesus Christ*

世界の三大宗教の一つ、キリスト教の創始者。

救世主たるイエスの意。神の国の到来と、貧しい者や罪人の開放の福音を告げ、また悩める人々に対してさまざまな癒しと奇跡を行った。新約聖書の4つの福音書には、イエスの行動と言葉が記され、伝えられている。

イエズス会　*The Society of Jesus*

カトリック教会の修道会。16世紀当時の欧州でプロテスタントの勢力拡大に対抗するため、カトリック教会の改革と刷新を目的として結成された。1534年にイグナチウス・デ・ロヨラ、フランシスコ・ザビエルら6人の司祭がパリのモンマルトル礼拝堂で「清貧・貞節、エルサレムへの巡礼」の誓いをたて、1540年に教皇から正式な認可を受けた。教会内部の汚職や不正を厳しく糾弾する一方、世界各地への宣教活動にも努めた。現在でも会員は2万人、活動範囲は世界112カ国に及ぶ、カトリックの巨大男子修道会として存在している。

生き神（いきがみ）

人の姿でいる神。教祖などを形容する言葉。霊能があり神としてあがめられる人。神のような徳の高い人。生き仏。

生き腐れ（いきぐされ）

人間が自分自身の魂に嫌われ、生きながらにして体が腐りはじめ、ついには魂が肉体を去って肉体の死にいたること。日神会の初代教祖が神霊治療を重ねるなかで発見された現象である。魂は精神世界の奥に住まい、独立した意志決定をもつ存在という魂理論のもとに名づけられた。

↓生き死に

生口（いきくち）

口寄せの一つ。生きている人の霊魂を招魂して、その想いや言葉を聞くこと。

↓口寄せ

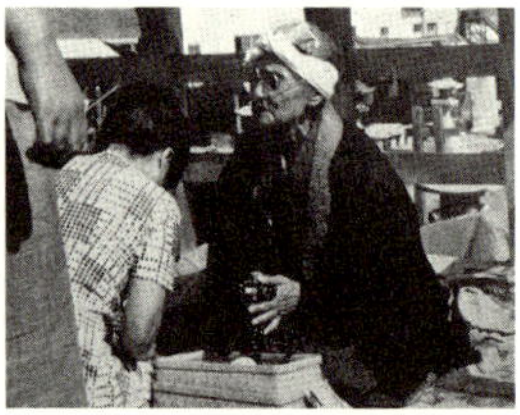
生口（口寄せ）をするイタコ（右）

生き死に（いきじに）

人間が自分自身の魂に嫌われ、生

きながらにして原因不明の激しい肉体の痛みに襲われ、魂が魂自身の意志により肉体から離れて、肉体生命が絶えていくこと。日神会の神霊治療のなかで発見された現象である。

↓生き腐れ

生き仏（いきぼとけ）

徳の高い僧、あるいは、生きたままで仏とあがめれる僧侶。生き神、生き如来、生き菩薩ともいわれる。

生き霊（いきりょう）

生者の霊魂。強い苦しみや恨み、憎しみの念が他者に取り憑く憑依霊の一つ。古くは祈祷師の呪術によって退散させた。神霊治療においては、浄化により憑依をはずす。

イグナート夫人 *Lujza Linczgh Ignath*

［1891〜?］ハンガリーの霊媒。霊視や物体引き寄せ（アスポーツ）などで知られる。

池田大作（いけだだいさく）

［1928〜］宗教法人創価学会名誉会長、SGI（創価学会インターナショナル）会長。

1947年、創価学会の第二代会長戸田城聖に師事。1960年に第三代会長に就任。政治の世界に進出すべく公明党を結党。現在まで多くの議員を送り込む。作家としても『人間革命』の執筆等で知られる。

異言（いげん） *Glossolalia, Speaking in Tongues, Glossa*

Columnn

異種言語発話現象と霊界通信

霊媒本人が話せないはずの外国や古代の言葉で語る現象は、異種言語発話現象、異言、未知言語現象とよばれている。霊界通信の一種で、多くは入神状態で見られる。

よく挙げられる例が、20世紀前半に古代エジプト語を話して有名になったローズマリーの異言。古代エジプトの王妃であったノナ夫人がローズマリーの支配霊となり、彼女の口を通して語ったもので、学者によりルクソール神殿建設当時の言語とされた。

ただ霊界通信という面では、低級霊による心霊現象にすぎないとする説もある。霊格が高く人間とかかわりを取りにくい高級霊が、現界臭を残した低級霊に霊界の存在を知らせているだけだというのだ。

この現象は宗教にも見られる。新約聖書では霊的賜物として異言を語る力をあげる。聖霊が炎のような舌となって使徒たちの上にとどまり、多くの会衆のためにさまざまな国々の言葉で話し始めたという五旬祭の話もある。

未知の言語で話すこと。

イザナギ

日本神話に登場する男神。日本書紀では伊弉諾神と表記。同じく日本神話の女神イザナミは妻であり妹。高天原の神々の命をうけ、イザナミと結婚、二人で天の浮橋から矛で海をかきまぜ日本国土を形づくる多くの子をもうけたという神話がある。

天瓊を以て滄海を探るの図（小林永濯・画：明治時代）

異種言語発話現象（いしゅげんごはつわげんしょう）

霊媒にとって未知の、話せず理解できないはずの言語を話す現象。トランス状態にあるなかで起こる場合が多い。異言、未知言語現象。

意志力（いしりょく）

あることをしたい、したくない、または目的のために選択し実現しようという精神のはたらき。あるいは、意図にもとづいた行動の原因となる精神的なはたらき。心理学では、知性・感情・意志を精神の三活動とする。

神霊学では肉体の深奥にある魂もまた、独自の意志力をもつとしている。

以心伝心（いしんでんしん）

禅宗の用語で、言葉によらず悟りの奥義が師の心から弟子の心へ伝わること。転じて、無言のまま心が通じ合うこと。スピリチュアル界では、生者同士だけでなく生者と霊界人との間の言葉を介さない意思伝達も認めている。思考伝達。↓テレパシー

出雲大社（いずもたいしゃ）

古くは古事記や日本書紀に創建の記述のある島根県大社町にある神社。主神として大国主大神をまつる。社殿は日本最古の建築様式で、大社造とよばれる。日本神話に登場する大国主命は少彦名神と共に国土を治めたが、ニニギノミコトに国譲りをし、杵築の里に引退した。明治以前は杵築大社（きづきのおおやしろ）とよばれた。

イスラム教 *Islam*

唯一神アッラーの預言者ムハンマドが紀元620年に創設した一神教。全世界に6億人の信者をもつ巨大宗教である。アッラーの意思を著した聖典コーランを絶対の教義とする。イスラムはアラビア語で「アッラーへの絶対の服従」を意味し、信者をさす「ムスリム」は「絶対の服従者」となる。

伊勢神宮（いせじんぐう）

三重県伊勢市にある神社。天照大神を祀る皇大神宮（内宮）と豊受大神を祀る豊受大神宮（外宮）の総称である。公家や寺家、武家との結びつきが強かったが、鎌倉時代中期には、すでに数多

くの参拝人がいたことが書に残されている。その後、江戸時代を経て今日まで、大勢の伊勢参りの人々が訪れる日本を代表する神社の一つ。

いたこ

東北地方の北部において、死者の霊魂を招きよせ、その言葉や想いを告げる巫女。恐山のいたこは有名。

一元論（いちげんろん）

一つの原理ですべての事象を説明しようとする立場。哲学における一元論は、近世に一つの実在や原理から世界を説明しようとする学者を一元論者とよんだのが始まり。すべてを精神あるいは物質に還元しようとする唯心論、唯物論も一元論である。↔二元論・多元論

一期一会（いちごいちえ）

一生にただ一度会うこと。人生

Columnn

出雲の神々が結ぶ縁

島根県出雲市大社町といえば出雲大社。「いずもおおやしろ」が正式名称だが、「いずもたいしゃ」の名で親しまれる出雲国一の宮である。

主祭神の大国主命は、国を皇孫に譲り、神々や精霊の世界の治世に専念することになった神様である。その神事のため毎年10月、全国の神々が出雲に集う。10月を「神無月」とよぶのは、このためであり、出雲地方だけは「神在月」といいあらわす。

縁結びの社でもあり、江戸時代には「出雲は仲人の神」とよばれた。その理由として、大国主命が日本神話の中で最多の妻をめとったという説がある。またよく知られる説は、出雲に集った神々が会議をして縁を結ぶというもの。

これが神議（かむはかり）とよばれる神事である。この縁とは男女間の縁だけではない。現世のすべての縁であり、人間関係や仕事運、社会の縁、金運、健康運などの縁すべてが含まれる。御利益を求め年間２００万人が訪れるゆえんである。

で、ただ一度きりのこと。利休の弟子である宗二の書に「一期に一度の会」とあり、茶会の心得から広まった言葉。

一神教（いっしんきょう）

神を唯一絶対の存在として、信仰する宗教。イスラム教のアッラー、キリスト教のイエスの父なる神、ユダヤ教のヤハウェなどが、これに当たる。⟷多神教

飯綱使い（いづなつかい）

信州の飯綱神社に起源をもつとされる妖術。また、それを行う人。

管狐（くだぎつね）とよぶ、竹管に飼われている想像上の小さな狐を使って行う。修験者たちによって中世以降に流行ったが、近世には邪教と見なされることもあった。

『管狐』三好想山『想山著聞奇集』より

イデア

プラトン哲学の中心的概念で、時空を超えて変わらない絶対的実在。感覚的世界の個々の原型であり、理性的思考で認識できるとする。近代以降、観念・理念という意味で使われるようになった。

イディオ・サヴァン　*Idiot Savant*

知的障害や発達障害などのある者のうち、特定の分野に突出した能力を示す者。1887年に、イギリス人医師J・ランドン・ダウンが「イディオ・サヴァン＝賢い白痴」の名で報告したことによる。その後、*idiot* が差別的な意味をもつことからサヴァン症候群とよばれるようになった。

イディオプラズム　*Ideoplasm*

交霊会などで、霊媒の体から放出される流動性の物質。おもに口や鼻、耳などから発生し、粘質の糸状や布状であることが多い。

この物質によって、叩音や直接談話などさまざまな心霊現象が見えたり聞こえたり、形として現れることを物質化現象とよぶ。サイコプラズム、テレプラズムともよばれる。

↓エクトプラズム

伊藤真乗（いとうしんじょう）

宗教家。真言宗の僧侶から、真言宗系の新宗教真如苑を創始。誰でも修行できる信仰を体系化し、世界に100万人の信徒がいる。

伊藤友司（いとうともじ）

伊藤真乗の妻。夫とともに真如苑を創設した。

因幡の白兎（いなばのしろうさぎ）

出雲神話の一つ。白兎は、鰐鮫をだまして淤岐島（おきのしま）から因幡国に渡るが、渡りきったところで嘘がばれ鰐鮫に皮をはぎ取られてしまう。八十神にもだまされ、痛みに苦しんでいるところへ大国主命が

通りかかり、白兎は助けられ傷を癒すことができた。

大国主と兎

稲荷（いなり）→お稲荷さん

稲生（いねなり）の音が変化したもの。五穀を司る神である倉稲魂神（うかのみたまのかみ）。

また、稲荷神社の総本社・伏見稲荷のこと。

倉稲魂神の異称である御食津神（みけつかみ）と三狐神（みけつかみ）が結びつき、狐が稲荷神の使いと信じられたという説がある。

稲荷神社（いなりじんじゃ）

稲荷神を祀る神社。とくに全国の稲荷神社の総本社である、京都伏見区稲荷山の山麓に広がる伏見稲荷大

稲荷大明神

Column

井上円了の精神世界を伝える哲学堂

幕末に生まれた哲学者の井上円了は、別名妖怪博士ともよばれていた。それは、怪奇現象を迷信として片づけるのではなく、本当に妖怪が存在するのか、それとも人間心理による幻影なのか見極めたい、学者としての姿勢からきている。明治期に流行ったこっくりさんを、人間の潜在意識と精神作用によるものと解明したのも、その表れであろう。

そうした円了が、東京中野区に創設したのが哲学堂だ。東洋大学の前身である哲学館の新校舎予定地を変更し、哲学をテーマとした精神修行の場として整えた庭園である。

四聖堂

孔子、釈迦、ソクラテス、カントの四哲人を祀る四聖堂のほか、世俗の垢にまみれた精神を清める休憩所の髑髏庵。唯物園に通ずる坂には経験坂の名が付けられるなど、隅々にまで円了の精神世界が投影される。

昭和 19 年に都に移管され、50 年に中野区立哲学堂公園として市民に開放されている。

社をさす。同大社は、稲荷神社から改称されたもの。倉稲魂神・猿田彦命・大宮女命を祀る。本来は穀物や農業の神であったが、のちにさまざまな商売の神として幅広く信仰を集めている。周囲の山の緑に朱色が連なり映える鳥居の通路でも知られる。

意念の統制（いねんのとうせい）
心霊科学の発展に尽くした脇長生（わきたけお）［1890〜1978］によって、霊能発揮に欠かせないとされた実証法の一つ。
意念とは、想い、意識のこと。悪い念や悪感情を持たず育てず、意念をまとめていくこと、そして善い念や人を愛し尊ぶ心を保持する努力が必要と説く。

井上円了（いのうええんりょう）
［1858〜1919］明治時代の仏教学者、哲学者。東洋大学の前身である哲学館を創立した。
コックリさんや占い、心霊現象、怪異現象などの資料収集でも知られ、妖怪博士の名でも知られる。

祈り（いのり）↓祈祷
神格化された対象に、対象との意思疎通や健康、幸福などを願うこと。祈りは、宗教や民間信仰の基本的な形であり、古代より人間の根元的な欲求や願いを示す行為ともいえる。

陰（いん）
易学において陽の気に対置される気。消極的、受け身、地、夜、女、静、偶数などが、陰に当たる。
陰陽は宇宙のあらゆる事柄を陰と陽の気に分ける中国発祥の思想で、森羅万象、万物が変化するのは、陰陽二つの気によって起こるとする。陰陽思想は、五行思想と合わせて陰陽五行説となった。↔陽

陰王界（いんおうかい）
日神会初代会長隈本確教祖が唱えた霊界の段階のうち、下界霊界の一つ。幽界をはさんで下界は、夜叉界、濁王界、陰王界、夜王界と続き、この4段階をまとめて地獄魔界としている。

因果（いんが）
原因と結果。仏教において、あらゆる事柄・事象は、過去における何らかの事象の結果であり、また将来の何らかの事象の原因になるとする考え。縁が間接的な原因や動機なのに対して、因は直接的原因とする。

因果応報（いんがおうほう）
自分がした良い行為・行動や悪い行為・行動によって、それに相当する良い報いや悪い報いを受けること。現在は悪い方の意味で使われることが多い。

インゲボルク夫人
ノルウェーの入神霊媒。死後の魂が個性をもつという確証を伝えたという。

印象（いんしょう）
人の心に対象となるものによって

与えられる直接的な感覚。
霊学的には、霊魂がテレパシーなどの方法によって霊能者の心に与える視覚的、触覚的なもの、あるいはその方法。

印相（いんぞう）

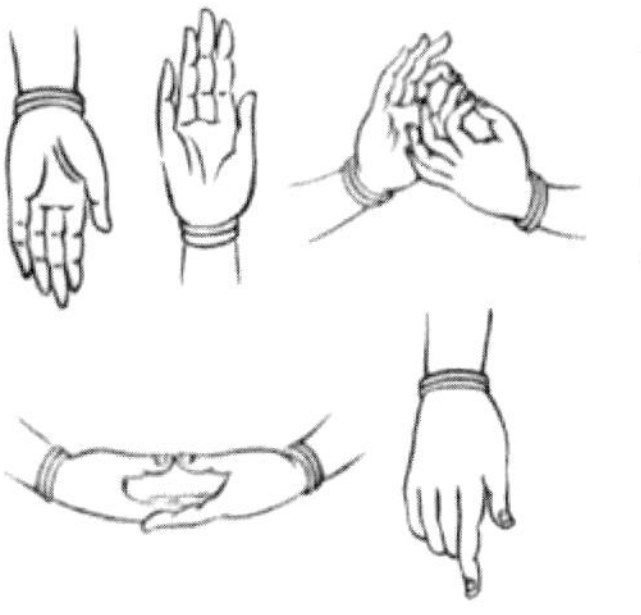

降三世印（左上から施与印、施無畏印、転法輪印、右下から禅定印、降魔印）

印章を押して現れた面で縁起の善し悪しをみる印相学にもとづいて、印鑑を吉となるように彫ること。これは、印鑑を使用する人間自身の分身とみる考え方による。
仏教においては、仏や菩薩が手指で表す印の形。

インストルメント *Instruments*

一般には、器具や道具のこと。また、歌が入らない楽器のみの演奏。
霊学的には霊媒の同義語。生身の人間である霊媒によるコンタクトは霊魂の想いを必ずしも完全に伝えられるものではなく、その霊媒の理性や考えも混じり合ったものであることから、支配霊（コントロール）側から霊媒がインストルメントとよばれることがある。

インスピレーション *Inspiration* →**霊感**

創作や思考の際に、瞬間的に浮かぶ着想や考え。直感的なひらめき。

インド仏教（ぶっきょう）

紀元前5世紀前後に北インドに生まれた釈迦に始まる原始仏教は、その後いくつもの派が生まれ、大乗仏教へと移行し、やがて密教とよばれる新しい形が誕生した。その一方で、時代とともに次第にインドの仏教は衰退する。
衰退の原因としては、ヒンドゥー教との混交、出家修行僧と民衆信仰とのかい離、イスラム教の侵攻などさまざまな説があるが、確定されてはいない。
ただ20世紀に入り、アンベードカルを中心メンバーとする新仏教運動などにより仏教徒数を増やすなど、新たな動きも見られる。

インドリーザ・インドリザソン *Indride Indridason*

［?～1912］アイスランドの霊媒。レイキャビック心霊実験協会が開いた実験会で、多数の優れた霊能現象を示した。その霊能力の正当性は『ライト誌』にも報告されている。

因縁（いんねん）

仏教の言葉で、物事が生じる直接的な原因である「因」と、間接的に影響を与えている「縁」のこと。仏教では、あらゆることは因と縁によって結果として生じ、また破壊され、それが因や縁になって物事を生じ壊すとしている。

因縁切り（いんねんぎり）
人生を送るなかでついてしまった先祖などの悪い因縁を切ること。悪縁切り。
神霊学では先祖霊の祟りを認めていない。その意味での因縁切りとは、悪い因縁と受け取られる悪霊、低級霊を浄化し、人間への憑依を解くことである。

因縁解脱（いんねんげだつ）
新宗教の阿含宗において説かれる因縁の解脱、供養。先祖の怨念など、人に降りかかる悪い因縁をもたらす霊魂を解脱させて、さらに永代供養をする。

因縁霊（いんねんれい）
土地や家、血縁など、因縁のある霊。人間界にあって、人は自分の想念世界が原因で因縁霊をつくったり、他者からの働きかけが原因で因縁霊を招いたりもする。悪い因縁をつくらないような生き方が大切である。→低級霊

インペレーター *Inperator*
霊能者として著名なイギリス国教会牧師・モーゼス師の支配霊（コントロール）の一人。旧約聖書に書かれる紀元前5世紀ころのヘブライの預言者マラキとされる。彼の霊界通信は、直接モーゼス師にではなく、レクターと名乗る別の霊魂によって師に送られてきたという。

陰陽（いんよう）
中国の古代思想で、気がもつ二つの側面のこと。日かげと日なた、月と太陽、静と動のように、相反しながら互いに引きあう陰と陽の交合により万物は生まれ、また陰と陽の消長によって、変化がもたらされるとする。易学の思想のもととなった。

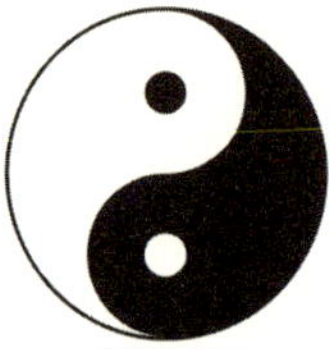
陰陽太極図

陰陽五行説（いんようごぎょうせつ）
中国の春秋戦国時代ころ、陰陽思想と五行思想が結びついて生まれ、漢の時代にブームとなった思想。陰と陽の二元論で万象の根元を見る陰陽説に対し、五行説は自然界を、木、火、土、金、水の5つの要素から成り立ち、その消長によって変化すると説く。陰陽五行説は、中国の天文、暦法、医学などに大きな影響を与えた。日本の陰陽道は、この流れをくむものである。

う

ウイジア盤 *Ouija Board*
霊界通信を表示するために用いられる、アルファベット26文字と数字

が書かれた盤。

盤の上の指示器に霊能者が手を置くと、ひとりでに動き、文字や数字をさす。霊能者の手が動いて文字を書きつづる自動書記より速いという利点の一方、霊能者の潜在意識が表示に影響を与えてしまうという指摘もある。

ウイックランド博士（カール・ウイックランド） *Carl Wickland*

［1861～1945］霊能者の夫人の助けによって、数多くの憑依霊を除霊したことで知られる。

それらの経験と実例は、著書『死者と交わる30年』にまとめられた。

ウィリアム・ウォーカー

Wiliam Walker

イギリスの心霊写真家。1908年に心霊写真家ホープを中心に設立されたクルー団メンバーの一人。

ウイリアムズ（チャールズ・ウイリアムズ） *Charles Wiliams*

19世紀後半に活躍したイギリスの霊媒師。心霊学史にその名を刻むモーゼス師も、ウイリアムズが起こす物質化現象を認めている。1871年以降は、イギリスの霊能者フランク・ハーンと協力して、優れた霊能力を現したという。

ウィルソンの霧箱（きりばこ）

イギリスの科学者C・T・R・ウィルソンが1911年に考案した、荷電粒子や放射線の検出装置のこと。霧を発生させた箱に荷電粒子や放射線を送ると、イオンによって凝結、飛跡を見ることができる。

この原理を用いて、アメリカのイオン研究所は、バッタや蛙、ネズミが死んだ後のエーテル体（超物質体）や幽体の撮影に成功した。

ウイングフィールド嬢（ケイト・ウイングフィールド）

Kate Wingfield

［?～1927］イギリスの入神霊媒。人間は死後も個性が存在することを確信させる交霊実験を行った。

ウエスト教授（ドナルド・ウエスト）

Dnald West

［1924～］超心理学、とくに超感覚的知覚の研究で知られる。また幻覚や異種言語発話現象、幽霊屋敷などの調査を続け、その真偽を発表した。

ウェバー（ジャック・ウェバー）

Jack Webber

［1907～1940］イギリス・ウェールズの物理霊媒。

着こんだ上着を超常的現象で脱ぐジバン抜き現象、体を縛った紐から抜け出す縄抜き現象を得意とした。

ウォーリス　*E.W.Wallis*

［1848～1914］イギリスの

入神霊媒、著述家。

心霊新聞『ツー・ワールズ』を創刊した。

ウォーレス博士（アルフレッド・R・ウォーレス） *Alfred R. Wallace*

［1823〜1913］イギリスの博物学者。ダーウィンと同時期に進化論を唱え、唯物論者であったが、のちに心霊現象を信じ、霊媒による数多くの実験を行った。

ウォーレス博士（エイブラハム・ウォーレス） *Abraham Wallace*

心霊現象の研究者。1918年、ロンドンに設立された超常写真研究協会の初代会長。

ウォルター *Walter*

著名な霊媒師であるマージャリー・クランドン夫人のコントロール（支配霊）。ウォルターは鉄道事故で亡くなった実兄であり、ウォルターの力で、マージャリーは優れた霊能力を発揮することができたという。

雨月物語（うげつものがたり）

江戸時代中期1776年刊行の、上田秋成がまとめた怪異小説。和漢の古い書を素材にした『白峰』『菊花の約』『浅茅が宿』『夢応の鯉魚』『仏法僧』『吉備津の釜』『蛇性の淫』『青頭巾』『貧福論』の9話から成る。仏教的な因果応報や儒教の倫理観の枠を越え、超自然的な世界を舞台に人間像を描こうとした作品集として評価が高い。

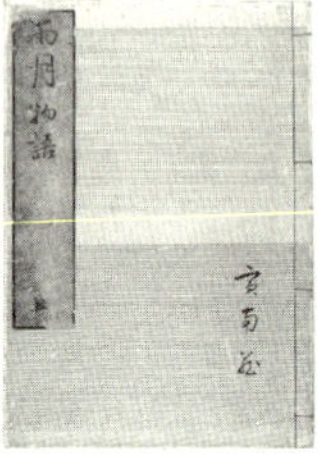

雨月物語（第四版）

氏神（うじがみ）

同じ先祖神をもつ同族群の共同体でまつられる神。平氏にとっての厳島明神、源氏の八幡神社に当たる。室町時代になると、血縁による結びつきから地縁による結びつきが生活共同体においては重要視され、住んでいる土地の人々を守護する産土神の意味が強まった。現在は鎮守神と混同されることが多い。

氏子（うじこ）

古代は氏神のもとにまとまっていた氏人が、中世になって氏子とよばれるようになった。同時に、地縁の共同体に住み、その土地の産土神、氏神をまつる人々を意味するようになっている。

丑の刻参り（うしのこくまいり）

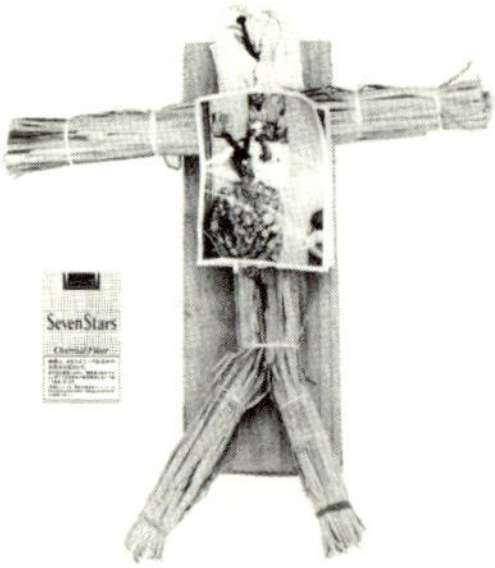

日本神霊学研究会道場にもち込まれた「呪いのワラ人形」

古くは丑の刻（とき）参りといい、丑の刻に祈願成就の参拝をすること。転じて、呪詛を意味するようになった。丑の刻は午前1時から3時ころ。神社の御神木に、藁で作った人形を憎む人間に見立てて釘で打ちこむ呪術の一種。7日目で満願となり、呪った相手が打ちこまれた箇所に病を発症するが、他人に見られると呪詛の効力を失うとされる。

ウスペンスキー　*P.D.Ouspensky*

［1878〜1947］ロシアの神秘思想家グルジェフの弟子で、四次元哲学による西洋合理主義と、東洋神秘主義の橋渡し理論を提唱した。

宇宙意識界（うちゅういしきかい）

　宇宙は、一説には13次元ある高次元であり、物質や意識は、高次元になるほど高い周波数の波動となるという。そうした精神の進化を遂げる高次元の意識世界のこと。

宇宙記憶（うちゅうきおく）↓アカシックレコード

宇宙心（うちゅうしん）

「精神とは、宇宙に満ちる霊界物質による振動であり、宇宙の創造力となる。振動の速度が物体の形を変える可塑性や思考を生み、この宇宙心は表現を求めている」とするアーサー・フィンドレイの造語。イギリス人のフィンドレイは近代心霊研究に尽力した著述家で、とくに「振動」を重要視した。

宇宙大霊界（うちゅうだいれいかい）

　地球を含む宇宙や現世と霊界を抱合する世界のこと。日本神霊学研究会初代会長隈本確教祖が、その著作『大霊界』シリーズで唱えた。

現し世（うつしよ）↓現界

　現実にある世界。生者の住むこの世。↔あの世

ウパニシャッド　*Upanishads*

　インドの古代宗教哲学の聖典。ヴェーダ聖典の最後の部分に当たり、ヴェーダの末尾・極地ともよばれる。奥義書。宇宙の根元的な原理が人間個人の自我と一致することなどが説かれ、インド哲学に影響を与えた。

古代インドのヴェーダ聖典の一つ。
リグ・ヴェーダ

産土神（うぶすながみ）

　生まれた土地の土地神。産土とは出生地の意味。本来は同族の血縁ではなく地縁の神であったが、近世以降は氏神と混同され、地域の鎮守神となった。↓氏神

厩戸皇子（うまやどのみこ、うまやどのおうじ）

［574〜622］「聖徳太子」は後世の諡号（しごう）。

　生前は、厩戸皇子とよばれた。本名は厩戸豊聡耳皇子で、用明天皇の第二皇子、母は欽明天皇の皇女・穴穂部間人皇女。

　推古天皇のもとで、蘇我馬子と協

調して政治を行った、飛鳥時代の皇族・政治家。
当時、国際関係が緊張するなかで遣隋使を派遣するなど、積極的に、進んでいる中国の文化・制度を学ぼうとした。冠位十二階や十七条憲法を定めるなど天皇を中心とした中央集権国家体制の確立を図ったほか、仏教を取り入れ、厚く信仰し興隆につとめた。

また、近世、百圓札を皮切りに、壱万円札までお札の顔として、聖徳太子の肖像画は過去に7回採用されている。

生まれ変わり
死後も霊魂は存在し、現世に生まれ変わること。転生。輪廻転生。若年層に見られる前世の記憶をもつという事例をもとに、輪廻転生の確証とする心霊研究者も多い。
日神会の見解は、霊魂は転生せず、魂の力の弱い若年層に死者の霊が取り憑く憑依現象であるとしている。

占い（うらない）
人の運勢や将来に起こることを、判断すること。また、その方法。卜占（ぼくせん）ともいう。
占星術、風水、夢占いなど、古来、多種多彩な占いの方法が伝えられている。

占い師（うらないし）
人の運勢を占うことを職業とする者。八卦見ともいわれる。

占い杖（うらないじょう）
水脈や鉱脈を知るために用いる木の杖。古くはV字になったハシバミの枝を使用した。これを手に歩くと、先端が動き、場所を知らせる。日本の水道局員が古い水道管の埋設場所を知るために用いたこともある。↓ダウジング

盂蘭盆会（うらぼんえ）

7月13日から15日に、祖霊を迎えて供養をする行事。盂蘭盆。お盆。サンスクリット語のウランバーナ（倒懸）の音訳からきた言葉。
死者が地獄で受ける逆さづりの苦しみをはらい供養した、古代インドの行事が起源とされる。

雲水（うんすい）
仏教、とくに禅宗において、行方を定めず一カ所にとどまらず、各地

を行脚する修行僧のこと。行く雲、流れる水の意味の行雲流水からきた言葉。

運動性自動作用（うんどうせいじどうさよう）

霊媒の意志とはかかわりなく起こる、能動的な心霊現象のこと。テーブルが勝手に動く、霊媒が踊り演技をする、自動書記、テレキネーシス運動など、さまざまな現象を包括したものをいう。

運命（うんめい）

個人の意志とはかかわりなく幸、不幸をもたらす力。運、不運の巡り合わせ。

占いの世界では、人生を決める大きな流れのうち、個人の努力や行いで変えられる流れを運命とする。

運命線（うんめいせん）

手相において基本となる4本の線の一つ。掌の中央を中指に向かって伸びる縦の線。運勢の強弱や転機の時期を見る。

運命論（うんめいろん）

世の中のあらゆる出来事はあらかじめ定められており、人の努力ではどうしようもないという説。宿命論。

神霊学では、悪運に陥ったとしても努力や魂の修行により開運をよぶことができるとする。

Column

盂蘭盆会（盆）と正月、祖霊を迎える喜び

盆と正月が一緒に来た――嬉しいこと、めでたいことを意味する慣用句である。祖霊信仰のある日本では、古来より年に2回の祖霊迎えの風習が根づいていた。

仏教が伝えられ、この祖霊迎えと結びついたのが盂蘭盆会である。親族が亡くなって初めての盂蘭盆会は、新盆、初盆とよばれる。

新盆に帰宅する霊は荒ぶる霊という。霊になりたてで肉体のあった記憶を生々しく宿し、現世に残してきた心配事が消えずにある霊かもしれない。こうした荒霊は、三十三回忌をすぎてようやく祖霊集団の仲間入りをする。

この祖霊を歳神様として迎えるのが正月だ。その年の豊作を約束し家族を守ってくれるご先祖様である。祖霊は春には田の神となり、秋の収穫が済むと山の神になるとされる。

こうして見ると、先祖の霊を大切にする日本の伝統が浮かび上ってくる。霊を迎える盂蘭盆会（お盆）と正月は、現世の私たちにとっても、嬉しい再会のときなのだ。

え

永遠界（えいえんかい）
宗教や哲学用語で、時間を超越して存在する世界。無限に続く世界。霊学においては、霊的存在としての人間の死後の世界、霊界をさす。

永遠の魂（えいえんのたましい）
魂は人間のもつ心であり、精気、精神。霊魂。
肉体を離れても存在して、時間を超えて不滅のもの。

永劫（えいごう・ようごう）
限りなく続く年月。

英国心霊科学会（えいこくしんれいかがくかい） *British College of Psychic Science*
霊能研究と研究援助を目的に、1920年、ロンドンに設立。小説家コナン・ドイルが数年間、会長を務めた。現在は解散している。

英国心霊研究協会（えいこくしんれいけんきゅうきょうかい） *Society for Psychical Research*
SPR。1882年に設立され、現在も続く心霊研究機関。研究の結果や成果は、『英国心霊研究雑誌』に掲載されている。

英国心霊研究雑誌（えいこくしんれいけんきゅうざっし） *British Journal of Psychical Research*
英国心霊研究協会が刊行する公式機関誌。

英国心霊研究所（えいこくしんれいけんきゅうじょ） *National Laboratory of Psychical Research*
心霊現象の研究を目的に、1925年、ロンドンに設立された。

英国弁証法協会（えいこくべんしょうほうきょうかい） *Dialectical Society*
ダイアレクティカル・ソサイエティ。心霊現象の真偽を明らかにする目的で、1867年、ロンドンに設立された。

エイミー *Aimee*
死者の生前の姿を招魂する、物質化現象を得意としたイギリスの霊媒アーサー・コルマンの支配霊（コントロール）。のちに霊媒クラドックの支配霊の一人になった。

エーテル *Ether*
古代ギリシア時代に考えられた全世界を満たす物質。
アリストテレスは地、水、火、風に加え、天体を構成する5番目の元素をエーテルとよんだ。近代においてはアインシュタインの相対性理論により否定されるまで、宇宙に遍満し光や熱を運ぶ希薄な物質とされた。
霊学的には、霊界に遍満する流体の物質で、地球のあらゆる物質に浸透しているとする。

エーテル感覚 *Etheric Sences*
霊魂がもっているとされる感覚。

人間が現界で感じる感覚とほぼ似ていることが、さまざまな霊界通信によって報告されている。ただ霊界では、通信手段がテレパシーであるなど、その感覚も超常的、超感覚的な分野におよぶ。

エーテル体 *Etheric Body*

超物質体。生きている人体に重なり合う形で存在する物質。幽体、霊体、本体から成る。この超物質体は現象界にあっても、時として肉体を離れ、心霊現象を起こしたり夢として現れたりするという。

易（えき）

易断。中国の易経の教えをもとに、算木や筮竹を使って吉凶を判断する占い。

算木

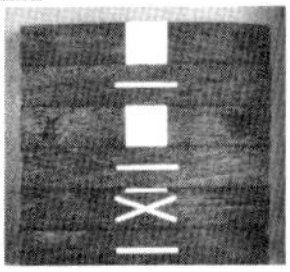
筮竹

易経（えききょう）

古代中国の書、五経の一つ。天文、地理、人事、物象を陰陽の原理にしたがって説いたもので、おもに占いに用いられた。周時代に流行ったことから周易、単に易ともよばれる。

エキストラ *Extra*

フィルムに霊魂の顔や姿が写しだされた心霊写真。姿を現してほしい人物の手紙や毛髪などの遺品を、決めた位置に留め、霊視現象を起こすことで撮影するという。

エクスタシー *Ecstasy*

魂が肉体の外に出てさまようという意味のギリシア語、エクスタシスが由来。

シャーマニズムや霊能現象で、霊媒がトランス状態になった際に見られる恍惚、忘我の心境。宗教体験で生まれる神秘的な心境もエクスタシーの一つである。

エクトプラズム *Ectoplasm* **→イデオプラズム**

心霊現象において霊魂の物質化現象をより可視化するために、霊媒の指先や口、鼻などから出される物質。流動性があり、心霊現象が過ぎさると再び体内に戻っていく。イデオプラズム、テレテプラズム、サイコプラズムともよばれる。

霊媒の鼻から出るエクトプラズム

エグリントン（ウイリアム・エグリントン） *William Eglinton*

［1857〜?］イギリスの霊媒。人々の前で、天井を抜けて上階へ移動するトランスポーテイションを行ったことで知られる。

SAGB→大英スピリチュアリスト協会

Spiritualist Association of Great Britain, SAGB

１８７２年、ロンドンに設立。スピリチュアリスツ・ナショナル・ユニオン（大英スピリチュアリスト連合）とともに、世界を代表するスピリチュアリストの協会の一つ。

ＳＮＵ→スピリチュアリスツ・ナショナル・ユニオン

Spiritualists National Union

スピリチュアリズムにおける宗教哲学の発展と普及を目的に、１８９０年に設立された。

エステルライヒ教授（コンスタンティン・エステルライヒ）

Konstantin Oesterreich

［１８８６～１９４９］神学研究で名高いドイツのチュービンゲン大学哲学科教授。さまざまな霊能者の心霊現象を調査した。

ＳＰＲ→英国心理研究協会

ＳＰカード・ＳＰトランプ

サブパーソナリティーカードの略。イタリアの心理学者で精神科医のロベルト・アサジョーリが開発した心理カードのこと。

人間がもつさまざまな側面を調和発達させて統合させようというアサジョーリ医のサイコシンセシスの心理療法をもとに、人間のさまざまな面を準人格化させた、52のサブパーソナリティーをトランプ（カード）にしたもの。

主体性を育てるとともに他者を理解し対応するスキルを学習するために開発された。日本でも、ビジネス研修などに用いられている。

エディー兄弟　*Eddy Brothers*

19世紀後半に活躍したアメリカの霊媒、ホレイショー・エディーとウイリアム・エディー兄弟のこと。

エディー夫人（メアリー・ベイカー・エディー）　*Mary Baker Eddy*

［１８２１～１９１０］信仰治療を核とした宗教集団とされるアメリカのクリスチャン・サイエンス運動の創始者。教義を聖書に求め、人間の精神は神と一体なものであり、健康で道徳的な生活を送るのが実体であり、病気は本来、人間に存在しないとする。

エディンバラ心霊研究会（しんれいけんきゅうかい）　*Edinburgh Psychic College*

心霊現象の研究と心霊学普及を目的に、１９３２年に設立された。

エドモンズ判事（ジョン・ワース・エドモンズ）

John Worth Edmonds

［１８１６～１８７４］アメリカの心霊学の発展と普及に尽力した。エドモンズ自身と、娘のローラも霊能力を発揮したという。

エドワーズ（ハリー・エドワーズ）

Harry Edwards

［１８９３～１９７６］イギリスの

心霊治療家。遠隔治療も無償で行い、英国神霊治療家連盟の会長も務めた。

NLP心理学（しんりがく）

Neuro Linguistic Programing

１９７０年代、アメリカで開発された心理学。

ＮＬＰとは、*Neuro*（神経）、*Linguistic*（言語）、*Prpgramming*（プログラミング）の略。日本では神経言語プログラミングとよばれる。

70年代当時、アメリカでは心理的トラウマを抱えたベトナム帰還兵が社会問題となり、ＮＬＰ心理学による精神的ケアの効果が認められた。その後、ビジネス方面に用途が拡大された。現在、人材育成やスポーツの指導者、医師、営業マンなど、幅広い分野で用いられている。

エヴァ・シー　*Eva C.*

「１８９０〜１９４３」フランスを代表する物質化霊媒。19歳のころより、科学者による心霊研究に参加して、さまざまな実験にかかわった。

↓ベロー

エバンズ（W・H・エバンズ）

W.H.Evans

［１８７７〜１９６０］イギリスの入神・霊感霊媒。スピリチュアリズムや心霊学関連の著作も多い。

恵比寿講（えびすこう）

商売繁盛の神である恵比寿神を祭る民間行事、また民間の秋祭り。七福神の一神、恵比寿神が鯛を抱えている姿から、漁村では大漁の神、農村では田の神・かまどの神様として、各地で信仰されている。10月、11月に行われるところが多い。

エプワース現象

１７１６年、イギリスのエプワースにある牧師館で、叩音やさまざまな音が鳴り続いた現象。音は昼夜を問わず約２カ月間続いたという。当時、この牧師館にはメソジスト教の開祖とされるジョン・ウェスレーの父親一家が住んでいた。

エヴェリット・トーマス夫人

Everitt Thomas

［１８２５〜１９１５］イギリスで初めて直接談話現象を確認された霊媒。その他、叩音や物品移動、心霊光、直接書記などの心霊現象を起こすことでも知られる。

絵馬（えま）

神社や寺院に祈願するとき、また祈願成就のお礼に納める、絵が描かれた板。

神様は馬に

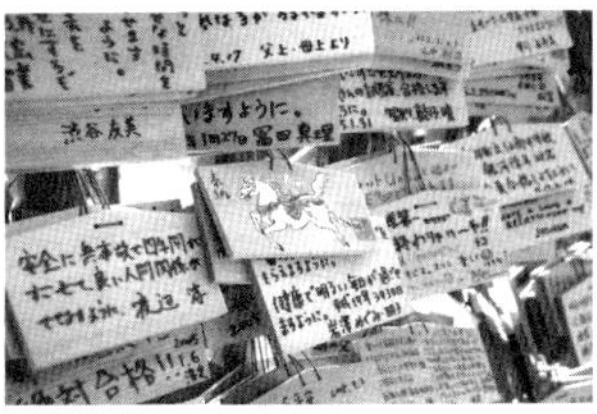

願いが書かれた絵馬（鶴岡八幡宮）

乗って人間世界に来ることから、元々は生きた馬を献上した。のちに生きた馬の代わりに、土馬や馬形、板立馬絵となり、次第に絵馬の形に変化した。

エマネーション *Emanations*

心霊研究に欠かせない、未知の放射線、放射体を総称した言葉。ある霊能力を備えた者がとらえることのできる、結晶や磁石が発する光、ある種の温覚、エクトプラズムなどもエマネーションとよばれる。

エリオット卿（G・モーリス・エリオット） *G.Maurice Eliot*

［1883〜1959］神学や歴史学、心霊についての著作を残した。心霊現象が本当に存在することを、キリスト教会が認めるよう尽力した。

エルバーフェルトの馬（うま） *Elberfeld Horses*

1891年に発見され、ジュネーブ大学のクララペド博士によって紹介された天才的な数学の才能をもつ4頭の馬。平方根や立方根などの質問に蹄を打つことで正しく答えた。

心霊研究家の中には、死者の霊魂が馬に憑依したものと説明する者もいる。

遠隔移動（えんかくいどう）

遠隔瞬間移動現象ともいう。物体や人間が時空を超え、物質の壁をすり抜け、瞬時に別の場所に移動すること。物体が移動することをアポーツ現象、人間が移動することをテレポーテイション、またはトランスポーテイションとよび、この二つを合わせたよび方が遠隔移動である。

遠隔視（えんかくし）

遠隔透視。千里眼。超能力の一つで、遠く隔たった人の心を読んだり、物体の情報を知る能力。距離だけではなく、壁や箱などの障害物を透視する能力も含まれる。

遠隔視を千里眼と区別して、自己の意識を肉体から離脱させる能力とする解釈もある。

遠隔精神感応（えんかくせいしんかんのう）

精神感応。テレパシー。その人の感情や意思など心の中が、他人に直接伝わる能力。心理学者ユングは、時空を超えた次元を通じて起こる超常現象の一つと考えた。↓テレパシー

遠隔治療（えんかくちりょう）

神霊治療において、治療者（神霊能力者）を通して、神霊のエネルギーがその場にいない遠距離の患者におよぶ治療法。治療は、患者本人のみならず、他人や治療者の希望によっても可能となる。↓不在治療

遠感（えんかん）↓テレパシー

テレパシー。遠隔精神感応のこと。

遠感現象（えんかんげんしょう）

離れた場所にいる者に伝達される感情や運動刺激などによる交信。傷もないのに腕に痛みが襲い、兵士の

息子が遠方の戦場で腕にケガを負ったことを知るなども、この例である。
１８８２年、心霊研究の草分けの一人、マイヤースによって名づけられた。

縁起（えんぎ）
仏教の根本思想の一つで、因縁生起の略。一切は他との縁により生じ成立し、それ自体の本質、実体は存在せず、空であると説く。
社寺の起源、由来の意味もある。

エンジェル・エンゼル *Angel*
ユダヤ教、キリスト教、イスラム教にある神の御使い。神と人間の間の仲立ちをする役目も果たす。天使、天人。

エンティティ *Entity*
存在、実体、本質の意。20世紀後半に現れた、宇宙や自然とのつながりを重視する自己意識運動・ニューエイジの世界では、チャネラーを通じて地上界を守り、人間に正しい知恵や教えを伝えてくる通信者を意味する。

Column

絵馬の移りかわり

神々の乗り物として、馬は古くから神聖とされ、祈願や神祭に奉納された。だが生きた馬を奉納するのは容易ではない。古墳時代にはすでに土や木の馬形がとって代わり、奈良・平安時代には、板に描かれた馬が現れる。これが絵馬の誕生である。

躍動感あふれる大型の板絵、扁額スタイルの大絵馬は神社だけでなく寺にも奉納された。絵も多種多彩となり、三十六歌仙ほかさまざまなものが絵馬堂などに残されている。
その一方で、小型の小絵馬は民間信仰として受け継がれた。江戸時代、市井の絵師や奉納した庶民自らが筆を執ったものなど、いずれも庶民の願いを込めた生活感にじむ絵馬が数多く描かれた。地口とよばれる洒落を効かせたものがあるのも小絵馬の特徴である。
絵馬が現在のような形になったのは戦後。人々が絵を描き願い事を記して奉納する絵馬から、神社仏閣が絵馬を販売し、参詣人が願い事を書いて奉納するスタイルが定着した。

エンニスコーティーのポルターガイスト現象

１９１０年にイギリスのエンニスコーティーで起きた心霊現象。３人の若者が共同生活をする家に友人が訪れて数日後、叩音や重い家具が勝手に移動するなどのポルターガイスト現象が起きた。怪奇現象は３週間続き、友人が去ると収まったという。

閻魔（えんま）

インド神話の祖霊の国をつかさどる王、ヤマが中国の道教に取り入れられ、冥府の王、地獄をつかさどる閻魔となった。平安時代に日本に渡来、悪事や嘘を戒める怖い存在として、広く大衆に広まった。閻魔王。閻魔大王。

チベットで描かれた閻魔（ヤマ）の絵（17-18世紀頃）

閻魔の丁、閻魔丁は閻魔王の役所。

閻魔帳（えんまちょう）

地獄へ送られてきた死者の生前の行いや罪を書きつける、閻魔王の帳簿のこと。

縁結び（えんむすび）

一般に男女の縁を結ぶこと。古くから男女の縁は、神のような超自然の意志がかかわると考えられ、各地に縁結びの社寺があり若い男女や親族が参拝に訪れる。道祖神の中でも、男女双立のものは和合神ともよばれるほか、夫婦木、夫婦岩なども、縁結びを祈願する信仰の対象となっている。

夫婦岩（三重県伊勢市）

延暦寺（えんりゃくじ）

天台宗の総本山。延暦７（７８８）年、最澄によって現在の滋賀県大津市、比叡山の山麓に建立された。

平安時代に皇室や貴族の尊崇のもと、平安仏教の中心的存在となる。法然（浄土宗）、親鸞（浄土真宗）、栄西（臨済宗）、道元（曹洞宗）、日蓮（日蓮宗）など、日本仏界を代表する名僧が若き日に修行したことでも知られている。

ユネスコ世界遺産に古都京都の文化財として登録。

お

お稲荷さん↓稲荷

お伺い（おうかがい）

伺いともいう。神仏にお告げを請うこと。

伺いには問うという意味があり、問うを謙遜した言葉。お伺いを立てる。

往生（おうじょう）

仏教で、この世を去ってあの世に生まれ変わること。とくに阿弥陀仏の国である西方極楽浄土にいくこと。

オウム真理教

1984年、麻原彰晃主催のヨガ教室「オウムの会」が前身。その後「オウム神仙の会」「オウム真理教」と改称し、1989年にヒンドゥー教、大乗仏教系の宗教法人として認証。日本全国で布教活動を行うが、次第に俗世間との対立を深めていき、坂本弁護士一家殺害事件、松本サリン事件、地下鉄サリン事件などのいわゆるオウム事件を起こす。麻原彰晃以下主要メンバー逮捕後は「アレフ」として活動を再開、現在では「アーレフ（アレフから改称）」「ひかりの輪」「山田らの集団（正式名は不明）」の三つの団体に分離し、活動を続けている。2018年、麻原彰晃以下幹部8人の死刑が執行された。

オーエン（ロバート・オーエン） *Robert Owen*

［1771〜1858］人道派として知られたイギリスの実業家、社会主義者。交霊会に出席したことがきっかけで、83歳にして心霊に目覚め、スピリチュアリストになったという。

大川隆法（おおかわりゅうほう）

［1956〜］宗教家。1989年、宗教法人幸福の科学を設立。幸福の科学は世界100カ国以上に支部や会員組織を有する。

オーシス博士（カルリス・オーシス） *Karlis Osis*

［1917〜1997］アメリカの心霊研究家。ESP、予知、肉体離脱、心霊現象などについて多くの論文を発表した。

オーテン（アーネスト・オーテン） *Ernest Oaten*

20世紀前半に活躍した心霊現象の研究家。

「ツー・ワールズ」の編集者、英国スピリチュアリスト連合の会長、国際スピリチュアリスト連盟の会長などを務めた。

オートスコープ *Autoscope*

自動通信器。生者の意思や霊界の霊からの通信を伝えるときに用いられる装置のこと。

自動書記の助けとなるプランシェットやウイジア盤、また鉱物の位置を知らせる占杖などがこれに当たる。

オートスコピー *Autoscopy*

精神医学用語で自己像幻視。もう一人の自分自身と出会ってしまうというドッペルゲンガーの現象を解明する鍵ともいわれているが、解明には至っていない。

ドッペルゲンガーとはドイツ語で「二重に出歩く者」の意味。ただ、見えるのは本人のみであるという。

オートスコピーを超常現象の分野からとらえる説もある。

オートマティスト *Automatist*

自動霊媒。自分の意思とは関係なく体が機能する自動作用を起こすことのできる霊媒のこと。自動書記霊媒を意味することが多い。

オートマティズム *Automatism*

自動作用。自分の意識に関係なく、霊界の霊魂などによって体が機能すること。自動書記以外に自動談話、自動絵画、自動奏楽、自動舞踊、自動線画などがあげられる。

オーベル（ジョルジュ・オーベル） *George Aubert*

フランスのピアニスト霊媒。

1906年にパリの総合心理研究所で行われた実験で、目隠しと、左右の耳に異なる音楽を流した状態で、モーツァルトのソナタを完全に弾きこなしたという。

大本（おおもと）

神道系教団、大本教（おおもときょう）の正しい名称が大本である。

1892年に霊能者の出口なおに降りた国常立命の神示をもとに開かれた教派宗教。出口なおの筆先（自動書記）と、聖師出口王仁三郎による霊界物語を教えの根本におき、世の立て直しとみろくの世の実現を目指した。1935年に日本政府の弾圧を受けて解散。第二次世界大戦の敗戦後、愛善苑として再出発した。1980年代になって愛善苑と大本信徒連合会の二派に分かれた。

大森清子（おおもりきよこ）・大森智辯（ちべん）

［1909〜1967］宗教家。辯天宗の開祖。智弁学園園長。奈良県五条市の真言宗十輪寺住職となった大森智祥の妻。弁財天の神示を受けて、辯天宗を設立した。

オーラ *Aura*

人体から放射される霊的なエネルギー。ラテン語の風、香気、輝きを意味するアウラに由来する。数センチから1メートルほどの厚みをもち光の雲のようなものという説もある。

聖人の背光などもこれに当たる。転じて、ある人物や物質から発散される独特な雰囲気。

オーラソーマ *Aura Soma*

1983年にイギリス人、ヴィッキー・ウォールにより開発されたカラーセラピーの一種。

選んだ色により心理状態や才能、将来を判断する。意識の進化や個性を伸ばす方法として評価され、現在は欧米をはじめ各国に広まっている。

Oリングテスト

Bi-Digital O-Ring Test

指を使って体の異常個所を見つけるテスト。

ニューヨーク心臓病研究ファウンデーション研究所所長の大村恵昭教授により開発された。

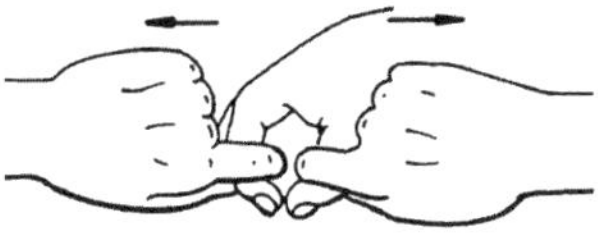

被験者に指でリングの形を作ってもらい、体の部分を押しながら、リングを両側から引くと、異常のある個所でリングが開く。異常が脳に伝わり、指の筋肉が弱まることで、リングが開くという。

オールド・ソウル *Old Soul*

この世に何度も生まれ変わった霊魂。古霊。

人間界に長く存在したゆえに多くの知恵を習得した霊とされる。

日本神霊学研究会では、霊魂の生まれ変わり、転生を認めていない。

お蔭参り（おかげまいり）

江戸時代、およそ60年周期で流

Column

お蔭参りに熱狂した人々

伊勢神宮信仰を広めるために各地を回り、暦を配り豊作祈願をした神職を御師（おんし）という。空から伊勢神宮のお札が降ったという伝承も、実は御師が撒いたともいわれる。こうした御師の働きがお蔭参りのきっかけとされる。

江戸時代、豊作も商売繁盛も「お伊勢さんのおかげ」と、老若男女が伊勢詣でに熱中したお蔭参り。とくに60年ほどの周期で盛んに行われた。

歌川広重「伊勢参宮・宮川の渡し」

当時、人々の移動は厳しく制限されていたが、伊勢参りだけは例外。講をつくり旅費を積み立てて、交代で出かけるのは順当だが、仕事から抜け出したり、家人に黙って飛び出したりする者も多く、抜け参りともよばれた。子どもが金をもたずに出かけても、「伊勢参りに行く」と言えば旅の道々でほどこしを受けられた。

たとえ無断で出かけても、参詣の証であるお守りなどをもち帰れば許されたという。

伊勢は江戸から片道15日、大坂から5日、陸奥釜石（岩手県）からは100日の旅だった。

行った民衆による伊勢参りのこと。豊作や商売繁盛、すべてはお伊勢さまのおかげとして、貧富の別なく、庶民の伊勢参りの風習が起こった。

岡田光玉（おかだこうぎょく）
［1901〜1974］宗教家。世界真光文明教団の初代教主。岡田茂吉の弟子で、世界救世教の布教活動を行っていたが、のちに離れ、L・H（ラッキー・ヘルス）陽光友乃会をつくり、これが世界真光文明教団へと発展した。

岡田茂吉（おかだもきち）
［1882〜1955］新宗教の世界救世教教祖。世界救世教は、お光りさまともよばれ、手かざしによる浄霊が特徴。茂吉は、宗教家のほか、書家、歌人、文明評論家、造園家などさまざまな顔をもつ。彼の収集した美術品は、同教団が有するMOA美術館に納められている。

岡野聖憲（おかのせいけん）
［1881〜1948］宗教家。1929年に解脱会を創始した。解脱会は、神仏混淆色が強いとされる新宗教。

拝み屋（おがみや）
民間信仰の一種で、依頼人の依頼を受けて、お祓いや祈祷をする人。占い師と兼ねる場合も多い。また拝み屋の中には、霊の力で邪霊を祓うとする自称霊能者（偽霊能者）もいる。

オカルティズム *Occultism*
ラテン語の *occultum*（隠されたもの）に由来。
超自然的な力や心霊能力、心霊現象などを認めようとする研究・行動の総称。秘伝や秘法により伝えられる魔術や錬金術、占術なども含んでいる。↓神秘学

御招霊（おしょうれい、おしょうらい）
日本の盂蘭盆（うらぼん）の年中行事の一つ。お盆に先祖の霊があの世から帰ってくるとされ、迎える、または招く迎え火の一つ。「ごしょうらい」や「ごしょうれい」ともよぶ。
お盆において、先祖を迎えるこの御招霊の迎え火と再びあの世に帰る際の送り火のいずれかが行われることが多い。送り火は家庭の玄関先や庭で行われるものから京都の五山送り火など大規模なものまで現在も行われている。迎え火であるこの御招霊の慣習は、高度経済成長時代の昭和40年代中頃まで村落あげて大がかりに行われたが、最近は、とだえているところが多い。

オショロビッツ博士（ジュリアン・オショロビッツ）
Julien Ochorowitz
［1850〜1918］ポーランドの著名な心霊研究家。

オスティ博士（ユージーン・オスティ）

［1874〜1938］国際心霊研究所の部長を務めたフランスの医師。霊能力を赤外線や紫外線で解明しようとしたことで知られる。

オステオパシー *Osteopathy*

「生命体の構造に対する療法」という意味の造語。1874年、アメリカの医師アンドリュー・テイラー・スティル博士が唱えた。

人間を体・心・精神の統一ととらえ、骨や頭蓋、臓器、四肢、血管、リンパ管など、あらゆる器官はリズムをもってはたらくと考え、リズムの乱れを手技により治療する。

恐山（おそれざん）

青森県下北半島にある活火山。日本三大霊場の一つ。

死者が集まる山とされ、山頂の円通寺で7月に開かれる大祭では、境内でイタコによる口寄せが行われる。

オソヴィエツキー（ステファン・オソヴィエツキー） *Stephan Ossowiecki*

［1877〜1944］ポーランドの著名な霊媒。1923年にワルシャワで開かれた国際心霊研究会議で、英国心霊研究協会から送られた厳重に封印された封書の内容を読むことに成功し、その名を馳せた。

御焚き上げ（おたきあげ）

人形供養 御焚き上げ

古い仏壇や人形、故人が大切にしていた物など、念や魂がこもった物を神社や寺で燃やし、供養すること。神道的には火の神の力により天へと送り、仏教的には浄化して天に送り供養する意味がある。燃やせないものについては、読経により魂抜きをして供養する。

おぢば

奈良県天理市に本部をおく天理教で、人間の命の発祥の地とされる場所。1875年、教祖の啓示により人類創造の場が定められ、おぢばと称した。↓おぢばがえり

おぢばがえり

天理教において、人間の創造主である天理王命は親神とよばれ、そのおぢばへ行くことを「帰る」と言い表す。毎年夏には、おぢばを囲む親里（おやさと）やかたに子どもたちが集まる「こどもおぢばがえり」が行われる。

お告げ（おつげ）

一般には神からの知らせをさす。古くから人間は夢や占い、吉兆、天変地異などによって、神のお告げを

知ろうとした。↓虫の知らせ

御鳥喰神事（おとぐいしんじ）

鳥に供え物を捧げ、そのついばむ様子から年を占う神示。愛知県名古屋の熱田神宮や滋賀県近江の多賀大社などで行われる。

オドカ　*Odic Force*

オドの力とは、天体からの光線あるいは人間や動物に存在する一種の放射線が、他の物質へ伝わる力をいう。霊能者が鉱石の発する放射線を確認できることから発見された。

鬼（おに）

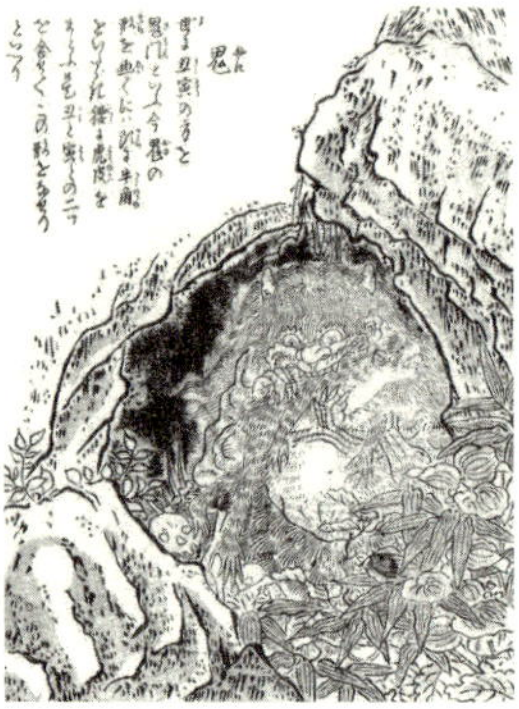
「鬼」（鳥山石燕『今昔画図続百鬼』より）

想像上の妖怪。古来の日本では、人を食う怪物とされた。仏教の伝来により、鬼神夜叉、餓鬼、また閻魔大王の家来とされ、頭に角を生やした裸形で虎皮のふんどし姿が広まった。

人に悪意をなす鬼は、陰陽道や修験道、経典などにより退散させることができるとされる。

山岳民俗では、山中に棲む異形の怪物。荒ぶる山の精霊を鬼とよぶこともある。

鬼火（おにび）↓青火

夜の湿地に浮遊する青白い火。青火、幽霊火、狐火、火の玉。

お墓・墓（おはか）

故人の遺体または遺骨を納め弔うもの。日本では、墓石や墓碑を置くのが一般的である。

家代々の墓として墓石一基を置き墓碑に戒名を刻む合祀墓、夫婦で一基の比翼塚、個人で一基の個人墓などの形がある。

お祓い（おはらい）

祓いともいう。厄災、よくないとされるもの、よくない考えは、穢れになるという思想から、心身を清浄な状態にするために、神前で祈祷を受けること。

人が集まる場所、また生活していく中には、さまざまな穢れが集まる。そのために繰り返しお祓いをする必要があるとされる。↓禊祓

お百度参り（おひゃくどまいり）

民間信仰で、神仏に願いを聞き届けてもらうために同じ社寺に百度詣でること。

何度も詣でることで強い祈願の想いを伝えようとした。↓百度参り。

田村神社（香川県善通寺市）の百度石

お布施（おふせ）

物を施すこと。布施。仏教において、僧に財物を施すことを財施、僧がこれに報いて仏法を説くことを法

施、仏や菩薩が人の恐怖を除くことを無畏施（むいせ）といい、これを三種の布施の意味で三施とよぶ。現代では、僧や寺院に金品を寄進することをお布施とよぶことが多い。

オブセッション *Obsession*

憑依現象のうち、霊界の霊魂が憑依した現界人の人格にまで侵入し、すっかり入れ替わり、その状態が長く続くような現象。

一方、霊魂に憑依された人間の人格が守られているか、侵入状態が長くない場合の憑依現象はポゼッションとよばれる。

御札（おふだ）

災いを避け神仏の加護を願って配付される護符の一種。神社や寺で発行する木製や紙の御守り。守札、札守などともよばれる。↓護符

お筆先（おふでさき）

筆先。自動書記現象の一パターンで、とくに、教祖や祖師が手にした筆によって啓示や神示が表される場合を意味する。

霊学的には、筆をもつ者の想いや潜在意識などが影響されるとして否

Column

御鳥喰式（おとぐいしき）の神烏（おがらす）――宮島・厳島神社

烏を神の使いと見る伝説は広島県宮島の厳島神社にも残され、石灯篭には神烏（おがらす）像が乗っている。

「安芸の宮島廻れば七里、浦は七浦、七恵比寿」という言葉のように、浦々が美しい姿を見せる宮島。昔、三女神が鎮座の場を求めて舟で巡った折り、烏が厳島神社の場所を知らせたという。

この伝説にちなむ神事が、5月15日に行われる御鳥喰式。神職の乗る御師船が浦々にある厳島神社末社を巡拝する御島巡式の見せ場でもある。

養父崎浦（やぶさきうら）沖の洋上に幣串と米粉を練ったしとぎ団子を供え、雅楽が奏でられる。やがて烏が現れて団子をくわえて、近くの養父崎神社に帰る。この烏は野生で、姿を見せない年もあるとか。

神烏は宮島の弥山（みせん）に住み、春の御島巡式に養父崎浦に姿を見せ、秋になると親烏は紀州の熊野へ帰り、子烏が弥山に戻って次の1年を過ごすとも伝えられる。人々から畏敬とともに親しまれる烏である。

定する向きもある。

お振り替え（おふりかえ）

心霊治療において、霊媒が病人と同じ症状を起こしたりすること。病人の因縁を代わりに引き受けるという意味からきた言葉。

根本的治療には至らないという問題点はある。

お盆→盂蘭盆会

おまじない→まじない

神仏や神秘的なものの力で、他者に災いを起こしたり、また自身の災いから逃れようとすること。まじないの「まじ」は呪術の意味。「ない」は占うなどと同じに、動詞の接尾語である「なう」から変化したものである。

御守り（おまもり）

一般的には、社寺などで販売される身につける縁起物。布製の袋状でなかに神の名前や祝詞などが記された紙や神像が納められ、ひもで袋の口が閉じられたものが多い。厄除けや招福、恋愛成就、交通安全、商売繁盛などの願いに沿った種々の御守りがある。

御札は、家庭や職場など固定された場所に置かれるものをいい、身につけてもち歩くものを守札とよぶ分け方もできる。

御神籤・お御籤（おみくじ）

社寺などで吉凶を占うためにひくクジ。「籤（くじ）」に尊敬を表す「御（み）」がついた言葉。

お水取り（おみずとり）

毎年3月1日から14日まで、奈良の東大寺二月堂に続く修二会（しゅにえ）の行事の一つ。修二会には東大寺と末寺から僧が参籠し、仏の前に罪過を悔い、併せて天下の安穏を祈願する。参詣人の頭上に火の粉を撒き散らしながら大松明をかざして走る「お松明」が動なら、静の行事が「お水取り」である。

静まり返った真夜中、堂下の井戸・若狭井から、お香水とよばれる聖なる水をくむ行列が進む。お香水は晒の布で漉された後、内陣須弥壇下に埋められた甕に納められる。天平の752年以来、途絶えたことのない早春の行事である。

東大寺のお水取り

想いのエネルギー

人の潜在意識がかもしだす波動、自身の魂から発せられる波動のエネルギーのこと。

オルコット大佐（ヘンリー・スティール・オルコット）
Henry Steel Olcott
［1832〜1907］アメリカの心霊研究家。霊能者ブラヴァツキー夫人とともに神智学協会を設立。

オルゴン　*Orgone*
1939年に精神医学者のヴィルヘルム・ライヒが見つけた自然界に遍満するエネルギーのこと。ライヒによれば、性エネルギーや生命エネルギーであり、病気治療に役立つとされた。東洋医学の気と同じとする説もある。
オルゴン療法は、この考えをもとに整体などを行う療法である。

音楽現象（おんがくげんしょう）→**奏楽現象**
触れていないのに物が動くなど物理的運動を起こすテレキネーシスの一つで、楽器演奏が引き起こされる現象。
著名な霊媒であるホームやスレイドは、楽器に触れることなく、ピアノなどの楽器を演奏することができた。日本では霊媒の津田江山による尺八演奏が知られる。
また、霊にコントロールされ、演奏者の技能をはるかに超える高度な楽器演奏をする現象も、音楽現象に含まれる。

温度低下現象
交霊会などで、物理的心霊現象が起こる際に冷風、冷気を感じることを微風現象という。
このとき、実際に気温が下がるのが温度低下現象である。参加者の体温で室内の温度は少しずつ上がるが、温度低下現象により11度も気温が下がったという記録がある。

怨念（おんねん）
心に刻まれ持続した状態の、人を深く恨む気持ち。

怨念霊（おんねんれい）
恨みを残したまま霊界入りした霊魂。恨む対象だけでなく波長の合った人間に取り憑いて霊障を起こす悪霊でもある。

音律（おんりつ）
一般には音楽における音声の高低や調子。
霊学的には、霊媒現象を起こしやすくする音やメロディーを意味する。巫女が神示を受けるときに弓の弦が鳴らされたり、笛が奏でられるのも、この効果を期待する例である。
音律による効果は、霊媒の入神状態を促すためや、霊との波長を合わせるなどの理由が考えられる。

か

卦（か）
卦（け）ともいう。易経の言葉で森羅万象あらゆることが含まれるという意味。乾（天）、離（火）、震

(雷)、巽(風)など8種からなる八卦と、これを元にした六十四卦がある。算木を使ってこれらの卦の変化を見て、吉凶を占う。

「当たるも八卦 当たらぬも八卦」は、この卦から生まれたことわざ。

ガーディアン・エンジェル

Guardian Angel

守護天使。人間には誰にでもその誕生から死まで、少なくとも一人の守護天使がついていて、困難に遭ったときは助けてくれるという。

また、他人を助けたり思いやりを示すことで守護天使が増えるとされる。日本の守護霊に近い存在である。

海王星(かいおうせい)

太陽系の惑星の一つ。ギリシア神話の海の神であるポセイドンがつかさどる星。西洋占星術では、神秘、夢、幻想、直観、芸術などを表す。

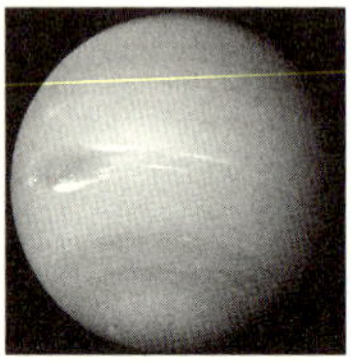

外格(がいかく)→五格

姓名判断の基本となる五格の一つ。外の敵や助けとなる人がいるか、また本人の信用度や健康運などが表される。

開眼法要(かいがんほうよう)

開眼は仏像の目を開く意。法要を行うことで、仏像に霊験が宿る。また仏壇やお墓、位牌を新しくしたときも、僧に読経してもらって初めて霊や魂が宿る。開眼供養ともいう。

回忌(かいき)

死後、年ごとの祥月命日(該当する月日)。亡くなって1年目は一回忌(一周忌)、2年目は三回忌、6年目は七回忌となる。回忌には僧を招いて供養をし、また縁者が集まって食事をしながら亡くなった人を偲ぶ風習がある。

怪奇現象(かいきげんしょう)

自然科学の分野では説明のつかない、怪しい不思議な現象。超常現象や心霊現象と同じような意味合いをもつ。

ラップ音が聞こえたり、物が勝手に動いたり、家具がガタガタ音を立てたりする現象を総称してよぶこともある。

回教(かいきょう)→イスラム教

戒尺(かいしゃく)

仏教の法具。仏門に入る者に戒律を授けるとき、儀式の合図として鳴らす拍子木の一種。

読経の調子を整えるために打ち鳴らすこともある。

回心（かいしん）

キリスト教で、神に背いて過ごしている自らの罪を知り、個々に神への信仰に立ちかえること。また不信から信仰へ立ちかえること。

仏教において、迷う心を改め仏道に帰ることを回心（えしん）といい、回心（かいしん）はこれを流用した言葉ともいわれる。

開祖（かいそ）→宗祖

ある宗教や新たな宗派を開いた創始者。教祖や始祖ともよばれる、また、寺院を建立した初代の長。学問や芸能の世界で流派を開いた人をさすこともある。

回峰行（かいほうぎょう）→千日回峰（せんにちかいほう）

戒尺

平安時代、相応和尚が始めたと伝えられる天台宗の修験行の一つ。

比叡山では山を一日一周し、これを千日続けて満願とする。

戒名（かいみょう）

元々は出家して仏門に入った者に授けられる法名。亡くなった人は仏の弟子になることから、死者に僧がつける法号をさすようになった。

返り念障害（かえりねんしょうがい）

相手に憎しみや恨みなど強い想いのエネルギー（念）を放った者が、逆に相手に念を跳ねかえされて、自分自身が障害を受けること。

鏡（かがみ）

光の反射を利用して、ものの姿形を映す用具。古来、神秘的で呪術的なものとされ、祭式の道具に扱われ、また権威の象徴にもなった。

鏡開き（かがみびらき）

正月の11日ごろ、お供えの鏡餅を割り、汁粉や雑煮にして食べること。

江戸時代に、武家の男が甲冑に供えた具足餅や、女が鏡台に供えた餅を打ち割って食べたのが、町家にも広まった風習である。

鏡餅（かがみもち）

新年を迎えるために神仏に供える正月飾りの一つ。

穀物神でもある歳神様を家に招いて、その居場所とする依代（よりしろ）として飾られるともいう。

鏡餅を供える習慣は、室町時代に定着したとされ、昔、神事に用いられた円形の青銅の鏡に似ていることから、この名がある。

餓鬼（がき）

生前の悪い行いのために餓鬼道に落ちた亡者。痩せて、のども細い

ため飲食できず、飢えに苦しむ。

餓鬼道（がきどう）

仏教の三悪道の一つで、生前の悪事の報いとして、死後に行く苦界。

悪道（悪趣ともいう）には、餓鬼道のほか地獄、畜生道がある。

下級霊（かきゅうれい）

成仏できない霊のこと。人に憑依し霊障を起こす。

神霊学的には霊界に居場所を見つけられず、さまよう霊のことで、低級霊というよび方をしている。

客星（かくせい・きゃくせい）

恒星のように決まった場所になく、いつもは見えず、一時的に現れる星。

神楽（かぐら）

神社で神々を招き神事を行うときに奏する歌舞。古くは神遊びともよばれた。宮中で行われる御神楽と民間の里神楽に大別される。

里神楽は、神社あるいは地方によりさまざまに発展し、神社の起源のほか、岩戸開き、大蛇退治など神話を題材としたものも多く演じられる。

過去世（かこぜ）

今生きているこの世の以前に、別の人格をもって生きていた世界。前世。過去生ともよぶ。輪廻転生の思想から生まれた言葉。

過去知（かこち）

超心理学の用語。知り得ない過去の出来事を感知すること、その能力。過去にあった情報をＥＳＰ（超感覚的知覚）として受けとる情報（能力）をいう。↔予知

橿原神宮（かしはらじんぐう）

奈良県橿原市の畝傍山（うねびやま）東麓にある神社。初代天皇とされる神武天皇と大和地方の豪族の姫で、妃となったヒメタタライスズヒメを祀るため、宮があったとされるこの地に、明治天皇によって創建された。

畝傍山は、香久山（かぐやま）、耳成山（みみなしやま）とともに大和三山の一つである。

神武天皇畝傍山東北御陵

春日大社（かすがたいしゃ）

奈良県奈良市にある神社。768年、藤原氏の氏神を祀るために建てられ、全国に千社ある春日神社の総本社である。主神

の一柱であるタケミカヅチが白鹿に乗ってきた神話から、鹿を神の使いとしている。ユネスコ世界遺産に登録される古都奈良の文化財の一つ。

河川崇拝（かせんすうはい）

　ヒンドゥー教において、河川の水で行う沐浴を重要視すること。とくにガンジス川はヒンドゥー教の三神の一つ、シヴァ神の体を伝って川の水が流れでたとされ、流域には沐浴場のある聖地が数多く点在する。沐浴場では、頭まで水につかり、罪を清める人々でにぎわう。

　ガンガーは、ガンジス川を神格化した女神で、地元ではガンジス川そのものもガンガーの名でよばれている。

家相（かそう）

　地勢、方角、間取りなどで、その家に住む人の吉凶を判断する占い。中国の陰陽五行説にもとづいて編み出され、平安京の都づくりにも影響を与えた。

　霊学的には、霊障が家にかかわっている場合、低級霊の一つである

Column

加持祈祷（かじきとう）

　密教における呪術を伴う儀式。加持とは仏の加護を人々に与えること。その加持を得るための祈りである祈祷が混同して使われるようになった言葉。

　真言密教では、行者が手印を結び鈷を用いて、護摩を焚き、真言を唱えて加護を願う。

　古来こうした儀式は日本の呪法と結びついて行われてきたとされる。聖徳太子の法隆寺建立や天武天皇の薬師寺建立は、加持祈祷とのつながりを指摘されている。

　密教が伝来した平安時代以降、加持祈祷は広まる。国家のさまざまな問題解決や政策決定に、加持祈祷は欠かせないものであった。

　やがて密教の浸透とともに庶民にも広まり、病気平癒や暮らしの悩み事を加持祈祷で解決するまでになった。僧が依頼者の屋敷に出向いて加持祈祷を行うことも多かった。

　依頼の目的が陰陽師と重なることが多く、陰陽師が占いで不思議な雲気を見たときは、僧は遠慮して陰陽師に呪法を任せることがあったという。

地縛霊を原因にあげている。

家族永代供養（かぞくえいたいくよう）

寺院が家族単位の墓などを、永代にわたって供養や管理すること。家族永代供養墓は、一般的な合祀墓ではなく、家族が一緒に入る形の墓である。近年、墓参りをする人がいないなどの理由から、独居型、夫婦単位、家族単位など、さまざまな永代供養墓が増えている。

家族浄化（かぞくじょうか）

家族一人一人に取り憑いた霊を、浄化すること。日本神霊学研究会では、胸中に聖の神（聖なる御魂親様）のエネルギーをいただき、心に浄化したい家族の姿をよびこんで、神の光のエネルギーで包み、霊を浄化させる浄化法を教えている。

カソリック（カトリック）

カトリック教会ならびにその信徒のこと。正統を継ぐキリスト教とされ、ローマ・カトリック教とギリシア正教に大別される。

方違え（かたたがえ）

陰陽道から発生した、平安時代以降の風習。外出の際に、目的地の方角に天一神（なかがみ）などの方位神がいるとき、前夜は吉方とされる家に泊まり、方角を変えて行く。

形見・形見分け（かたみ・かたみわけ）

形見とは、亡くなった親しい人や、別れた人を思い出すよすがとなる品をいう。

形見分けは、死者の残した衣服や調度品、所持品などを、親族や親しい友人などに分け与えること。

月忌（がっき）

死者の命日にあたる月ごとの日。月命日。毎月の月忌に墓に花を手向け、亡き人の冥福を祈る人もいる。

↓命日（祥月命日）

月光菩薩（がっこうぼさつ）

薬師三尊の一つ。日光菩薩とともに薬師如来にしたがい、如来の右側に立つ。月の清浄な光を体現した姿とされる。↓薬師如来

布光山「福満寺」の月光菩薩

活動宮（かつどうきゅう）

西洋占星術で分類される3区分の一つで行動的で積極的な宮。瞬発力や即断力、主導的、攻撃的などの特徴がある。活動宮に当たるのは、牡牛座、蟹座、天秤座、山羊座。3区分はほかに不動宮・柔軟宮がある。

かっぱ（河童・水虎〈みずち〉）

川などに住む想像上の動物。

頭にさらとよばれる凹みがあり、さらに水があるうちは陸上でも力が強く、他の動物を水中に引きずり込んで血を吸う。きゅうりが好物。河

太郎ともよばれる。

俗に子どもが川や沼で溺れるのは、水中に住むかっぱの悪戯とされた。

江戸時代に描かれた河童の絵（『水虎考略』〈1820年〉より）

ガッピー夫人 *Guppy,Mrs.Samuel*

イギリスの霊媒師。旧姓はニコル。ニコル嬢ともよばれる。

門松（かどまつ）

正月を迎えるため、家の門口に立てる松飾り。1月4日から14日ごろまで立てておく。門松の松は、歳神を招き入れ、のりうつらせる依代（よりしろ）である。

加念障害（かねんしょうがい）

相手に放った憎しみや妬みなどのエネルギーによって、その相手に病気や災難を引き起こさせる現象。逆に相手が放った憎しみや恨みのエネルギーによって、病気や災難を受けることもいう。

庚（かのえ）

十干の第七、金の兄（え）の意味。陰陽五行による占いでは、陽の鉄。気が強く行動力がある。

辛（かのと）

十干の第八、金の弟（と）の意味。陰陽五行による占いでは、陰の貴金属。辛抱強く、自分を磨くことで才能が発揮されるという。

Column

金縛り（かなしばり）

就寝中に、意識はありながら縛られたように体の自由が利かなくなる状態。密教で、修験者が不動明王の力で敵の動きを封じる術、金縛法（きんばくほう・かなしばりほう）から広まった言葉である。胸や腹に人が乗って、体を押さえつけているような感覚のほか、人の姿が見える、体を触られるなどの幻覚を見ることもある。長い場合30分以上続くこともあり、大声を出そうにも出ず、恐怖感に襲われる人も多い。

医学的には睡眠麻痺とよばれる。睡眠には、体は休止状態で脳が活発に動く、いわゆる夢を見るレム睡眠と、ノンレム睡眠があり、金縛りが起きるのはレム睡眠時である。体の向きなどで気道が狭くなり息苦しさを感じるときに、脳が幻覚を作り出すともいわれる。

神霊学的には、憑依霊の霊障で金縛りが起こることもあるとする。霊障の場合、金縛りは定期的に何年も続き、憑依された人を苦しめる。霊障による金縛りは浄化を受けることで解放される。

カバラ　*Kabbala*

ユダヤ教の神秘思想。伝承・伝統の意で、口承で伝えられる秘儀とされる。カバラ数秘術は、その暗号解読法が世俗化されたもので、占いに用いられる。

かまいたち

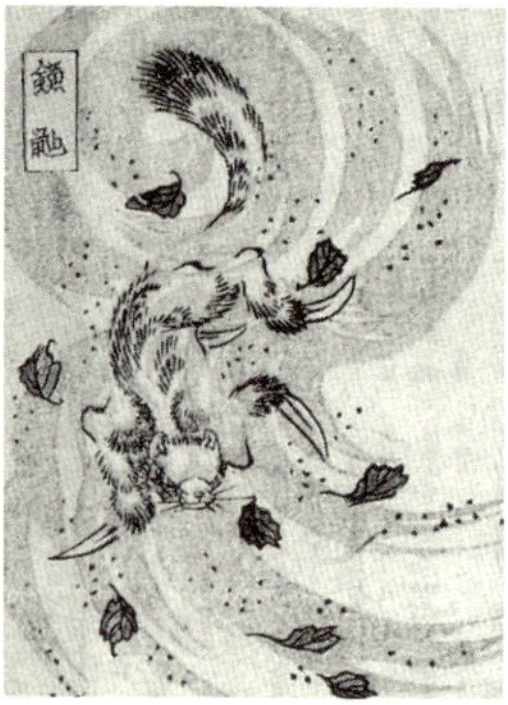

竜斎閑人正澄 画「鎌鼬（かまいたち）」

日本の妖怪や怪異の一つ。つむじ風が吹きつけ、皮膚にかまで切ったような傷ができる現象。いたちや悪神のせいとされた。

科学的には、あかぎれなどの生理学的現象や、風に巻き上げられた尖った小石や葉が皮膚を傷つけると考えられている。

神送り（かみおくり）

旧暦9月末日から10月1日にかけての夜、出雲大社に旅立つ神々を送る神事。疱瘡神（ほうそうがみ）送りなど、人々に災いする神を送りはらうこともいう。

神降ろし（かみおろし）

祭りの場に神霊を招くこと。

巫女(みこ)が託宣を授かるために、神霊を身にのりうつらせようと祈ること。

神がかり（かみがかり）

トランス状態となった人に、神霊がのりうつること。

神隠し（かみかくし）

神域の山に入ったまま人が帰らなかったり、原因もなく、町や村から子どもの行方がわからなくなること。昔は、天狗や山の神の仕業と考えられた。

青森県『天狗山』神隠しの伝説が残る

神来月（かみきづき）

旧暦の10月に出雲大社に集まった神々が、各地へ帰る旧暦11月。

神棚（かみだな）

家や会社などにある神道の神を祭る棚。

神社のお札を祭り、水や塩、米などを供えるほか、榊（さかき）を絶やさないようにする。

神頼み（かみだのみ）

神に祈って、神の助けを請い願うこと。ことわざに「苦しいときの神頼み」がある。

雷（かみなり）

神鳴の意。雲の間や雲と地表の間の放電によって起きる自然現象。雷鳴や稲光を伴う。俗に、雷が鳴るときに裸でいると、雲の上の雷神にへそを取られるとされた。

雷神図（尾形光琳）

神皇産神・神産巣日神（かみむすひのかみ）

日本神話で、天地がひらかれた際、天御中主神（あめのみなかぬしのかみ）、高皇産霊神（たかみむすひのかみ）とともに現れた造化三神の一神。

天照大神と並び高天原の意志を決定する神である。生成の霊力をもち、兄神に殺された大国主を蘇生させたという。

神名備山（かむなびやま）

神道で神が鎮座する山のこと。

神名備は神が宿る神域で、山のほか鎮守の森や神木、岩や滝も神名備となる。

現在の神社神道では御神体は神名備ではなく、社（やしろ）とよばれる。

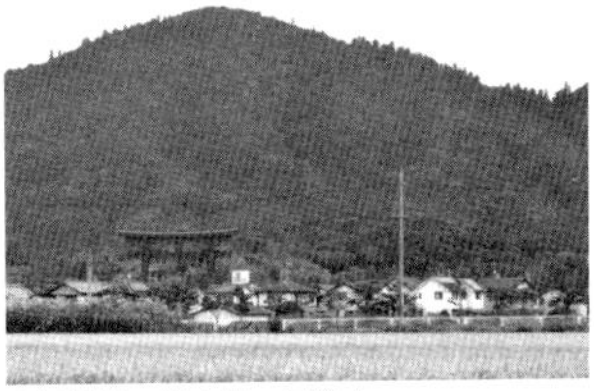
大神神社の神奈備・三輪山

か

Column

神・神の奇蹟

人知を超えた絶対的な存在。神道では、害を及ぼすものを神の怒りととらえた。水の神様、山の神様の怒りを鎮めるために祀ったのが祠や神社である。

人もまた神となる。讒言で大宰府に流され、無念のうちに亡くなった菅原道真公の怨霊を畏れ、御霊を鎮め祀ったのが天満宮である。

道真公が学問に秀でていたことで、いつしか学問の神様としてあがめられるようになった。

神の行う超自然的な出来事が、奇蹟。

キリスト教では、イエスが多くの奇蹟を行う。12年出血に苦しむ女性がイエスの後ろから服に触れると、出血が止まったという。また7つのパンとわずかな魚を割くと、5千人の群衆の食事になった出来事も聖書にある。

多くの人々の病気を癒したイエスは、一方でそれをいいふらさないよう戒めたとある。これは預言者イザヤを通して神がいわれた言葉「…争わず叫ばず、その声を聞く者は大通りにはいない」ことが実現するためとしている。

粥占い（かゆうらない）
粥を使って、その年の天候や作物の豊凶を見る占い。
年占いとして、各地の神社の祭礼となっている。小正月に小豆粥を使って行われることが多い。

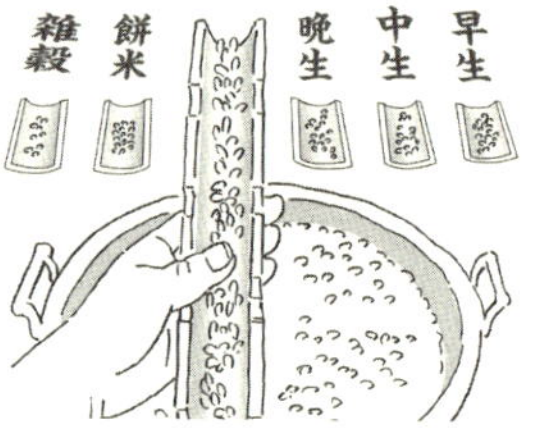

カラーセラピー　*Color Therapy*
色彩療法。色のもつ心理的効果を利用して、ストレス解消など精神的なトラブルを静め安定させる心理療法。インテリアや衣服の色、生活環境などを、色彩を基準に判断する。古来、人間は色彩の効果を生活に取り入れてきたが、1980年代にイギリスでシステム化された。

カリスマ　*Charisma*
ギリシア語の神の賜物を意味する言葉。原始キリスト教で、預言者や呪術者、英雄など、神から与えられた超人間的な力のこと。
そこから転じて、大衆を魅了する特別な才能や、それをもった人という使われ方をするようになった。

カルマ　*Karma*
業（ごう）。心中を含めた言葉や行為。
インド哲学では人の行為と結果は来世にかかわると説いている。

感覚性自動作用（かんかくせいじどうさよう）
潜在意識の知覚による働きが、顕在化すること。霊聴や霊視、また水晶占いは、この働きによるとされる。
↓受動的自動作用

願掛け（がんかけ）
神仏に願いを託して祈ること。お百度参りや茶断ちなど、さまざまな願掛けの方法がある。

勧請（かんじょう）
仏の来臨を請う仏教から出た言葉。神仏の分霊をほかの場所に移して、祭ること。

勧進（かんじん）
勧化（かんげ）、勧請（かんじょう）ともいう。
仏の教えを直接伝え、民衆を救済するために、僧が村や町を回り、念仏やお経を唱えるよう勧めること。
中世以降は、寺や仏像の建立や修復を目的に寄付を求める行為を意味することが一般的になった。↓勧進帳

鑑真（がんじん）
［688～763］中国・唐代の僧。遣唐使に従って入唐していた僧の栄

鑑真和上坐像（唐招提寺）

叡、普照らに来日を請われ、海賊や暴風、失明などの苦難を乗り越え、六度目の渡航で来日を果たした。東大寺で授戒や伝律を行い、759年に唐招提寺を創建。

唐招提寺に安置される鑑真和上坐像は奈良時代を代表する彫刻傑作とされる。

勧進帳（かんじんちょう）

社寺や仏像の建立や修繕などを目的に、広く寄付を募る旨を書き記した文書。能の『安宅』を元にした、歌舞伎の演目としても有名である。↓勧進

感性（かんせい）

物事を深く感じる心のはたらき。外界からの刺激を受けとめる感覚的なはたらき。知性、理性、悟性（物事を理解し判断する思考力）といった知的認識力に対する言葉で、感覚的認識力をいう。

顔相（がんそう）

ほくろなども含め、顔で性質や吉凶を判断する占い。人相ともいう。「目つきに剣がある」などというが、暮らしぶりは顔に出る。謙虚に良心に恥じない生活をすることで顔の印象がよくなるのは確かである。↓骨相

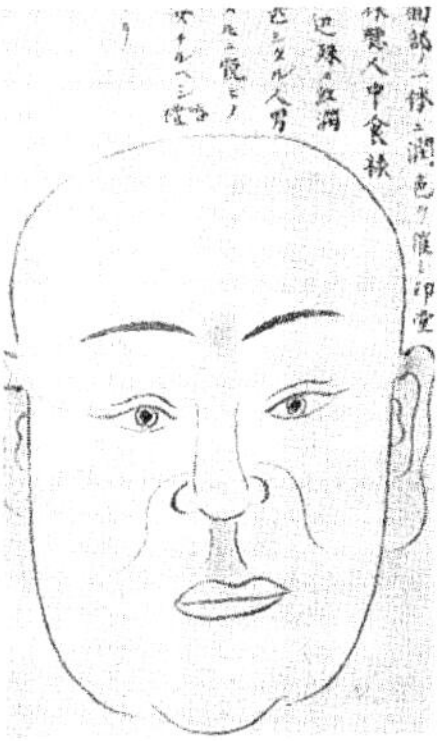

かんなぎ

神なぎの意。神に仕え、神意を伺い、神降ろしなどを行う人。男性の場合をおかんなぎ、女性の場合をめかんなぎ（巫女）という。

神無月（かんなづき）

八百万の神々が出雲に出かけてしまい、各地に神様のいない旧暦10月の別称。神去り月。

観念（かんねん）

もとは仏教用語で真理、仏を観察思念する意。

のちにギリシア語のイデアの訳語として、広く使われるようになった。超経験的、超感覚的な不変の実在。知覚や心象のように具体的ではなく、概念ほどは抽象的でない場合に使われる。

観音経（かんのんぎょう）

大乗経典の一つの『妙法蓮華経』の中にある観世音菩薩普門品（かんぜおんぼさつふもんぼん）のこと。観音が人々の苦難を救い、願いをかなえ、教え導くことを説く。普門品、観音品ともよばれる。

観音菩薩（かんのんぼさつ）

観世音菩薩。『妙法蓮華経』の普門品に説かれている菩薩。勢至菩薩とともに阿弥陀如来の左右に控える。大慈大悲による救済を願い、人々の求めに応じて姿を変え、種々の変化観音を生む。住まいする霊場は南

か

インドの補陀落山（ふだらくせん）とされ、日本では和歌山県の那智山が当てられている。

灌仏会（かんぶつえ）

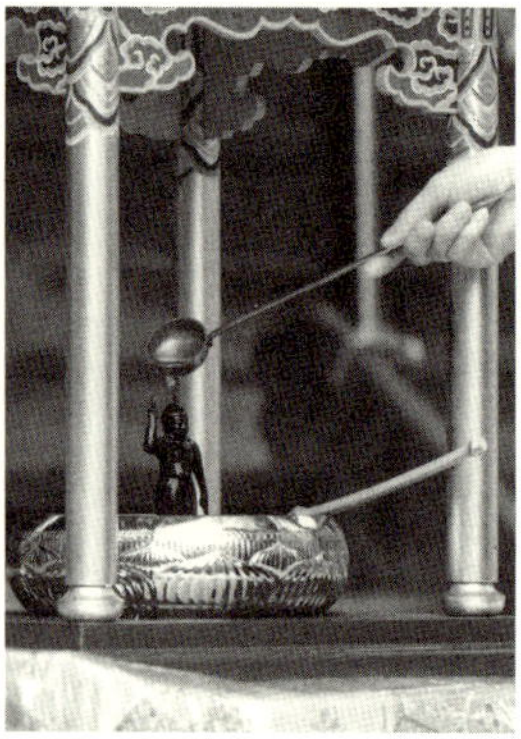

灌仏は、仏像に香水をそそぎかけること。

灌仏会は、4月8日に行われる釈尊の降誕を祝う法会。花で飾られた花御堂をつくり、水盤に誕生仏を安置して、像に甘茶をそそぎかけ、釈迦の誕生を祝う。

ガンマ波（がんまは）

脳波パターンの一つで、僧の瞑想時などに得られる、速い周波数の脳波。脳が活発になり、知覚や意識がさえわたる。

祝福の感覚など、神秘体験にも関係あるものとして報告されている。

願力（がんりき）

仏教、とくに浄土宗において、人々を救おうとする阿弥陀仏の誓願の力。願掛けをして自分の目的を貫こうとする強い意気込みや念力。

き

気学・九星気学（きがく・きゅうせいきがく）

大正時代の1924年、園田真次郎が創設した占い。紫白九星を元に運勢や相性、方位の吉凶を判断する。

毎年市販される暦や神社暦には、月ごとの九星による運勢や方位の善し悪しが記されており、日本人に広く支持される占星術である。

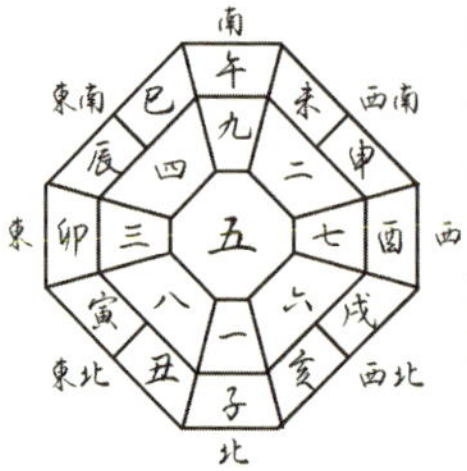

九星気学が正式名称だが、単に気学ともよばれる。

祈願（きがん）

目的が成就するように、神仏に祈り願うこと。願掛けをすること。

合格願いや恋愛成就など個人的な祈願のほか、雨乞いや豊作願いなどが共同体で行われてきた。

機根（きこん）

仏の教えを聞いて悟りをひらく能力。仏の教えを理解する度量や人それぞれの性格をいう。

機は、物事にふれて人の心に生じる可能性や機会のことであり、根は根本的な性格の意。

ちなみに根性は気根から生まれた言葉である。

跪座（きざ）

座法の一つで、爪先を立ててひざまずいた姿勢。神道や弓道などで控えているときの座法である。

既視感（きしかん）→**デジャ・ヴュ**

初めて見た光景や初めての場所なのに、前にも見た情景だという感じがすること。

科学的には脳の錯覚と説明されるが、スピリチュアルの分野では前世の記憶による場合があるとする。

鬼子母神（きしもじん・きしぼじん）

仏法の守護神。安産や子育ての守り神として、広く信仰を集めている。

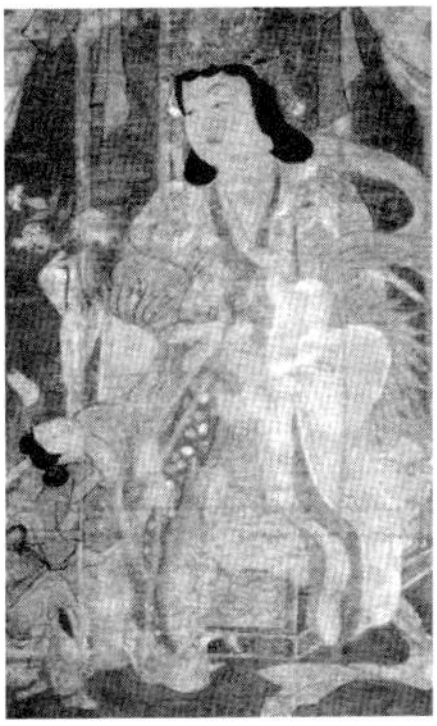
訶梨帝母（鬼子母神）像（醍醐寺）

500人の子を生み、育てるために人間の子どもを捕えて食べた。これを知った釈迦が末子を隠して諫めた。以来、仏法の守護神となったという。

江戸三大鬼子母神は、入谷の真源寺、雑司が谷の鬼子母神堂、市川の遠寿院。

寄進（きしん）

神社や寺に金銭や物品を寄付すること。僧に贈る金や品物は布施とよばれる。

奇蹟（きせき）

一般には常識では考えられない現象。キリスト教における奇蹟は、信仰を説くために神が起こした超自然

Column

気（き）

道教や中国医学で使われる中国古来の言葉で、宇宙や自然界の万物を構成する最も基本的な要素の一つ。エネルギーの元。すべての出来事は、気が動くことで起こる現象とする。

中国医学では、気が十分に満ちて、体の気の道（経絡）をスムーズにめぐっている状態が健康であり、病気は気が滞った状態で起こるとされる。

中国医学においての気の働きは、漢方、鍼灸、気功に分けられる。

漢方は生薬を服用して、内臓の働きを整えることで、経絡の流れと気の流れを改善し、病気から回復させる。

鍼灸は、経絡の上に位置するツボを鍼や熱で刺激することで、気の流れを改善する。

気の流れに直接働きかけるのが気功である。施術者が経絡に滞った気の流れに働きかける方法と、患者本人が気功を行って気の流れをスムーズにさせる方法がある。

気の存在を科学的に解明しようと、中国や日本で種々の実験が行われ、気の特性として電磁波や赤外線などが検出されている。

的現象。神道や仏教における霊験も同様である。

スピリチュアル的には、すべては大霊界の法則に従っているとされるが、強い祈りのエネルギーが神霊に届き、奇蹟を起こすこともある。

北枕（きたまくら）

枕を北向きにして寝ること。

死者を北向きにして寝かせることから、不吉とされる。頭北面西。

北村サヨ（きたむらさよ）

［1900～1967］天照皇大神宮教（てんしょうこうたいじんぐうきょう）の教祖。

天照皇大神宮教は無我になって踊るのが特徴で、踊る宗教、踊る神様ともいわれる。

鬼太郎（きたろう）→ゲゲゲの鬼太郎

吉祥（きっしょう・きちじょう）

よい前兆。めでたい兆し。

吉祥運は占いで、最良の運勢が現れること。

吉祥天（きっしょうてん・きちじょうてん）

鬼子母神を母とし、毘沙門天の妃。ヒンドゥー教のヴィシュヌ神の妃とされ、仏教に取り入れられた女神である。容姿端麗で人々に幸福や美、富を与える女神。

神社においても信仰の対象とされ、七福神に吉祥天を加えた八福神を祭る地域もある。

狐火（きつねび）

キツネが口から火を吐くという俗信から、闇夜に山野や川岸で見られる怪火。

提灯や松明のような火が列になって点いたり消えたりしながら現れる。沖縄を除く日本の各地に伝えられている。東京・王子の王子稲荷の狐火は、とくに名高い。

毎年大晦日に、関東全域のキツネたちが集まる際に見られるもので、農民たちは狐火の数を数えて、新年の豊凶を占ったという。

『狐火』
鳥山石燕「画図百鬼夜行」より

祈祷（きとう）

神仏の守りを願い恵みを感謝する祈り。多くは寺院や神社、教会などの宗教儀式として行われる。

祈祷会（きとうかい）

キリスト教における祈りの集い。日本では水曜日や木曜日に行われることが多い。

祈祷師（きとうし）

祈りにより悪霊を追いはらう人。病気が魔の仕業と信じられていた昔は、祈祷師が医者であった。庶民の間では拝み屋ともよばれている。

甲（きのえ）

十干の第一。木の兄（え）の意。

陰陽五行による占いでは、陽の大木。上昇志向が強く独立心旺盛なリーダータイプ。半面、頑固でもあるとされる。

乙（きのと）

十干の第二。木の弟（と）の意。

陰陽五行による占いでは陰の草や花。粘り強く伸びていくという特徴がある。

宜保愛子（ぎぼあいこ）

［1932〜2003］日本の霊能者。80年代にテレビなどに出演し注目を浴びた。

キメラ *Chimera*

キマイラともいう。ギリシア神話に出てくる怪獣。頭は獅子、胴は山羊、蛇の尾をもち、口から火を吐く。

生物学用語では、同一の個体に異なる遺伝子をもった細胞が存在すること。また、ラジカメなど複合機能をもつ商品を、キメラ商品とよぶ。

鬼門（きもん）

陰陽道で鬼が出入りする方角。災いが入るとされ忌み嫌われる。艮（うしとら）、つまり東北の方角である。

家屋敷の鬼門に社を祭った鬼封じの鬼門除けは、今も見られる風習である。

キャビネット *Cabinet*

Column

狐（きつね）

古代の山神信仰では、山に生息する古木や獣なども神もしくは神の使いとされた。

稲作が始まると、稲田を荒らすネズミの天敵としてオオカミとともにキツネも益獣とされ、やがて神道と混じり稲荷神社の眷属になった。

豊作と商売繁盛の神を祀る、稲荷信仰は人々の間に広まり、江戸時代には伏見のキツネの土偶が家々の神棚に飾られたという。この土偶は明治に入って不敬とされ、代わりに招き猫がとって代わった。

こうした霊威ある存在のキツネは、一方で密教によってもたらされた人を化かす妖獣としての存在でも知られ、畏れられた。

狐憑きは、キツネの霊に取り憑かれることで、キツネになったような言動をする。憑依された者がいると行者や祈祷師が松葉をいぶすなどの呪術を行い、キツネの霊を落とす。

神霊学的には動物の霊力はきわめて微弱なためキツネによる憑依はないとする。ただ、キツネ信仰の伝統は認め、謙虚な祈りへの姿勢は良しとしている。

交霊会などで霊媒が心霊とコネクションを取り、物質化現象を起こすために使用する小さな場所。部屋の隅などをカーテンで囲んだスペースであることが多い。
　心霊現象を交霊実験の立ち会い人が観察しやすいよう、あえて中には入らず、カーテンの外側に座る霊媒もいる。→内房

キャンドル占い（きゃんどるうらない）
　キャンドル（ロウソク）を使った占い。キャンドルを燃やし、その炎の上がり方や燃え方、ロウの流れ方、吹き消したときに、ロウがどんな減り方をしたかなどで、運勢や吉凶を判断する占い。→ロウソク占い

吸血鬼（きゅうけつき）
　東欧を中心に恐れられてきた伝説上の怪物。バンパイア。
　夜、墓場からよみがえり眠っている人の血を吸う。血を吸われると、その人も吸血鬼になるという。
　東欧以外にも、吸血鬼伝説は世界各地に伝えられている。

救世（きゅうせい）
　宗教の力で人々を苦しみから救うこと。救世（くせ・ぐせ・ぐぜ）は仏教の言葉。すべての人々をこの世の苦しみから救い、仏の悟りに導くこと。観世音菩薩をさすこともある。
　救世主（きゅうせいしゅ）は、キリスト教のイエス・キリストをいう。人々をさまざまな不幸から救済する救い主。メシア（クリストス）は、油注がれた者の意。

九星占星術（きゅうせいせんせいじゅつ）
　九星を用いた占星術。九星は決まった法則にしたがって方位を巡る9つの星。生まれ年の本命星に五行と方位を合わせ、運勢を判断する。

急性憑依（きゅうせいひょうい）
　低級霊がのりうつり、急激な悪寒や腹痛、発熱、呼吸困難などを引き起こす現象。霊障である。
　睡眠時の金縛りも、急性憑依が原因の一つとされる。
　現代人の多くが幽霊界をさまよう霊の憑依を受けているという。

宮殿（きゅうでん）

　帝王や君主など支配者が住む御殿。神が祀られる社殿。
　仏教で仏像などを収める仏具の場合は、客殿（くうでん）とよぶ。

求道者（きゅうどうしゃ）
真理や信仰を求めて修行する者。
プロテスタントの教会などでは、洗礼を受けた人を信者、受洗前で教会に通う人を求道者とよぶところもある。

九尾の狐（きゅうびのきつね）
中国の伝説上の妖怪で、年を重ねて尾が九つに分かれているきつね。九尾の妖狐。中国の古書では天界から遣わされた神獣と伝承されるが、日本では美女に姿を変えて人をだます魔界の存在のイメージが強い。

旧約聖書（きゅうやくせいしょ）
キリスト教で新約聖書が作られた後、これに対応して使われるようになった名称。新約聖書の中で「聖書」と書かれ、またよばれるものは、この旧約聖書をさしている。

救霊（きゅうれい）
キリスト教において、人の魂を救うこと。また霊魂の救いのために祈ること。他の宗教でも霊魂の救済は、信仰の重要な要素として位置づけられている。
神霊学的には、人間に害をなす霊を追い払うのではなく「迷える霊を救う」意味で使われる。

旧暦（きゅうれき）
太陰暦と太陽暦を合わせた暦。19年に7度、閏年をもうけて調整する暦で、明治維新以前に用いられた。
年中行事の十五夜は旧暦の8月15日、新暦では9月半ばに行われる。

凶（きょう）
縁起や運が悪いこと。不吉。
おみくじで凶を引いたときは、自分への戒めとしてもち帰るのもよし、よい運勢を願って境内の木に結びつけるのもよいという。
何らかの理由で守護霊が去り、低級霊と入れ替わって凶運に陥る場合もある。

叫喚地獄（きょうかんじごく）
仏教に伝えられる八大地獄（八熱地獄）の一つ。
熱湯がたぎる大釜や猛火の部屋に入れられ、泣き叫ぶ苦しみを受ける地獄。生前、殺生、盗み、邪淫、飲酒の罪を犯した亡者が行かねばならないとされる。
霊学的にはいわゆる地獄という概念はなく、霊界をさまよう未浄化霊の苦しさ自体を地獄のようなものとしている。

地獄絵

教義（きょうぎ） *Dogma*
宗教や宗派の教えを体系づけたもの。なかには反社会的な教義をもつ宗教も存在するが、人々に受け入れられてきた宗教の教義は良心を説き人道的といえる。

行者（ぎょうじゃ）
仏の道を修行する人。修験道の山伏。役行者（えんのぎょうじゃ）は、山々を歩いた奈良時代の修行者で修験道の祖。なかば伝説的な人物で各地にさまざまなエピソードを残した。役小角（えんのおづの）ともよばれる。

狂信（きょうしん）
信仰などにおいて、理性的な判断力を失うほど激しく信じ込むこと。教祖や思想家の場合など、カリスマ性によって狂信を招き、多くの信奉者を集めることがある。

凶星（きょうせい）
占星術で、悪い影響を地球におよぼす天体。火星、土星、天王星、海王星、冥王星が凶星。反対に太陽、月、水星、木星、金星の五星が吉星である。単純に凶星だから悪運とするのではなく、惑星や星座、天体の配置などを組み合わせて吉凶を判断する。

強制浄霊（きょうせいじょうれい）
→聖刹那神技

教祖（きょうそ）
宗教の指導者。創始者。開祖。イスラム教ではムハンマドを開祖とする。キリスト教では、イエス・キリストも宗教改革のルターも特別な呼び名はない。

経典（きょうてん）
釈迦が説いた教えを記した書物。または、教徒・信徒が守るべき信仰生活の規範などを記した書物。イスラム教ではコーラン、キリスト教では聖書をさす。

狂霊（きょうれい）
霊界に入ることを拒み、人間に害をなす低級霊。
低級霊は天界道に入る機会を得ようと、人間に憑依することで救いを求めるが、いつまでも救われない低級霊は、孤独の中で狂霊となる。

キリシタン
元々はポルトガル語のキリスト教徒のことだが、とくに日本にキリスト教が入ってきた戦国時代から明治初期ごろまでの、キリスト教を信仰する人々をさす言葉である。現代日本のキリスト教徒についてはクリスチャンを用いるのが一般的である。
隠れ（潜伏）キリシタンは、厳しい禁教の弾圧を受けた江戸時代初期から、代々ひそかにキリスト教への信仰をもち続けた人たちのこと。神道や仏教を隠れみのに、マリア観音などを拝み、信仰を伝えた隠れ（潜伏）キリシタンたちもいた。

キリスト→イエス・キリスト

桐山靖雄（きりやませいゆう）
［1921～2016］仏教系の新宗教、阿含宗（あごんしゅう）の宗祖。多くの出版物があり、信徒を集めた。

阿含宗は2月に開かれる護摩焚きの柴燈護摩供で知られる。

麒麟（きりん）

中国の伝説上の動物。尾は牛、馬の蹄をもち、体は鱗に覆われて五色に輝き、翼で空を飛ぶ。

聖人が世を治めるときに現れるといい、瑞獣とされる。竜、鳳凰、亀とともに四霊とよばれる。

金運（きんうん）

金銭についての運勢。お金に不自由しない生活ができるか否か、商売繁盛などを判断する。

金運に恵まれるとは、つまり強運をもたらす守護霊がついているともいえる。

金閣寺（きんかくじ）

京都・北山にある臨済宗の寺院。正式名称は、鹿苑寺（ろくおんじ）。足利尊氏が別荘として造営した北山殿を遺命により禅寺としたもの。

1950年の失火事件は、三島由紀夫の『金閣寺』や水上勉の『五番町夕霧楼』など、小説の題材となった。

Column

近似死体験（きんじしたいけん）→臨死体験

英語の *Near Death Experience* を訳した言葉。

事故や病気などで死亡の診断がなされた後に蘇生し、その間の体験を証言したもの。死後の世界や霊魂の存在を伝えるものでもある。

1975年に医師のエリザベス・キューブラー、また医師で心理学者のレイモンド・ムーディーがそれぞれ近似死体験に関する著書を出したことで注目を集めた。

近似死体験には、次のような共通点が見られる。死の宣告が聞こえ、トンネル状の筒を抜けると自分の肉体から離脱したのがわかる。

天井から、ベッドに横たわる自分の姿や医師や家族を見下ろしている体験談は多い。体外離脱について、幻覚とする説もあるが、体外離脱中に見た場面を正確に描写した報告は少なくない。さらに死んだ親族などとの出会いの後、光に包まれ、死後の世界との境を見て、蘇生する。

現代の医学技術では止まった心臓が鼓動を回復することも不可能ではなく、近似死体験者の数も増えているという。

銀閣寺（ぎんかくじ）
京都・左京区にあり、正式名称は慈照寺（じしょうじ）。
室町時代、足利義政が造営した山荘東山殿を義政の没後、臨済宗の寺としたものである。銀閣寺の名は、江戸時代になって金閣寺に対応してよばれるようになったとされる。

キング牧師（ぼくし）マーティン・ルーサー・キング・ジュニア
Martin Luther King, Jr.
［1929〜1968］アメリカのプロテスタント・バプテスト派の牧師。アフリカ系アメリカ人で、公民権運動を進めた指導者。
1963年8月に行ったワシントン大行進には20万人が参加、集会で行った「アイ ハブ ア ドリーム（私には夢がある）」の演説は有名である。翌年の1964年7月に公民権法が制定され、法の上での人種差別は禁止されたが、その4年後にキング牧師は暗殺される。

く

悔い改め（くいあらため）
キリスト教で、罪に満ちた過去を捨てさり新しい生を求めて神に立ち返ること。
悔いる気持ちと同時に、神の聖霊に満たされた生活へ向かう決意を含む言葉である。

空海（くうかい）→弘法大師
［774〜835］真言宗の開祖。遣唐使として、当時の中国で最先端の学問であった密教を学び帰朝。真言宗を開き、高野山に金剛峯寺（こんごうぶじ）を建立した。
宗教活動以外にも、溜め池の造成など社会事業を進め、人々に慕われた。弘法大師は諡号。

空華（くうげ）
仏教用語で、空中にあるように見える華の意。
仏教では、すべての事象は本来実態がないとするが、それを煩悩にとらわれて、あるかのごとく考えてしまう誤りを諭す言葉である。

眼病のかすんだ目が、空中に華があるように見誤るのにたとえたもの。

宮司（ぐうじ）

神社に仕える責任者（主管者）。本来は神社の造営や庶務に当たる役職であるが、のちに祭祀も行うようになった。

神主と宮司が混同されて用いられたりするが、一神社に神主が複数いることがあっても、宮司とよばれる役職は一人しかいない。

偶像崇拝（ぐうぞうすうはい）

偶像とは木や石、金属などで造った像。古代より信仰の対象とされ、神仏をかたどった像が多く残されている。偶像崇拝はこうした像を礼拝すること。キリスト教では、異教の偶像を生命のない物体と考え、偶像崇拝を禁じている。神はあまりに偉大な存在ゆえに、姿あるものとして表現することができないからとする。

イスラム教では偶像崇拝はさらに厳重に排され、モスクや美術において、偶像や絵画での表現は一切禁止されている。

空中音声現象（くうちゅうおんせいげんしょう）

ほかに誰もいないのに、ピシッと枝を折るような音や、すすり泣くような声が聞こえる現象。霊が現界の人間に激しく何かを伝えようとするときに発する。

霊が無念の思いを聞いてほしい、また自分の霊魂の浄化を強く願って音を立てることもある。

空中浮揚（くうちゅうふよう）→浮揚現象

人間やテーブルなどの物体が宙に浮く神秘現象。

現代の科学では何らかの力が働き重力を打ち消した結果とするが、古来より信仰上の奇蹟として世界各地に伝えられてきた。

心霊学的には霊の力とされ、さまざまな空中浮揚が写真や映像によって報告されている。

交霊会で空中浮揚する霊媒D.D.ホームを描いた絵（1887年頃）

苦行（くぎょう）

悟りを得るため、また宿願を果たすために、心身を激しく苦しめ、精神を浄化させる宗教的な行い。瞑想や断食、不眠、滝行、荒行などの修行方法がある。

キリスト教のカトリックにおいても、主イエス・キリストの受難を味わおうとする苦行が行われる。

九字（くじ）

中国の道家から日本に伝わった、呪力をもつとされる9つの漢字。修験道や陰陽道で主に護身術の呪文として用いられた。いくつかの種類があり、その一つ『臨・兵・闘・者・皆・陣・列・在・前』は「臨む兵闘う者 皆 陣列べて前に在り」の意味。↓九字の組み手

孔雀明王（くじゃくみょうおう）

孔雀明王（京都・仁和寺）

一切の毒を除くとされる明王。毒蛇や毒草を食べるという孔雀を神格化したものである。

明王は大日如来の化身とされ、仏法を守る諸尊。恐ろしい姿で悪を懲らしめるのがほとんどだが、孔雀明王は例外的に慈愛の姿をしている。

口裂け女（くちさけおんな）

1979年（一説では78年）の冬から翌年夏にかけて大ブームとなった昭和の都市伝説の一つ。

夜、マスクをした若い女性が近寄ってきて「私、綺麗？」と聞く。「綺麗です」と答えると、続けて「これでも？」とマスクを外す。その顔を見ると、口が耳元で裂けているというもの。

小中学生の間で大流行し、いたずら事件も起きるなど社会現象にまでなった。

口寄せ（くちよせ）

死者との交信。亡くなった身内の霊を霊媒に降ろし、その口を借りて死者の言葉を聞く。

口寄せを行う巫女として、青森県の恐山のイタコや、奄美・沖縄のゆたは古くから知られている。

功徳（くどく）

善行。また善い行いを積んで神仏から与えられる恵み。

首塚（くびづか）

合戦などで、討ち取られた者の首を供養する塚。

平将門の首塚は、謀反の罪で討ち取られた将門の首級が、3日後に都から故郷へ向かって飛んでいき、落ちた所を塚としたもの。数カ所に伝えられ、移動させると祟りがあるとされる。祟りを恐れ、今も大切に祀られている。将門首（しょうもんくび）ともいう。

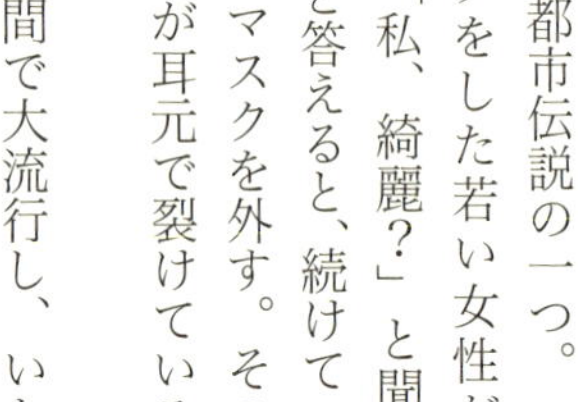

平将門の首塚

久保角太郎（くぼかくたろう）

［1892〜1944］大正・昭和初期の宗教家。霊友会創始者。

久保継成（くぼつぐなり）

［1936〜］霊友会二代会長。在家仏教こころの会会長。在家仏教こころの研究所代表。

隈本確（くまもとあきら）

日本神霊学研究会初代会長
隈本確教祖

［1932〜2015］神霊能力者。日本神霊学研究会初代教祖。大ベストセラー『大霊界』の著者。

隈本正二郎（くまもとしょうじろう）

日本神霊学研究会 第二代教主
隈本正二郎 聖師教

［1965〜］日本神霊学研究会神主 聖師教。法名・聖二郎。

神霊能力者。神霊治療と神霊能力者の育成に当たる。

供物（くもつ・ぐもつ）

神仏へのお供え物。初物や採れた食物などを捧げて、感謝や贖罪、願いの気持ちを表す。

供養（くよう）

亡くなって霊となった人に花や香を手向け、冥福を祈ること。僧に法事を頼み、死者の霊を安らかにすること。

供養の原語はサンスクリット語のプージャーで、「尊敬」を意味する。

霊学的には、霊の現世への執着を落とし清い霊にして霊界に安らげる場所を見つけられるようにすることを供養とよぶ。↓先祖供養

クラーケン *Kraken*

北欧に伝わる海の怪獣。中世から近世にかけてノルウェー近海などに現れ、幽霊船とともに漁師や船員たちに恐れられた。

小島ほども巨大で、姿はタコやイカに似ており、凶暴で船を襲うという。

同様の怪獣は世界の海域で語り継がれているが、その中には人を襲わず大漁をもたらすというものもある。

「アンゴラ沖のクラーケン」ピエール・デニス・ド・モンフォール画

グラウンディング *Grounding*

スピリチュアルの世界で、地に足が着いた状態を意味する言葉。

心や意識が安定していて現実の世界に生きている状態をさす。反対に、バーチャルなゲームに逃げたり空想の世界に生きている状態は、「グラウンディングができていない」とされる。

クランドン夫人（マージャリー） *Crandon,Mrs.Margery*

［?〜1941］通称マージャリーとよばれる。世界的に知られる

アメリカの霊媒師。

クリーブランド夫人

Cleaveland, Mrs. →**スミード夫人**

生没年不詳。牧師夫人でアメリカの霊媒師。

クリスチャン *Christian*

キリスト教徒のこと。クリスチャン・ネームは洗礼式のとき授けられキリスト教徒としての名前。聖者の名をつけるのが普通である。洗礼名。ただしプロテスタント諸教派では、聖者への崇敬はしないことから、クリスチャン・ネームをつけないところが多い。

クリスマス *Christmas*

イエス・キリストの誕生を祝う祭り。降誕祭。英語のクリスマスはキリストのミサの意味で、ギリシア語クリストスの頭文字Xをとって Xマスともよばれる。

カトリックやプロテスタントで12月25日にクリスマスを祝うのは、ヨーロッパの各民族に古くから伝わる太陽の再生を祝う冬至祭と融合したものといわれる。

キリストが公現したことを祝う1月6日の公現祭の前日までがクリスマスの期間であり、降誕節ともよばれる。なおギリシア正教においては、クリスマスは1月7日である。

グル信仰（しんこう）

グルはサンスクリット語で、指導者、教師を意味する言葉。狭義ではヒンドゥー系のバクティ・ヨーガなどの導師・尊師をさし、グルの言葉は神への信仰に直結するとしてグル信仰となった。

これが世界の新興カルト集団に広まり指導者が自らをグルと名乗るようになったという。

しかし、日本のオウム真理教事件など社会的問題を引き起こしたことで、尊師の言葉とともに、グル信仰は否定的に受けとめられている。

黒住教（くろずみきょう）

江戸時代に岡山で開かれた神道の教派。神道十三派の草分け的存在である。

同じ江戸時代には、天理教、金光教も開かれ、幕末三大新宗教とよばれる。

黒住宗篤（くろずみむねあつ）

［1848〜1889］ 黒住教三代教主。宗教家。

『天津祝詞神言七箇条』（あまつのりとかみごとななかじょう）を編纂した。

黒魔術（くろまじゅつ）

他人を呪い、自分の欲望を満たすなど、邪悪な目的で行う魔術や妖術。呪術で悪霊をよび出し、悪霊の力で相手を呪うこと。

キリスト教では悪魔と取り引きをして行うものを黒魔術、天使や精霊の協力のもと行う魔術を白魔術と分けている。

け

境内（けいだい）

神社や寺院、教会などが有する土地。とくに神社や寺院が聖域とする占有地。神聖で平和な区域とされ、中世以降、祭礼の当日には、芸能や相撲、見世物などの興行がもたれた。

江戸時代になるとより開放的になり、芝居やときに賭博なども開かれて、庶民の息抜きの場として賑わいを見せた。

ゲゲゲの鬼太郎（げげげのきたろう）

漫画家の水木しげるが書いた人気漫画。妖怪と人間が共存できる世界をつくろうと、主人公の鬼太郎が父親の目玉おやじや仲間と力を合わせ、悪い妖怪と戦う。

シリーズ化やテレビアニメ化されて幅広い層に愛され、実写映画化もされた。

化身（けしん）

人々を救うために、神仏が人間の

Column

九字の組み手（くじのくみて）九字護身法（くじごしんほう）

九字とは邪気や悪霊をはらうために、修験者が神仏から呪力を得る９つの真言のこと。『臨・兵・闘・者・皆・陣・列・在・前』から成る。「臨める兵、闘う者、皆陣をはり、列をつくって前に在り」という意味。元は密教において結界を張る所作だったが、民間に伝わり護身術となった。九字護身法では、この九字を用いて印を切り、または印を結んで邪気や悪霊をはらう。護身法の流派によって所作が違う。

神霊学的には、低級霊に憑依されたときの除霊の方法として九字の組み手がある。両手の指を組み、人差し指を立てて合わせる。このとき、右親指が左親指の上に重なるようにし、右小指は外側から左小指を包むようにする。

除霊するときは、気合とともに、この組み手で印を結び、みぞおちの５センチ上あたりに置く。憑依霊をはらう際は、気合とともに、この組み手で印を結び、憑依霊に向かって神霊の気を注ぎ、浄化を念じる。

写真は日本神霊学研究会 神主 聖師教 隈本正二郎による九字の組み手

姿となってこの世に現れること。また現れたもの。
神仏のほか、鳥、獣、化け物が人間に姿を変える場合もある。化身を題材として仏の教えを説く民話は、広く各地に残されている。

解脱（げだつ）
煩悩に縛られている状態から離れ、自由になること。悟りの状態。
仏教では、この世はすべて苦であり、苦には原因があるとする。解脱は、あらゆる苦を離れて悟りの境地になることをめざしている。

解脱会（げだつかい）
1929年に、岡野聖憲（おかのせいけん）によって開かれた新宗教団体。真言宗系とするが神仏混淆の側面ももち、感謝と報恩を説く。

解脱上人（げだつしょうにん）
［1155～1213］法相宗の僧、貞慶（じょうけい）の号。僧侶の立身出世や堕落を嫌い、多くの学僧の指導に当たったことで知られる。

血液型占い（けつえきがたうらない）
ABO式の血液型を用いた占い。血液型による性格判断は日本独自のもので、科学的な根拠はないとされる。
70年代から2000年にかけて、テレビや雑誌に取り上げられ全国的に広まった。
その後、血液型で性格を押しつける見方を助長しないようにというBPO（放送倫理・番組向上機構）の要望で、テレビ界から血液型占いは消えた。

月下氷人（げっかひょうじん）
男女の縁を取りもつ人。月下に会った老人から将来の妻を予言された故事と、氷上の夢を占ったところ結婚の仲人をする前兆と出たという、ともに中国の故事から生まれた。

結跏趺坐（けっかふざ）
足裏と足の甲を結んで座るという意。右足を左の腿の上に乗せ、左の足を右の腿の上に乗せる足の組み方である。如来が座った形。また座禅をするときの足の組み方でもある。

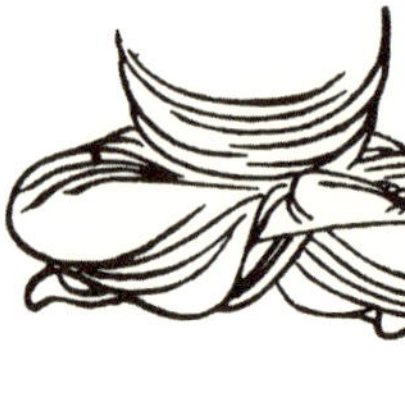

外道（げどう）
仏教用語で、仏教以外の教えのこと。悟りへと続く内道（ないどう）に対する言葉。ここから転じて、道理に外れた考え、邪道。災いをもたらしたり道に外れた振る舞いをする人も意味するようになった。

ゲブラー *Gevurah*
占いの言葉で、セフィロトの樹（生命の樹）を10のセフィラ（球）で図式化したものの5番目。力や勇気、戦い、破壊などを表す。
対応する数は5、色は赤、惑星は火星。生命の樹は、旧約聖書に書かれたエデンの園の中央に植えられた木とされる。

ケルベロス　*Kerberos*

ギリシア神話に登場する、冥府の入り口にいる番犬。３つの頭と蛇の尾をもち、背中からも無数の蛇が頭をもたげた恐ろしい姿をしている。

冥王星の第４惑星はこの神話にちなみ、ケルベロスと名づけられている。

ケルベロスを描いた壺絵（紀元前525年頃・ルーブル美術館所蔵）

牽引の法則（けんいんのほうそく）

精神的に波長が同じ者同士は引かれ合うという法則。会ったばかりなのに、気が合ったり親しみを感じたりするのはこのためという。

文字通り「波長が合う」ことになる。↓親和の法則

幻覚（げんかく）

実際にはないのに、物が見えたり音が聞こえたりする現象。薬物依存、アルコール依存、精神状態など種々の原因が考えられる。

霊学的には原因の一つに、低級霊が取り憑いて幻視幻聴を起こさせるとしている。

献金（けんきん）

ある目的のためにお金を捧げること。

キリスト教では神に感謝してお金を捧げること。また、そのお金。

元亨利貞（げんこうりてい）

五経の一つに数えられる易経の言葉。乾は、徳を積み、操正しく生きることで、万事うまくいくという意味。乾とは、天であり、男、健、積極的な徳のこと。「乾は、元（おお）いに亨（とお）る、貞（ただ）しきに利（よ）ろし」とも読む。

原罪（げんざい）　*Original Sin*

すべての人間が背負っている罪のこと。

キリスト教は、人間はもともと罪をもった存在とする。聖書に書かれる最初の人間、アダムとイブが禁断の木の実を食べるという罪を犯し、その罪がそれ以降の人類に受け継がれた。

罪ある人間は、神の恩恵によってのみ赦され救われるとされる。

禁断の木の実を食べ楽園から追放されるアダムとイブ（G・ドレ画）

顕在意識（けんざいいしき）

心の中にはっきりと自覚される意識。↔潜在意識。

玄奘（げんじょう）

三蔵法師の名で知られる中国・唐の僧。629年、経典研究のため原典を求めてインドへ向かい、サンス

クリット語による仏典の研究を続けたのち、多くの経典や仏像を長安にもち帰った。インドを紹介した紀行『大唐西域記』はのちの『西遊記』の題材になったとされる。

献身（けんしん）

自分の欲得を考えず尽くすこと。キリスト教の言葉で、神のために尽くすこと。

狭義では、牧師や司祭、宣教師、修道士、修道女のように、信仰や宣教に身を捧げて携わることをさす。

現世・現界（げんせ・げんかい）

私たちが生きている現実世界。

霊学的には現界ともよぶ。この世は現界と霊界の二つがポジフィルムとネガフィルムのように表裏一体となって形作られているとする。

眷属（けんぞく）

親しい身内や親族。

仏教で仏や菩薩に従う脇侍（きょうじ）。薬師仏の十二神将、不動明王の八大童子が眷属に当たる。

神に仕える鳥や獣も眷属であり、霊獣ともよばれる。

神に代わり、神の思いを人間に伝え、また人間の願いを神に届ける役割を果たす。

伏見稲荷大社の狐、熊野三社の烏、鹿島神宮の鹿など、眷属もまた神格化されて祭られる。

ケンタウロス *Kentauros*

ギリシア神話の怪物の種族。

上半身が人間で腰から下が馬の姿をしている。

占いの世界では、文武両道を表すとされる。

顕如（けんにょ）

［1543〜1592］浄土宗（一向宗）、石山本願寺の僧。本願寺第十一代宗主。

時の権力に反発して加賀で発生した僧や門徒たちによる一揆を、当初は抑えようとした。

だが、一向宗勢力の拡大を背景に1570年、「仏敵・信長を討つべし」と全国の門徒によびかける。10年を越える戦いの末、天皇の命によって和議が結ばれた。

玄武（げんぶ）

中国から伝えられた四方をつかさどる四神の一つで、北の方角を守る水神。亀に蛇が巻きついた姿で表される。

玄武神社は京都市北区にあり、都の北方を守護する神社である。

四神相応（しじんそうおう）とは、四方をつかさどる四神にふさわしい地勢のこと。平城京や平安京は、四神相応の都とされている。

こ

小泉八雲（こいずみやくも）［１８５０〜１９０４］文学者。イギリス名はラフカディオ・ハーン。帰化して小泉八雲。

明治期の１８９０年に来日。英文で日本を紹介した日本の印象記や『雨月物語』『今昔物語』を題材とした再話文学で知られる。

『怪談』は、日本の神々や霊魂の世界を情緒豊かに綴った代表作の一つ。17の怪談とエッセイ『虫界』からなる。

五井昌久（ごいまさひさ）［１９１６〜１９８０］宗教法人・白光真宏会（びゃっこうしんこうかい）の開祖。

Column

現世利益（げんせりやく）

神仏にかなえてもらいたい、世俗の願い。

宗教とは本来、世俗の欲から離れた心の救済である。けれど世俗に生きる中に、悩みや願望は尽きることなく生まれる。

勉強やスポーツが一番になりたい。綺麗になりたい。身長を高くしたい。モテたい。お金持ちになりたい。人は他人と比較して欲望を抱いたり、成功してなお、より以上の富や名誉を願う自分勝手な生き物である。治療も神仏にすがるしかなかった昔から、現世利益を願うのは人間の弱さの証しといえる。

八百万の神を祭る日本には多様な神仏がおり、御利益の種類も多彩だ。開運、商売繁盛、金運。病気平癒。盗難除け、水難除けに雷除け。安産や子育て。縁結びの一方で縁切りがあり、衣裳もち、芸事上達、禁酒・禁煙まである。人と神仏が近く親しい関係の風土ともいえる。

神仏の前に身を低めて祈ることで、身勝手な心がいささかでも浄化されれば、それも現世利益といえよう。

白光真宏会は守護霊や守護神を重要視して、これに感謝をしながら、世界平和の祈りを続けることで救われると説く。

五井昌美（ごいまさみ）

［1941〜］西園寺昌美。五井昌久の養女となる。

白光真宏会第二代会長。

高級霊（こうきゅうれい）

亡くなって霊界の上界に入り、さらに天界を目指して修行に入る霊。そのうち現界の人間に寄り添うものを守護霊ともよぶ。高級心霊。

人間に高級霊が寄り添うと物事がスムーズに進み、幸福感も得られる。

高級霊は霊格の高い人間につくとされる。

だが人生の成功に慢心して強欲や傲慢になったり、また何かのはずみにマイナス思考に陥ると霊格が下がって高級霊が去り、代わりに低級霊が憑依する。←→低級霊。

公教会（こうきょうかい）

ローマ・カトリック教会の異称。ローマ法王を中心とし、信徒数12億人を超えるキリスト教最大の教派である。↓カトリック ↓ローマ法王

交叉通信（こうさつうしん）

Cross-Correspondence

複数の霊媒がかかわる、霊からの知らせ。

霊魂の存在や心霊現象を立証する有効な手段とされる。十字通信とも。

方法として、一人の霊が複数の霊媒に通信を送る。または部分的な通信を二人以上の霊媒が受け、個別には意味がわからなかったものを意味の通じる通信に完成させる。あるいは、時間を経て再び通信を受け、その合致を調べるなどがある。

孔子（こうし）

中国の春秋時代の思想家。儒教の始祖。

人間の在り方を「仁」を最高とする道徳に求め、君主は武力でなく、仁、義、礼、智、信を磨き国を治めるよう説いた。

『論語』は孔子と弟子の語録をまとめたものである。

高次元（こうじげん）

三次元、四次元をさらに超えた次元のこと。

人間の五感や機械ではとらえられない高周波数体の世界。時間軸の制約のある現界の三次元、時間の制約から自由になる四次元、さらにもっと上の次元が高次元世界で、超能力や超常現象は高次元とつながることで起こるとされる。

交信（こうしん）

死者の霊や宇宙の霊的存在と通信を交わすこと。↓口寄せ ↓チャネ

リング

庚申（こうしん）
干支の庚申（かのえさる）。中国の道教をもとに、密教や神道、民間習俗などが混ざり合った信仰である。
庚申講は、庚申の夜、体内にいる虫が天帝にその人間の悪口を伝えにいくのを防ぐため、夜通しお勤めや宴をすること。
また、庚申の日の婚姻や男女同床を禁じる習わしもあった。

庚申塚（こうしんづか）

庚申信仰にもとづいて建てられた石塔。
申が猿を意味することから、「見ざる、言わざる、聞かざる」の三猿を彫り込んだりする。

紅茶占い（こうちゃうらない）
紅茶を飲み終えた後、カップの底に残った茶葉の形や枚数で未来を読む占い。
ポットに茶葉とお湯を入れ、茶こしを使わずにカップにそそぐという紅茶の飲み方から始まった。

香典・香典返し（こうでん・こうでんがえし）
香典は、仏式のしきたりで、葬儀において死者の霊前に供える金品。香の代わりに供えるという意味でこの名がある。香を供える由来は、昔、香木を焚いて故人の供養をした、香煙があの世への道しるべとなるなど諸説ある。
香典返しは香典をいただいた人に、忌明けにお返しを送ること。

黄道（こうどう）
地球から見える空を天球として、その天球を太陽が1年かけて動いていく道のこと。
大きく円を描くように移動する。

黄道十二宮（こうどうじゅうにきゅう）
黄道に沿った帯を12等分したもの。黄道十二星座は、そこに位置する12の星座のこと。西洋占星術で十二宮とともに運勢判断に用いられる。

珈琲占い（こーひーうらない）
カップに残ったコーヒーの粉の形で吉凶を判断する占い。ひいたコーヒー豆を煮出してカップにそそぎ、その上澄みを飲むというトルコに古くから伝えられている。

幸福の科学（こうふくのかがく）
１９８６年に始まった宗教団体。創始者・総裁は大川隆法。
世界１００カ国以上に会員が組織される。

弘法大師（こうぼうだいし）→空海

広目天（こうもくてん）
仏教を守護する四天王の一つ。
サンスクリット語の「普通ではない目」という意味の言葉からこの名がある。

ヒンズー教のシバ神の化身とも。憤怒の相で悪人を罰して仏心に導くとされる。広目天を模した像は風水や占いにも用いられている。

広目天（国宝・浄瑠璃寺蔵）

高野山（こうやさん）
和歌山県にある真言密教の霊地。空海入定の地であり、100以上の寺院が集まっている。
真言宗総本山の高野山金剛峯寺（こんごうぶじ）をもさす。

高野山 金剛峯寺 壇上伽藍 愛染堂

高野聖（こうやひじり）
中世期、勧進とよばれる寄進を募るため高野山から各地に出向いた僧。ほとんどが下級僧で、多くは行商も兼ねていた。
庶民に高野山信仰を広める一方、一部は村人にたかるなど悪僧となった。

コーラン　*Quran*
イスラム教の聖典。開祖ムハンマドが受けた啓示をまとめたもの。

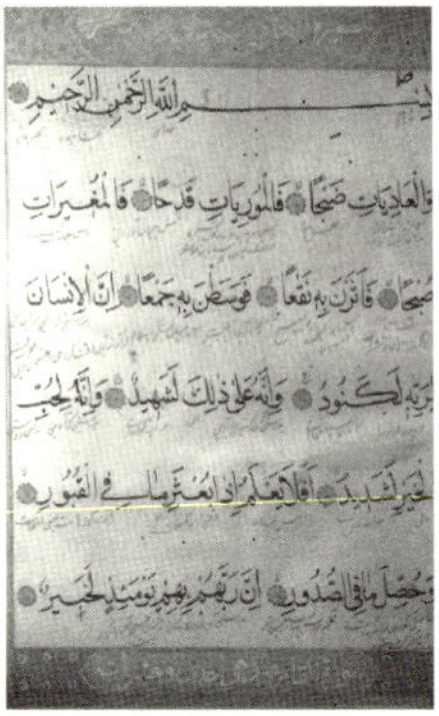
コーラン（18世紀の写本）

降臨（こうりん）
神仏が天上から地上へ天下ること。
聖霊降臨祭はキリスト教で、イエス・キリストの復活から50日目に聖霊が炎の舌の形で使徒たちの上に降りてきたことを記念する祭り。ペンテコステ。五旬節ともよばれる。

光背（こうはい）→後光

交霊（こうれい）
霊と交信すること。
一般の人が霊をよび出したり会話することは難しく、交霊には霊媒の存在が欠かせない。
霊媒によって死者の言葉や想いを聞くことは古くから行われ、日本では口寄せとよばれてきた。→口寄せ

降霊（こうれい）→招霊
霊媒に死者の霊を降ろすこと。霊媒が自身に霊を降ろしたり、霊能者（呪術者）が他の人に霊を降ろすこともある。霊が降りると、トランス状態となって、霊の言葉を語る。
憑依霊の浄化では、霊能者が自身に降霊させ、人を苦しめていた霊を説得する場合もある。

ご詠歌（ごえいか）
西国三十三所霊場めぐりの巡礼

や、仏教信徒が節をつけてうたう和歌や和讃。仏の教えを歌にしたものである。巡礼歌。
　和讃とは仏や菩薩、仏教経典などを讃える歌のこと。七・五調の仮名まじりのわかりやすい言葉で作られている。

ご開帳
　特別な日に、寺院が秘仏を納めた厨子を開いて、一般に礼拝させること。3年7年10年など周期的に開かれ、法要供養が執り行われる。

五格（ごかく）
　姓名判断の基本となる天格、人格、地格、外格、総格の5つをいう。
　姓と名の画数をこの五格で見て、先祖から受け継いだ運や、人生運などを判断する。

ご加護（ごかご）
　神仏の力によって恵みを得ること。神霊学的には、守護神や神霊の力添えによって守護されることをいう。

五感（ごかん）
　外界の刺激を受けて生じる5つの感覚。視覚、聴覚、触覚、味覚、嗅覚の5種で、古代ギリシアの哲学者アリストテレスの分類によるとされる。また、人間の感覚を総称した意味でも使われる。

五感知覚（ごかんちかく）
　知覚とは、人や動物が外界からの刺激を感じ、その意味づけをするこ

Column

叩音（こうおん） *Raps*
→ラップ

　心霊現象により起こる音。ラップ音ともいう。
　空間や隣室に誰もいない壁やドアから、カチカチ叩くような音や、コツコツ靴で歩くような音、衣擦れや物を引きずるような音、激しくドアにぶつかるような音が発生する。古来、悪魔や邪悪な霊のしわざと恐れられてきた。
　叩音を有名にしたのが、ハイズヴィル事件である。1848年、ニューヨーク州ハイズヴィルに住むフォックス家に大きな叩音が続き、娘の一人が叩音に数を示すと、その通りの数の叩音が聞こえた。さらに母親が「霊魂が出す音ですか？ そうなら2回音を出しなさい」と尋ねると、2回の叩音で答えたという。
　以来、叩音は霊界からのサインと認識され、交霊会などで霊の通信を試みる代表的な手段となった。
　一般に叩音による通信は、こちらから霊への質問に対して、イエスなら3回の叩音、ノーなら1回、わからないという答えの場合は2回というように決めて行われる。

と。皮膚感覚や嗅覚で、熱い、重たい、おいしいなど、自覚的な体験として五感を再構成するはたらきである。

五経（ごきょう）

儒教で大切とされる5つの経典。『易経』『書経』『詩経』『礼記』『春秋』をいう。

四書五経は、これに『論語』『大学』『中庸』『孟子』の四書を加えたもの。

五行（ごぎょう）

万物を構成するという木、火、土、金、水の五つの元素。中国古代の考え方で、ここから陰陽五行説が発生した。

虚空蔵菩薩（こくうぞうぼさつ）

『絹本著色虚空蔵菩薩像』（平安後期・東京国立博物館蔵）

宇宙のように無限の知恵と慈悲をもち、人々に与えてくれる菩薩。

丑年、寅年生まれの開運や厄除けの守り本尊。明けの明星は虚空蔵菩薩の化身とされる。

国際心霊研究所（こくさいしんれいけんきゅうじょ）

霊についての研究を目的に、1918年にパリで設立。科学や文学分野の専門家を招いての霊媒研究もされた。

国際スピリチュアリスト連盟（こくさいすぴりちゅありすとれんめい）

International Spiritualist Federation, I.S.F.

1923年にパリで設立され、1948年にロンドンで再結成された。霊魂の存在と、霊との交信を信じるスピリチュアリストたちの交流を図る。また心霊現象についての研究にも協力する。

黒縄地獄（こくじょうじごく）

仏教の八大地獄の一つ。焼けた鉄の縄で縛られ、焼けた斧で切り裂かれる地獄。

生前に殺生や盗みの罪を犯した亡者が落ちるという。

極道（ごくどう）

本来は仏教の言葉で、仏の道を極めた者という意味。

江戸時代に入り、弱きを助け強きをくじく、任侠を極めた者を極道者とよぶようになった。そこからさらに、ばくちで生計を立てる者へと意味が広がった。

現在、極道は仕事につかず生活の落ち着かない者を表すようになり、本来の意味から大きく外れている。

極楽（ごくらく）

仏教において苦を離れ幸福に満たされた所。極楽浄土は、西方十万億土の彼方にある理想郷で、阿弥陀仏を信じて念仏を唱えることで行くことができるとされる。

神霊学的には、天界入りを目指し霊界で修行を重ねる高級霊がいる場所が、極楽のイメージに近い。神の座・天界に近い霊界は清浄と安らぎ、柔らかな光に満ちた世界である。

後光（ごこう）→光背

仏や菩薩が体から放つ神秘的な金色の光。

仏像の後ろに後光を表現したものが光背（こうはい）である。光背は、キリスト教におけるイエス・キリストや聖人の像、絵画にも描かれており、神秘性や畏敬を伝えるものとして宗教界に普遍的なものとされる。

不空羂索観音立像の光背（放射光）（東大寺法華堂）

護国神社（ごこくじんじゃ）

国家のために殉難した人の霊を祀る神社。明治期に各地に建立された招魂社が、昭和14（1939年）に改称されたもの。戦没者や公務中殉職した自衛官、警察官、消防士などを祀る。沖縄の護国神社では、沖縄戦の一般住民や遭難学童の霊も祀られている。

小桜姫物語（こざくらひめものがたり）

昭和12年、心霊研究者の浅野和三

Column

交霊会（こうれいかい）

霊からのメッセージを霊媒を通して受けたり、霊との交信をするための少人数の集まり。

参加者は多くても12名以内がよいとされ、霊の存在を信じる人に限られる。暗い室内で参加者たちはテーブルを囲み、手をテーブルの上に乗せるか、隣同士が手をつなぐ。霊媒が亡くなった人の霊を降ろし、霊の言葉を伝えたり、あるいは自動書記を行うのが普通である。

1848年、アメリカのハイズヴィルに住むフォックス家の姉妹が叩音を聞きわけて、故人からのメッセージを受信。以来、アメリカ北東部に交霊会が広まった。

19世紀後半にはヨーロッパに広まり、ブルジョワ階級が熱中したという。

フランスの哲学者アラン・カルデックもまた交霊会支持者の一人で、毎週のように交霊会を開き、そこで得た事柄を1857年、『霊の書』として出版、評判をよんだ。

現在、交霊会の支持者はブラジルに多くいる。

郎によって書かれた物語。

和三郎の妻で霊媒の多慶子が、彼女の守護霊・小桜姫と交信して聞いた霊界の様子を、作品にまとめたものである。

主人公の小桜姫は足利時代末期に相州を治めた三浦一族の姫。↓浅野和三郎、多慶子

御神体（ごしんたい）

神体を敬ったよび方。神体は神霊が宿るとして神社などに祀られ、祭祀の対象とするもの。古代においては山岳そのものや巨岩が御神体としてあがめられた。その後、樹木や鏡、玉、神像などが神体として祀られている。霊代（みたましろ）ともよばれる。

御真体（ごしんたい）

真体とは真実の姿の意。神道の御神体に相当する、尊いものに対する言葉。豊川稲荷東京別院では、豊川吒枳尼眞天を御真体とよぶ。

日本神霊学研究会では、高級神霊のさらに高位の、神の領域に達した超神霊それぞれに御真体があられるとしている。↓超神霊↓聖の神

牛頭天王（ごずてんのう）

元は釈迦が説法を行った、インドの祇園精舎の守護神。日本ではスサノオノミコトの化身とされ、神仏習合の神となった。頭上に牛の頭部を頂く忿怒相をしている。

悪疫を防ぐ神で、京都八坂神社の祇園祭は、牛頭天王信仰によって疫病を静める祭り。

ゴスペル　*Gospel*

新約聖書に書かれた4つの福音書、マタイ、マルコ、ルカ、ヨハネの総称。福音とは良い知らせという意味。

単にゴスペルソングをさすことも多い。ゴスペルソングは、黒人霊歌にジャズやブルースの要素が混じり合った、アメリカで生まれた讃美歌。

ご聖水（ごせいすい）

宗教などにおいて、聖地を流れる神の水。神のエネルギーが含まれているとされる。ご霊水ともよばれる。
日本神霊学研究会 長崎聖地、東京聖地に置かれた聖水座から流れるご聖水には聖の神（聖なる御魂親様）のお力が鎮まっており、日々多くの方々がお力を求めて訪れてくる。

日神会長崎聖地の聖水座

東京聖地の聖水座

孤相（こそう）

占いの人相の一つ。元気がなく寂しそうで、孤独な相。

五臓（ごぞう）

東洋医学の内臓を表す言葉で、肝、心、脾、肺、腎の5つ。

これに、胆、小腸、胃、大腸、膀胱、

三焦を加えたものが五臓六腑。陰陽五行説にも、その機能が説明されている。

小谷喜美（こたにきみ）

［1901〜1971］宗教家。霊友会初代会長。教団内部では小谷恩師とよばれ、創始者の久保角太郎とともに最高位に置かれる。

五智如来（ごちにょらい）

密教で、仏の5つの知恵をそれぞれ備えた、5体の如来のこと。大日如来（法界体性智）を中央に、阿閦（あしゅく）如来（大円鏡智）、宝生如来（平等性智）、阿弥陀如来（妙観察智）、不空成就如来（成所作智）の五仏。金剛界五仏ともよばれる。

五智如来像（金剛三昧院多宝塔）

告解（こっかい）

カトリック教会において、司祭に自らの罪を懺悔する行為。ゆるしの秘跡の第一段階とされる。1215年のラテラノ公会議以来、信徒には年に最低1回の告解が義務づけられる。また、教会法により告解は秘密とすることが厳守されている。

こっくりさん

占いの一種。3本の割り箸を縛って交叉させ、支えにして上にお盆を載せる。お盆を囲んだ3人が、お盆を軽く押さえながら、「コックリさん」とよびかけて伺いを立てる。お盆がひとりでに動き出すと霊がついたとして、物事を占う。

子どもの遊びとしても行われる。

骨相（こっそう）

人相のこと。古くは骨相とよばれ、骨相学は中国の宋の時代に、病気の有無を知るために始まった。

人相はいわゆる顔形と受け取られているが、正確には顔を含めた体全体を見るのが人相、顔だけの場合は顔相とよぶ。→顔相

言霊（ことだま）

言葉に宿る不思議な力。古代においては、発した言葉どおりのことが起こると信じられ、呪術や神事に重なりあって受け継がれた。

今も結婚式の忌み言葉など、人生の節目の行事に言霊思想は息づいている。

コナン・ドイル *Conan Doyle*

［1858〜1930］『シャーロック・ホームズの冒険』で有名な推理小説家。

コナン・ドイルの心霊写真

熱心なスピリチュアリストとしても知られ、家庭交霊会を開くほか、

スピリチュアルに関する研究論文を数多く発表した。

また複数のスピリチュアリスト団体の会長を務めた。没後、数回にわたって霊界から家族あての通信を行っている。

護符（ごふ）

神仏のご加護や厄除けを願い、身につけたり壁に貼ったりするお札。守り札。陰陽師や仏僧、神職が作って配付した。

日神会では守護神の神力が鎮まっているお札を、護符とよんでいる。

日神会で配布される護符

五芒星（ごぼうせい）

5本の線からなる星型正多角形の一つ。古代より、5つの要素を示す図案とされてきた。

魔術の世界の記号でもあり、いわゆる星の形が守護、上下を逆にした形は悪魔を表し、デビルスターとよばれる。

また五行の働きを図案化したものとして、陰陽道では魔除けの呪符となった。

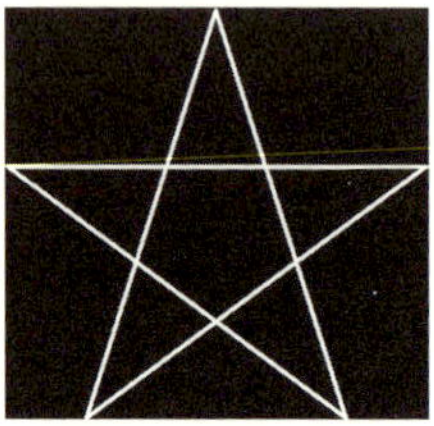

狛犬（こまいぬ）

高麗犬からきた言葉。神社や寺院の前に、魔除けのために置かれる獅子に似た獣像。普通は一対をなしている。

ペルシアやインドが起源とされるが、異国からきたという意味で高麗犬とよばれるようになった。

子安神

安産の神。古くからある信仰で、子安神社は木花之開耶姫（このはなさくやびめ）を祭神としている。

神道以外にも子安観音や子安地蔵と結びついて、女性たちの信仰の対象となった。

御来光（ごらいこう）

山頂から見る日の出。山頂近くの雲に日光がさし込むと、自分の影が映り込んで光背を配した仏の姿に見えることから、御来迎ともよばれる。

古来、日本人は山岳信仰の昔から、御来光を荘厳なものとして受け止めてきた。今も、富士登山や元旦に御来光を拝する光景が信仰を越えて見られる。

狐狸（こり）

人をだますキツネやタヌキ。ずるがしこく悪事をはたらく者のたとえにも使われる言葉。

コロポックル

アイヌに伝わる小人で、フキの葉の下の人という意味。コロボックルともいう。児童文学者の佐藤さとるが、コロボックルを題材に『だれも知らない小さな国』を出版し、広く知られるようになった。

ご利益（ごりやく）→現世利益

神仏から頂く恵みや利益。神仏が与えるということは、つまり他人を益することにつながる。ご利益は、信仰や善行の結果、得られるものということができる。

仏教では来世に受ける利益を重んじ、当益とよぶ。一方で現世に受ける、いわゆる現世利益を現益とよんで区別している。

コルマン（アーサー・コルマン）

Arthur Colman

イギリスの物質化現象を得意とした霊媒。物質化現象とは、亡くなった人の霊が生前の姿となって現れることである。

Column

こっくりさん

霊にお伺いを立てる占い。

机に「はい、いいえ、鳥居、男、女、0から9の数字、五十音表」を書いた紙を乗せ、紙に十円玉を置く。机を囲んだ数名の参加者が硬貨に指を添え「こっくりさん、こっくりさん、おいでください」とよびかける。硬貨がひとりでに動くと霊がついたとして、お伺いを立てる。

「エンジェルさん」とよびかけるのも同様。15世紀の西洋に見られた「テーブル・ターニング」が起源とされる。

日本では明治時代半ば、伊豆沖に漂着したアメリカ人船員が住民に見せ、流行した。テーブル代わりにお櫃のふたを、3本の竹を三脚にして支えて行ったという。お櫃のふたがこっくり傾く様子から、この名がある。これに降霊する獣である狐、狗、狸を当て「狐狗狸」とも書かれる。

昔から女学生たちが熱中したが、70年代になって漫画の影響で小中学生の間に流行した。霊への関心の高さを物語るが、科学的には無自覚に指が動く現象や自己暗示とされる。

勤行（ごんぎょう）
仏道の修行に勤め励むこと。また朝などに一定の時間を決めて仏前で読経や祈りを行うこと。朝のお勤め。

権現大神（ごんげんおおかみ）
権現とは、仏が民衆を救うためにさまざまな仮の姿となって現れること。権は仮の意味。
大神は、神を敬う言葉。たとえば、奈良県にある熊野三山の熊野権現は、熊野大神ともよばれる。

金剛界（こんごうかい）
密教においての二つの世界の一つ。大日如来の知恵の力を表した世界。↔胎蔵界

金光教（こんこうきょう）
1859年に開かれた、天地金之神を祭る宗教。黒住教、天理教とともに幕末新宗教の一つとされ、教派神道十三派の一つにも数えられる。

金光大神（こんこうだいじん）
［1814～1883］金光教の教祖。戸籍名は金光大陣。
備中の国の占見村で生まれ、42歳のとき、「天地金乃神」の声を聞き1868年（明治元年）、神から「生神金光大神」の神号を受けたという。

金剛頂経（こんごうちょうぎょう）
金剛界を代表する真言密教の秘経の一つで、南インドで成立したと考えられている。
胎蔵界を代表する『大日経』と並び、密教の根本聖典。仏の世界に入るための密教独自の方法が説かれ、金剛界曼荼羅はこれを図で現したものである。

金剛夜叉明王（こんごうやしゃみょうおう）

五大明王の一つで、敵や悪を食らい善を守る神。北方の守護神。
元は古代インドの神で仏教に帰依、悪人のみを食うようになったという。日本では戦勝祈願の仏として、古くから武人たちのあつい信仰を集めてきた。

コンタクト *Contact*
相手と連絡を取ったり、会話したりすること。霊学的には、霊との通信や会話をすること。
コンタクトの方法として、霊能者がトランス状態となり紙に霊の声をつづる自動書記や、霊媒への降霊、受信者の心に響いてくる霊の声をキャッチする方法などがある。

金比羅（こんぴら）
仏法の守護神の一つ。サンスクリットのグンビーラを音訳したもので、ガンジス川に棲む鰐（わに）の意。
日本では、香川県琴平町の象頭山（ぞうずさん）中腹にある金比羅宮が名高い。明治以前は真言宗の寺院

で、明治以降、神仏習合の寺社・金比羅大権現となった。古くから海上交通の守護神として、船乗りの信仰を集めた。現在は、全国の金比羅神社の総本宮。讃岐のこんぴらさんの名で親しまれている。

さ

サークル *Circle*

団、座と訳される。スピリチュアリズムの学びの本場であるイギリスで霊性開花や向上のために学びや訓練を行った方法。

少人数で、定期的に会合し、交霊会を行い、霊性の養成や霊能現象の学びなどを目的として訓練を行っていた。交霊会のときに、霊媒者を中心に囲んで輪になって話をしたり、隣の人の手に手を重ねて潜在意識に

Column

護摩・護摩供養（ごま・ごまくよう）

護摩は、供物や生贄（いけにえ）を意味するサンスクリット語のホーマからきた言葉。知恵の火で煩悩を焼き払う内護摩と、護摩木を焚いて祈願する外護摩がある。

古代インドの宗教儀式が、大乗仏教が成立する過程で取り入れられとされる。護摩が大乗仏教の一つの密教である、天台宗や真言宗で行われるのはそのためである。

護摩供養は、護摩壇を設けて大日如来や不動明王を念じ、願いを書いた護摩木を焚いて祈願する法要である。願い事を書いた護摩木や先祖供養を願う護摩木は供物。これを知恵の象徴である炎で焚くことで、神仏は供物を頂き、人々に福を授ける。

野外で行われる伝統的な護摩焚きを、柴灯・採灯（さいとう）護摩とよぶ。

近年は、密教系の新宗教などで行われる大規模な護摩焚きも知られている。

一方、神仏習合の名残りで、神官や山伏による護摩祭が続けられる神社もある。

アクセスするなど、円を形成して座っていたことによって、サークルといわれている。

サードアイ　*The Third Eye Chakra*

第三の目ともよばれる。第三の目は、眉間の真ん中にあるといわれ、ヨガで、第六チャクラとよぶ。このチャクラは、脳の松果体がつかさどるところであり、開眼すると、直観や叡智にはたらき、セルフコントロールが上手くできるようになるといわれている。現実世界と見えない世界へのゲートの役割をもち、第六感などサイキック能力にかかわるとされている神秘的な場所である。このチャクラにトラブルを抱えていると、睡眠障害や精神障害を引き起こし、日常生活に支障をきたすという。あくまでも他のチャクラとのバランスが重要である。

ちなみに、第一の目は、本来の視覚を司る目を意味し、第二の目は他の知覚器官（聴覚や臭覚など）を意味する。第三の目は、いわば「内なる目」という表現もできる。

サービス　*Spiritual Service*

欧米のスピリチュアリスト教会で行われているもの。元々あったキリスト教会の日曜のミサで行われているものに、スピリチュアリストが霊能力のデモンストレーションなど独自の行事を加えたもの。祈りから始まり、賛美歌やマントラなどを唱える。霊感的な作品の一部を読んだり、演説家の短い講和がある。また、霊媒（者）が、出席会員に霊界からの通信を中継し、最後に霊魂の帰還を立証する。ほかにも、会場の全員で遠隔ヒーリングを行うものもある。

サイ　*Psi*

超心理学者がＥＳＰとサイコキネシス（念力）について言及するのに、よく用いられる用語である。サイ（Ψψ）はギリシア語の「魂」の頭文字であり、英語の「ＰＳＩ」（サイ）とは超能力などの超常現象を意味する。ＥＳＰ（感覚外知覚）とＰＫ（念力）を包含する総称である。イギリスの心理学者ロバート・Ｈ・サウレスが「サイpsi」という用語を１９４２年に提案した。その後、Ｊ・Ｂ・ラインもそれを採用し超心理学における学術用語として定着した。

サイキック　*Psychic*

超能力のある、超自然的な。精神的なものや心因性のものも含む言葉。

アメリカで透視能力や予知能力のある人をサイキックとよび、１９００年代に研究が始まったことから、この名が定着した。

英語のメタノーム（霊媒、霊能者）、ミーディアム（霊媒）、センシティヴ（敏感の人）と同じような意味でも用いられる。

サイキスト　*Psychist*

心霊研究者、または心理学者のこと。

サイキズム　*Psychism*

心霊研究のこと。

サイキック・パワー→心霊力

サイキック・フォース→心霊力

在家（ざいけ）

仏教において、出家せずに、普通の生活を営みながら仏教に帰依すること、また、その人。出家に対する語。在家の信者は、男性は優婆塞（うばそく *upāsaka*）、女性は優婆夷（うばい *upāsikā*）とよばれる。

サイコキネーシス　*Psychokinesis, PK*

念力のこと。念動作用、精神隔動、心霊隔動、また念動力（ねんどうりょく）、観念動力（かんねんどうりょく）ともよばれる。手や物理的な力を加えないで、念の力で物を動かしたり影響を与えることをいう。

サイコキネーシスの能力の有無を調べる実験は、英語の略からＰＫテストとよばれている。

サイコグラフ　*Psychograph*

超心理用語で、サイコキネーシス（ＰＫ）の一つで念写の意味。未撮

Column

賽銭（さいせん）

賽銭は、祈願成就のお礼として神や仏に奉納する金銭のことである。もともとは金銭ではなく、海の幸や山の幸をお供えしていたものが、幣帛（へいはく）や米などを供えるようになった。幣帛の品目としては、布帛、衣服、武具、神酒、神饌などがある。「帛」という字は布を意味し、古代では貴重だった布が神への捧げ物の中心だったことを示している。また米は、神前や仏前に浄めの目的で米を撒く「散米」や「散供（さんご）・御散供（おさご）・打撒（うちまき）」といって、洗った米を白紙に包んで「おひねり」として供えていた。

金銭が供えられるようになったのは中世以降であり、交通網の整備や農村への貨幣経済の浸透により、一般の庶民も社寺へ参詣するようになってからである。

参詣が一般化したことで都市の風習として、賽銭をあげることが流行になった。しかし、現在のように賽銭箱が置かれるようになったのは近世以降である。地域によっては長らく米が供えられていた。近年は、まだ一部の神社だが、電子マネーによる賽銭が試行されている。

影のフィルムに文字や文章が写しだされること。死者の姿が写るのをスコトグラフ、死者の筆跡が写しだされるのをサイコグラフとよぶことが多い。

　また心霊現象の実験に用いられる神霊書写器を意味する用語でもある。

　心理学では人間個人の性格や特性を表やグラフに示したもの。心誌（しんし）。アメリカの心理学者ゴードン・オールポート（1897〜1967）は、人間の特性を身体的要因と性格で分類し、個人的パーソナリティーとしての特徴を、初めて心誌によって表したことで知られる。

サイコグラフィー　*Psychography*

　霊媒が手を触れることなく、鉛筆が動いて文字を書く、あるいは物質化した手が現れてペンを取って文字を書くといった直接書記の現象のこと。イングランド国教会の牧師で著名な霊能者でもある、ウイリアム・ステイトン・モーゼス（1839〜1892）が命名した。

　モーゼス師は、アポーツ、浮揚、直接談話、直接書記、自動書記など、多種の心霊能力の持ち主。1873年には、インペレーターという霊と交信し、自動書記によって受け取ったメッセージを『霊訓』として出版した。

サイコグラム　*Psychogram*

　霊界の霊から送られてくる文章のこと。

　また心理学の用語で、性格や気質、身体的要因、行動などから、個人としてのパーソナリティーを図で表した心誌のこと。↓サイコグラフ。

サイコプラズム↓エクトプラズム

サイコメトリー　*Psychometry*

　精神測定現象、精神印象感識ともよばれる。超能力、霊視現象の一つ。日本では明治時代に「心の見取り現象」といわれていた。

　時計や写真、カップ・カギ・衣服・髪の毛など特定の人物の所有物に触れることによって、そこからその物体に残された人の記憶、過去の体験や経歴、事件などを敏感に読み取る心霊的な能力・現象のこと。さらに遠隔地の生存者の品物の場合、その人の性格、健康状態（肉体的・精神的）、現在・未来の出来事などについてもわかるとされている。

サイコロジー↓心理学

菜食主義（さいしょくしゅぎ）

　栄養や健康、道徳、宗教的教養などの理由から、肉や魚などの動物性食品をやめ、野菜・穀物・芋類・豆類などの植物性食品を常食とすること。実践者は菜食主義者とかベジタリアンとよばれる。さらに卵・魚卵・乳製品も一切食べない菜食主義者は、ビーガン（*vegan*）とよばれる。

　近年では、生命の尊厳からアニマ

ルライツの提案、環境問題や食料問題、地球環境保全や途上国援助のために菜食のライフスタイルを選択する新たな地球市民型ベジタリアンが増加しつつある。

スピリチュアリストによっては、霊界通信にもとづいて、肉食の結果、心霊的感受性を粗悪なものにするという人もいる。

ベジタリアン（*vegetarian*）という言葉は、「健全な、新鮮な、元気のある」という意味のラテン語'*vegetus*'からきている。英国ベジタリアン協会が発足した1847年に初めて使われた。

再生説（さいせいせつ）
Reincarnation Theory

心霊学における、生まれ変わり（輪廻転生）の概念の一つ。2タイプの考え方がある。

一つは、丸ごと生まれ変わる再生説。また創造主が子である人間の霊魂に対して、生前の行いなどは考慮せずに再生を振り分けるという強制的再生説。アラン・カルデックや神智学協会を設立したブラヴァツキー夫人らが提唱した。ただ、現代のほとんどの心霊学研究家は強制的再生説を認めていない。

もう一つは、霊魂は精神的レベルのグループに入り、霊界で霊的進化の道を歩むというもの。この場合は、精神的存在としての自分の霊魂は霊界に残り、自分の霊魂の（未成熟な）一部のみが現界に再生するという。部分的再生説、分霊派出説、創造的再生説とよばれる。自動霊媒として知られるウイリアム・ステッド、日本の霊学の草分けである浅野和三郎らが提唱した。浅野和三郎は分霊の概念を、神道による解釈で説明している。

最澄（さいちょう）→伝教大師

［767〜822］平安時代前期の僧。日本の天台宗の開祖である。神護景雲（じんごけいうん）元年、滋賀県、現在の大津市に生まれ、俗名は、三津首広野（みつのおびとひろの）。生年に関しては天平神護2年（766年）説も存在する。中国に渡って仏教を学び、帰国後、比叡山延暦寺を建てて天台宗の開祖となった。

行表（ぎょうひょう）に師事。19歳のときから12年間比叡山で修行。桓武天皇の信任を得、延暦23年空海らと唐に渡り、天台・密教・禅・戒を学ぶ。帰国した最澄は、『法華経』にもとづいた「すべての人が仏に成れる」という天台の教えを日本に広めるため、延暦25年（806年）日本天台宗をひらく。

賽の河原（さいのかわら）

死んだ子どもが行くところで、苦を受けると信じられている冥途の三途（さんず）の川の河原。ここで子どもは父母の供養のために小石を積み上げて塔を作ろうとするが、絶えず鬼がきて、これを壊しくずされる。そこへ地蔵菩薩が現れて子どもを救うといわれている。

『法華経』方便品から構想された鎌倉時代の偽経『地蔵十王経』や解脱上人（貞慶）作という『地蔵和讃』、また江戸時代の『賽の河原地蔵和讃』などにより、地蔵信仰のたかまりとともに、中世以降から江戸時代に普遍化した。

また、このことからむだな努力のたとえで使われる。

催眠逆行（さいみんぎゃっこう）

Hypnotic Regression

退行（逆行）催眠のこと。催眠法の一種で、現在よりも前の年齢に戻ったという暗示を受けることで「年齢退行現象」が起こり、過去の事件を思い出したり、記憶をよび起こす。また、再体験したりすること。ときに出生時を超えて前世の記憶まで甦らせることもある。

これは再生論を支持する有力な証拠の一つとして位置づけられている。↓退行催眠

催眠療法（さいみんりょうほう）

Hypnotherapy

催眠を用いる精神療法の一種。催眠療法は１９５５年に英国医師会（*British Medical Association*）が有効な治療法として認めている。米国心理学会（*American Psychological Association*）と米国歯科医師会もまた催眠を有効な治療法として認めている。

催眠療法には、自分自身をコントロールする自己催眠、病気や心のケアに通じる催眠心理療法、潜在意識に働きかけ、自分の中に眠る大いなる可能性を開発する能力開発、内在神（ハイヤーセルフ）と繋がり、高次元の叡智を得るスピリチュアル覚醒などがある。

サウレス、ロバート・H

Thouless,Robert H

［１８９４〜１９８４］サウレスは、イギリスの心理学者で、ＥＳＰ（感覚外知覚）とＰＫ（念力）を包含する総称として「サイ *psi*」という用語を１９４２年に提案した。この用語は、その後、Ｊ・Ｂ・ラインも採用し超心理学における学術用語として定着した。英国学術協会の心理学部門会長、ＳＰＲ（心霊現象研究協会）会長を務めた。

榊（サカキ） *Cleyera Japonica*

神道の神事にも用いられる植物。そこから、「榊」という国字も生まれた。

語源は、古来から植物には神が宿るとされ、神と人との境であること

から「境木（さかき）」の意であるとされる。とくに常緑植物で、先端がとがった枝先は神が降りるヨリシロとして若松やオガタマノキなどが用いられてきた。近年はその最も身近なものが、サカキやヒサカキである。

家庭の神棚にも捧げ、毎月、1日と15日には取り替える習わしになっている。

作業仮説（さぎょうかせつ）

Working Hypothesis

新しい知識や理論を獲得する場合、研究や実験の過程において、有効な手段として用いられる仮の命題のこと。

導き出された作業仮説を検証することで、研究や実験をさらに進行さ

Column

柴燈護摩（さいとうごま）

修験者の火渡り

採灯護摩ともいう。

修験道で行われる護摩儀礼。野外に護摩木やわらなどを積み上げ、そこへ仏菩薩を招き、盛大に火を焚いて祈願する大規模な護摩法要のこと。その火によって修験者の煩悩を焼き尽くし、天下国家の安穏、家内安全、五穀豊穣、健康などを祈願する。修験者自身の修行として、寺院の年中行事、信徒の諸祈願にこたえて執行される場合などがある。

護摩木は人間の煩悩を表すとされ、また護摩木を井桁に積み上げるのは、人間の罪垢が井戸のように深いからであるといわれている。まだ火が少し残っているときに、お経を唱えながら、裸足で熾（おき）の上を歩いて渡る火渡りは、修験道に伝わる祈祷法のなかで、とくによく知られている。

伝統的な柴燈護摩は真言宗を開いた空海の孫弟子に当たる聖宝理源大師が初めて行ったとされる。また、密教の護摩と民間信仰の火祭が習合したものという説もある。

護摩木の燃え残りや灰は、服用したりお守りとする。高野山奥の院の護摩の灰は最も有名で、かつて高野聖のいでたちをして、旅人を脅したり、だましたりして金品をまき上げる者がいたことから、護摩の灰は悪人の代名詞となった。

せることができる。

錯記憶（さくきおく）→パラムネジア

詐術（さじゅつ） *Fraud*

人を欺く術策のこと。ふつうの一般人をだまし欺く策。

商取引においては、破産者や多重債務者が、その実情を相手にきちんと説明しないで、借り入れをする場合などが該当する。

スピリチュアルの世界では、詐術はとくに注意を要する。心霊現象を生じやすくするために照明を暗くした部屋で行われることが多い心霊実験などでは、その現象に詐術がなかったという証明が大事なのである。

厳格な条件により、詐術や虚偽がなく真正なものと評価されるものがある一方、霊の世界という性格上、多くの虚偽や、偽物がまだはびこっている現状もある。

坐禅（ざぜん）

座禅ともいう。仏教で、姿勢を正して座った状態で精神統一を行う、禅の基本的な修行法。仏教でいう空あるいは無の境地、神道の精神ともつながりがある。

なお、『ヨーガ・スートラ』に説かれる古典的な意味でのヨーガ（瑜伽）も、坐禅と同じものである。

坐禅のもつ意味や目的の解釈は、思想により流儀が分かれる。宗門・坐禅儀によって違い、曹洞宗では面壁し、臨済宗では壁を背にして座るなど、差違がある。

錯覚（さっかく） *Illusion*

思い違い、勘違いのこと。知覚に関する諸器官に病的な異常もなく、心理的変動にも左右されない通常の状態にあるのにかかわらず、対象を実際とは違ったふうに誤って知覚すること。これらは視覚、聴覚、触覚などの五感の領域に現れる。また、体が動いていないのに動いている感じがしたり、足を曲げているのに伸ばしている感じがするなど、運動感覚、位置感覚などの体の内部感覚にも起こる。

魔術（手品 *magic*）師の芸は錯覚を利用している。

砂読術（さどくじゅつ）→砂占い

悟り（さとり）

悟りとは、表面に表れていないで知らなかったことを知ること、気づくこと、感づくことをいう。覚りとも書く。

宗教上では、悟りは迷い・煩悩・執着など迷妄を去って生死を超えた永遠の真理に目覚めること。

さ

審神者（さにわ）

古代の神道の祭祀において神託を受け、神意を解釈して伝える者のことをいう。のちには祭祀の際に琴を弾く者をさすようにもなった。

霊媒は生きた人間であるため、霊媒の能力には個人差がある。そこで、近現代の宗教教団においては、出現する神や霊の正体を見極め、霊の真偽や発言の正邪を判断したりする者が必要になる。そうした役割の人を審神者と称している。

ザビエル、フランシスコ・デ・P・C
Xavier,Francisco de Paula Candido

［1910〜2002］ブラジルの著名なスピリチュアリスト。伝説の霊能者（霊媒）であり、一般の人々から、「チコ・ザビエル」の愛称で親しまれている。5歳で母を亡くし、その3年後から徐々に霊感覚が芽生えていった。とくに彼は、トランス状態に入り霊につながると、手が動き文章を綴るという超常的筆記「自動書記」の能力が目覚ましかった。

Column

催眠術　*Hypnotism*

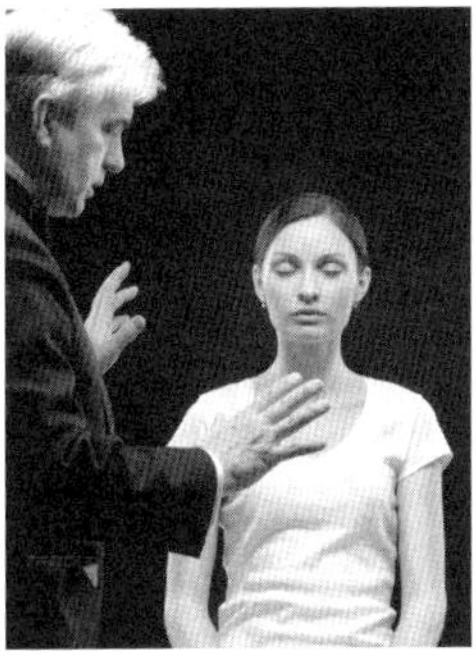

催眠術というと、超能力や魔法のようなものをイメージする人が多い。もとはメスメリズムが発展を遂げたもの。イギリスの外科医ジェイムス・ブレイド（*Dr.J Braid 1795 〜 1860*）は、メスメリズムを研究し、この現象を、磁気による物理作用ではなく暗示によるものだと看過し、これをヒプノティズム＝催眠と命名した。さらに工夫する中で人工的に睡眠状態に誘い込むと、クライアントの潜在能力は、束縛から解放され、施術者とクライアント間にラポールが築きあげられる。そうすると暗示によって絶対的に統制され、クライアント自身の意識からまったく独立した態度を取るようになる。催眠的恍惚、つまり入神やトランス状態では、応用次第で、自己誘導によって大きな自信を得たり、痛みの支配から逃れることを可能する。

ブレイドは、クライアントを一点に集中させて目の疲れを促し、同時に暗示を入れる凝視法＝催眠誘導技法をあみだした。イギリスやアメリカでは広く医療に活用されている。ヒプノシス（メスメリズム）は、日本に入って来たとき催眠術と名付けられた。

霊からのメッセージを受け取ると、自動書記は驚くほど速く、他界した人（霊）たちからのメッセージを書きつづけ、生涯400冊以上の著作を遺した。

山岳信仰（さんがくしんこう）

山を神聖視し崇拝の対象とする信仰。

自然崇拝の一種で、狩猟民族などの山岳と関係の深い民族が自然環境に対して抱く畏敬の念、雄大さや厳しい自然環境に圧倒され恐れ敬う感情などから発展した宗教形態であると思われる。山岳信仰では、山岳地に霊的な力があると信じられている。

懺悔（ざんげ）

人は生きていくうちにいろんな罪を犯す。

自分が犯した罪や過ちを反省し、神仏や他人に許しを請い、心身の苦悩から解放されることを求めること。仏教の言葉で、〈懺〉はサンスクリットのカルマに由来し、その音写語、〈悔〉は意訳語で、〈さんげ〉と読む。初期の仏教教団では、殺人、盗み、姦淫、妄語の四重罪を犯したものは教団から追放された。それ以外の罪は大衆の前もしくは一人の個人の前で懺悔して許された。

キリスト教では、懺悔といわず、告解（こっかい）、告白、悔改（くいあらた）めなどといわれ、人ではなく、神に向かってなされる行為である。

三途の川（さんずのかわ）

通俗に、『十王経』（偽経）に説かれているところの冥途に行く途中にあり、人が死んでから初七日に渡る川のことをいう。その河原を賽の河原という。

死後7日目に冥土（めいど）の閻魔（えんま）庁へ行く途中で渡るとされる川。

この川には三つの渡しがあり、生前の行いによって渡るところが異なることから、三途の川といわれる。三瀬（みつせ）川、わたり川、葬頭河（そうずか）ともいう。『金光明経』によれば、地獄、餓鬼、畜生の三悪道が三途の川とされる。

三尊仏（さんぞんぶつ）

仏像を礼拝対象としてみた場合、一寺あるいは一堂の中心的な仏像を本尊、その両脇に随侍の形で配置される尊像を脇侍とよんでいる。この三体一組で構成されたのを三尊仏という。本尊を中尊とよぶことが多い。〈阿弥陀三尊〉のように中尊が如来、脇侍が二体の菩薩像である場合が一般的である。

釈迦三尊像（法隆寺）

散水現象（さんすいげんしょう）

Water Sprinkling

交霊会などにおいて、霧雨や香りのある水滴が会の出席者に降りかかる現象。人間以外にも、部屋の床、壁、家具などに見られることもある。

ポルターガイスト現象と、この散水現象が同時に起きたという報告もされている。

サンツィク夫妻、ユリウス

Zancig Mr.and Mrs.Julius

ユリウス（夫）［1857〜1929］は、読心術を職業としたデンマークの霊能者。夫妻はテレパシーによる読心術であると説明し、英国心霊研究協会（SPR）での実験に参加した経緯がある。

検証によれば、夫人は霊視能力者といわれる。たとえば、開封前の箱のマッチの本数を当てることができた。また、英国心霊科学会を設立したマッケンジーの実験報告では、別室に置いてある本の文章を正確に読むことができた。

サンドウィッチ伯爵

Earl of Sandwich

イングランド・スコットランド合同前に叙位されたイングランドの貴族で、領地の名前に由来する。ちなみに、サンドイッチの起源になったことで有名なのは、4代サンドウィッチ伯爵である。

スピリチュアルで有名なのは、エ

Column

座敷わらし（ざしきわらし）

座敷ぼっこ、蔵っこ、蔵ぼっこ、蔵わらしなどともよぶ。旧家に出没するという子どもの神（妖怪）のこと。岩手県の北上盆地を中心とする東北地方に伝承されている。5〜10歳の幼ない子どもの姿をした妖怪で、赤ら顔(白いとする地域もある)でおかっぱ頭。その名のとおり座敷や蔵にいるが、家人にいたずらを働く。

多くは深夜、家の奥座敷に現れ､畳の縁（へり）や床柱を伝ってすたすたと歩き回る。寝ている人の枕をいじったりするが、胸にのられるとうなされるという。祟りはない。これを見た者には幸運が訪れるとか、これがいるうちは家運が繁盛するといわれている。座敷わらしが姿を消すと、家運が傾くといわれていて、座敷わらしの居つくことを家の誇りとして大切に扱い、世間はこれを羨望（せんぼう）した。

ドワード・モンタギュー（第8代サンドウィッチ伯爵）［1839〜1916］である。7代伯爵の長男で、ハンティンドン選出の保守党所属庶民院議員やハンティンドンシャー統監を務めた。

サントリキド博士、ロッコ *Rocco Santoliquido*

［1854〜1930］ イタリアの科学者。大学教授ほか、さまざまな役職についたが、心霊研究にも関心が高く、1918年にマイヤーがパリに設立した国際心霊研究所の初代会長を務めた。

同研究所ではマイヤーやジュレイ博士らと研究を続けた。霊界通信については物質科学による可能性を排除していく方法で、科学ではない未知の力の存在を確信したという。

三方（さんぽう）

神道で神饌（しんせん）を載せる台。神饌は神への供物のこと。折敷（おしき）とよばれる盆の下に台がつき、台の三つの方向に穴が開いていることからこの名がある。古くは高貴な身分の者への献上物にも使われた。

現代の一般家庭でも、正月の鏡餅など縁起物を載せる台として使用されている。

寺院で同様に使用されるものは、三宝の字が当てられる。

三宝（さんぽう）

サンスクリット語（トリラトナ）で、仏教における「仏・法・僧」（ぶっぽうそう）とよばれる三つの宝物をさす。悟りの体現者である「仏」と、その教えである「法」と、法を学ぶ仏の弟子の集団「僧伽（そうぎゃ）」のこと。この三宝を拠り所（帰依）とし、その上で授戒することで正式に仏教徒とされる。

なお、聖徳太子が制定したといわれる「十七条憲法」には、第二番目の条項に「篤く三宝を敬え。三宝とは仏と法と僧なり」という文言がみられる。

算命学（さんめいがく）

中国で発祥した干支暦をもとに、年と月と日の干支を出して、人の運命を占う占星術のこと。陰陽五行を土台とした運命学の一流派であり、伝統を継承しながら日本で学問として大成された。天中殺などの言葉が有名である。

し

死（し） *Death*

スピリチュアル上の死とは肉体と霊体が分離することである。つまり、地上の衣装である肉体を脱ぎ捨てて幽体に分離するのであるが、肉体と霊体は「シルバーコード」とよぶ銀色の帯で結ばれている。死とはこのシルバーコードが薄れ、やがて消滅したものである。こうして地上と縁が切れたものが死と考えられる。

臨終時に肉体から幽体が離れる様子は多くの霊能者によって、伝えられている。また、地上で生存している間にも、肉体と霊体の分離が起きることがある。その現象が〝臨死体験〟であり、幽体離脱である。

シーター波（θ波）

脳波の一つである。シータ波の周波数は、4～8ヘルツの領域である。これは、深い瞑想状態にあったり、寝入りばななどのうつらうつらとしている、まどろみの状態にあるとき、海馬周辺より発生する。おもに記憶力に関連すると考えられている。また、θ波には、「覚醒θ波」とよばれる、瞑想やヨガなどのかなり集中したときに発生する波長が存在し、この波長は、人間のインスピレーションやヒラメキを促進する効果があるといわれている。

時空（じくう） *Spase Time*

今、私たちが存在する世界（空間）は3次元である。この「縦」「横」「高さ」の概念だけでは状態の変化を説明することができないため、4番目の次元である「時間」と3次元空間を一まとめにしたものが四次元連続体としての宇宙の概念、時空連続体

Column

サマーランド *Summerland*

幽界のことをサマーランド（常夏の国）ともいう。スピリチュアリズムを先取りした哲学書『大自然の摂理』を出版したA.J.ディヴィスが、霊や霊界を描写するのに用いた言葉。

他の霊界通信でも「サマーランド」とよんでいる。フレデリック・マイヤースは「夢幻界」、スウェーデンボルグは「精霊界」と表現している。

幽界の下層界の特徴は、下層へ行くほど見た目がこの世とそっくりで、上層へ向かうほど、そうした物質的な執着から解放された魂の階層になっていき、風景もだんだん明るさが増してくる。中層部あたりに来ると、さわやかな朝焼けの明るさになり、さらに上層部は、なにもかもが鮮やかに輝く、まばゆい光の世界となるという。

この幽界の中層部から上層部を「サマーランド」という。下層界と違って、魂は好きなものだけに囲まれている。この天国のようなサマーランド＝幽界の上層部で何か本当に意味のあることをしたい、魂を向上させることをしたいと気がつく。

死後しばらく幽界にいて、波長を高めた魂は、さらに上の「霊界」へ進む。

である。霊魂は、「あの世」（霊界）へ行ったり、「この世」（生者の世界、現世）に影響を及ぼしたりすると考えられるので、まさに時空を越えているのである。

ジェームズ教授、ウィリアム
William James

［1842〜1910］アメリカを代表する哲学者・心理学者の一人。ハーバード大学心理学教授、チャールズ・サンダース・パースやジョン・デューイと並び、「プラグマティスト（物事の真理は実際の経験の結果により判断するという思想）」の第一人者としても著名。弟は小説家「ヘンリー・ジェームズ」。超常現象に対しても興味をもち、「それを信じたい人には信じるに足る材料を与えてくれるけれど、疑う人にまで信じるに足る証拠はない。超常現象の解明というのは本質的にそういう限界をもっている」と発言して注目された。ASPRの設立メンバーで、SPRの会長も務めた（1894〜95年）。SPRに万能の霊能者といわれるレオノーラ・パイパー夫人の霊能力を、長年にわたって研究した。著書に、『宗教的経験の諸相』（*The Varieties of Religious Experience* 1902年）などがある。

ジェンケン夫人→フォックス姉妹（ケイト）

自我（じが） *Ego*

哲学における自己意識、自己を対象とする認識作用のこと。心理学的、倫理的意味では経験的な個体性についての意識をいう。スピリチュアルでは、肉体、幽体、霊体、本体がそれぞれ欲望、感情、理性、叡智の媒体機関であり、これが必要に応じて使い分けられて自我になるとしている。

視覚（しかく） *Vision*

いわゆる五感の一つ。視覚は、光のエネルギーが網膜上の感覚細胞に対して与えた刺激によって生じた感覚のことである。「視覚」という言葉は、形態覚、運動覚、色覚、明暗覚などをさす。視覚によって、外界にある物体の色、形、運動、テクスチャ、奥行きなど、物体のカテゴリーについての情報、物体の位置関係のような外界の空間的な情報なども得ることができる。

こうした情報を視覚認識することは、客観的視覚といえる。しかし、光学的法則とはかかわりのない知覚も存在する。それがスピリチュアリズムでいう霊視による主観的視覚である。この分類方法は、肉眼的と内部的、偶発的と誘発的といった分け方をされることもある。

自覚夢（じかくむ）
Lucid Dreaming

自覚してみる夢のことで、明晰夢（めいせきむ）と基本はおなじ。通常、夢を見ているとき、自分で夢を見ていると、ほとんどは夢と自覚できないで、覚醒するまでは夢であることがわからない。

これに対し、夢の中でこれは夢だと自覚しているが、夢であることをすぐ忘れるものをいう。さらに夢の中で夢と自覚でき、しかも経験者によれば、その内容を自分の想うようにコントロールすることも可能であるといわれ、これを明晰夢とよんで区別している人もいる。

地神（じがみ）
土地の同族により祀られる祖霊、農神のこと。屋敷、辻、田の傍などに祀られる。天神に対する場合は地神（ちじん）とよぶ。

自我霊（じがれい）
今、この世に生きている人間の霊魂。魂。

一人の人間が人生の危険を回避して生きられるよう守る役割の、霊的存在である守護霊と、密接にかかわっている存在である。

守護霊については、人が胎児のときからかかわっており、誕生後に明確にその人間の守護霊になるという。これによれば、自我霊は、守護霊の分霊という説もなりたつ。

自観法（じかんほう）↓オートスコ

Column

時間（じかん）　*Time*

最近、時間の流れを速く感じている人が増えている……と、多くの本やブログなどで見かける。

私たちは、地球が1回転の自転をすると1日、太陽の周りを1回転の公転をすると1年というように、物理的な動きを基準とした時間という概念で過ごしている。

時間とは、ある範囲の時の流れである。その流れをスピリチュアリズムでは、魂のままに変化していくものとする。とくに肉体を離れ、霊界に移行した霊魂の時間の感覚は曖昧になるという。

招霊した霊に質問をした場合、その答えが、過去のことか現在か、あるいは未来についての懸念なのか、判別がつかないことがある。

霊自身が、人間界の時間の概念を忘れさっているようである。時間をはかるために基準となるのは、波動の変化（魂の成長）のスピードだと思われている。何十年も生きてはいても、魂の成長がまったく止まっている人は、次元の高いところの視点から見れば、その人の時間は止まっているかのように感じるのではないかといわれている。

地球の時間は、進化における重要な要素を担っているのだといわれている。

ピー

式神（しきがみ、しきじん）

識神ともいう。日本に古くから存在する呪術のうち一つ。陰陽道でおもに使用され、陰陽師が使役する霊的な存在のこと。つまり、鬼神のことで、人心から起こる悪行や善行を見定める役を務めるもの。

磁気現象（じきげんしょう）
Magnetic Phenomena

霊媒が磁力を出す現象。石盤書記現象で知られるアメリカの霊媒スレイドや、物理霊媒として名高いポーランドのトムチク嬢は、コンパスの針に直接触れずに、磁気の力で動かすことができた。スレイドは編み針に磁力をつけたこともあるという。

色彩（しきさい） *Colours*

スピリチュアルでいう色彩とは、オーラの色のことである。オーラとはその人を取り巻く一種の霊的なエネルギーのこと。人はその人を形成する独特の「気」を発している。

オーラには性格や性質、心身の状態などによって複数のカラーがある。たとえば、金色は霊性、青白色および紫色は治癒能力。ピンクは純粋の愛、赤色は欲望や怒り、暗褐色は情熱、緑色は知的理解、褐色および焦げ茶色は病気を意味する。その人が何色のオーラをまとっているかによって、人格や運勢はもちろん、相性や健康状態を診断することができる。

磁気療法（じきりょうほう）
Magnetic Healing

磁気による医療。磁力を治療に応用することは古く紀元前から行われていた。心霊治療と併用されることが多い。患者の頭に手を当てる按手によって行われるのが普通で、治療者の体内にある磁気を掌から患者に放射する。この磁気は治療放射線ともよばれる。

鉱脈や水脈を探し当てるダウジングも磁場や磁気とかかわりがあることから、患者の前で振り子を用い、その揺れで患部を診断することも行われた。

四苦八苦（しくはっく）

仏教語。人間のあらゆる苦悩の原因をあげたもの。①生＝生まれること、②老＝老いること、③病＝病気になること、④死＝死ぬこと、の4つを「四苦」という。

この4つが人間が思うようにならない根本的な苦悩である。これに、愛する者と別離する苦しみ（愛別離苦 あいべつりく）、怨み憎しんでいる者に会う苦しみ（怨憎会苦 おんぞうえく）、求めるものが手に入らない苦しみ（求不得苦 ぐふとくく）、人間の身心を形成する物質的、精神的現象から苦しみが盛んになること。五蘊（色・受・想・行・識）で構成されている心身は思い通りにはならない（五蘊盛苦 ごうんじょうく）の4つの苦しみを加えて、「八苦」という。

次元（じげん）*Dimension*・次元上昇（じげんじょうしょう）*Ascension*

次元は、空間の広がりを表す一つの指標である。次元上昇とは、意識が3次元から5次元へ、さらには、その上の多次元意識の領域へ移行すること。実は「次元」とは形あるものではなく、3次元、5次元など、便宜上数字を使って説明しているに過ぎない。

今、地球上のすべての生命体や物質は、アセンション（次元上昇）が始まっているといわれている。新しい地球に進化していくために、人間にもいろいろな変化が起こっているといえる。

思考伝達（しこうでんたつ）*Thought Transference*

精神感応・遠隔感応・思念（思想）伝達などとよばれることがある。人間の超感覚的知覚（ＥＳＰ）の一種で、離れた人間同士の間で、心的内容を読み取ること。近年は、テレパシーという言い方をする。言語・表情・身振りなど、通常の五感とは異なる方法で、直接に他の人の心に伝達されること。テレ

Column

自己愛（じこあい） *Selflove*

愛には、恋愛、夫婦愛、親子愛、師弟愛、動物愛護、地球愛などいろいろある。自分自身を対象としたものが自己愛であり、誰にも存在するが、自己中になることではない。S. フロイトが精神分析の概念として確立した。青年期以降に自己愛の状態が顕著に見られる場合は、病的状態であると捉えている。

一方、H. コフートは、自己愛は児童期以降も対象愛と並行して存在する、そのバランスによって病的傾向かどうかを決定するとしている。乳幼児期に自己愛が満たされなかったことで無意識の欲求不満や葛藤が、その後の強いストレス体験により再燃化し、自己愛の希求が肥大化したために起こると捉えた。

自己愛者は①理想化した自己像をもっている。自分の欠点や失敗などを認めない兆候にある。また、②指摘されると過剰に反応し、現実逃避したり、交流を避ける。また自分への評価が甘いなどの傾向にある。③人がどう感じているかなど共感性が欠如している。しかし、本人は困ることがなく、周りの人が振り回されることになる。このような「自己愛性人格障害」の人が、近年増えてきているといわれている。

パシー（*telepathy*）という言葉は、1882年にケンブリッジ大学のフレデリック・ウィリアム・ヘンリー・マイヤース教授によって提案された。この言葉ができる以前は、思考転写（*Thought-Transference*）とよばれていた。

思考力 *Thought Power*

思考力とは「物事を考える力」。思考という働きは、観察や記憶によって頭の中に蓄えられた内容をいろいろ関係づけ、新しい関係を作り出す働きとみなされている。つまり、思考力は「関係をつける力」である。

神霊学的には、こうした心の動き、思想に至る心のはたらきは強いパワーを秘め、影響を広範囲に与えることが、霊界通信やテレパシー実験などで報告されている。

自己観察→内観

死後個性の存続（しごこせいのそんぞく） *Survival After Death*

「死後存続」とは、個人の主体が、肉体の死後も存続することをいう。つまり、死んでも自意識は失われないということである。「死後生存」ともいうこともある。

キリスト教では、「救世主（キリスト）の再臨」の日まで死者は眠ったような状態で存続を続け、その日が来れば復活し、最後の審判を受ける（そして善人は神の国に行き悪人は地獄で焼かれる）と考えている。仏教では、一部の派を除いて、輪廻転生があると考え、おおかたの死者（さとりを開き解脱していない死者）の霊魂は、四十九日の間「中有」として浮遊した後、生まれ変わり、「六道」を輪廻していくという

自己実現（じこじつげん）
Selfactualization Self-Realization

心理学用語。人間の欲求のうち最も高度なもの。また、最も人間的な欲求として、自己の内面的欲求を社会生活において実現すること。アメリカの心理学者A・マズローは「欲求段階説（欲求の階層構造）」において、「自己実現の欲求」を5階層の最上位に位置づけた。カール・ロジャーズは、健全な人間は人生に究極の目標を定め、その実現のために努力する存在であるとした。したがって豊かな社会においては、この自己実現欲求が人間の重要な行動動機であると考えられている。

この考えは、教育学や経営学にも多大な影響を与え、モチベーション論、リーダーシップ論、マーケティング論などは、自己実現概念に立脚した方法で、効果を追求している。

自己浄霊（じこじょうれい）→天界道神技

死後通信（しごつうしん）
Postmortem Messages

霊界通信ともいう。他界した霊が、霊界から霊媒を通してメッセージを地

上人に届けること。そうした霊媒現象を、霊界側にいる高級霊が、地上に霊的真理・霊的知識を伝える手段である。死後通信によって現世の人は、これまで地上世界には存在しなかった新しい知識（霊的事実）を得ることができ、より高次の価値ある人生を送ることができる。つまり、死後通信によって霊界の「霊的真理・霊的知識」にもとづいて、霊的存在にふさわしい生き方を求めることができる。

自殺（じさつ） *Suicide*

霊界からの通信によれば、自殺して死後、ふと我にかえったときに、「死んだのは肉体だけで自分はまだ生きている」という事実を知ることになるという。その際、自殺当時の強い絶望と恐怖、後悔、幻滅感の感覚が一段と激しく増幅される。ひっきりなしに本人を襲ってくるこれらの思いは、まさに地獄の苦しみだ。だから霊界から地上の人間に、自ら命を絶つことだけは絶対にしないようにと警告している。

Column

死者の書（ししゃのしょ）
Book of the Dead

紀元前 2500 年ころから古代エジプトでは死者とともにパピルスの巻き物が埋葬された。おもに絵とヒエログリフで構成されていて、死者の冥福を祈り、その霊魂が肉体を離れてから死後の楽園であるアアルに入るまでの道程が描かれる。

その歴史は長く、古王朝の時代には、死後の世界といっても安楽な生活を送ることができたのは王や王族に限られていた。そのためにピラミッドの玄室壁面に経文（ヒエログリフ）を書き残した。これがピラミッド・テキストといわれるものである。

次の中王朝の時代になると、死後の世界は王族以外の者にも開かれ、柩の底や外側などに経文を書くようになった。これが「柩文」とよばれる。

その後、新王朝の時代になると巻物（パピルス）に経文が描かれるようになった。これがいわゆる『死者の書』といわれるもの。死者の霊魂が肉体を離れてから、死後に迎えるといわれるさまざまな障害や審判を乗り越えて、無事楽園アアルに到達するための道しるべを描いたガイドブックである。

シジウィック教授、ヘンリー
Henry Sidgwick

［１８３８～１９００］イギリスの哲学者、倫理学者。ケンブリッジ大学道徳哲学科教授。心霊現象に深い関心をもち、英国心霊研究協会（ＳＰＲ）の設立者の一人で、初代会長を務めた。

ハーン、スレイド、パイパー夫人、パラディーノといった第一線の霊媒たちにかかわる心霊実験に携わったことで知られる。

彼の死後の１９０１年、霊媒のトンプソン夫人を介してシジウィックからの霊界通信が確認された。また、ヴェロール夫人は自動書記で彼の通信を受けとっている。

四神（ししん、しじん）

中国の神話で、天の東西南北四方の方角を司る霊獣のこと。東の青龍・南の朱雀・西の白虎・北の玄武がそれぞれの方角を守護する。五行説に照らし合わせて中央に黄龍（麒麟や白蛇を据える場合もある）を加え、数を合わせた上で取り入れられている。奈良県明日香村の高松塚古墳およびキトラ古墳では高句麗の画風とは異なった日本独自の画風で四神図が描かれているのが見つかっている。

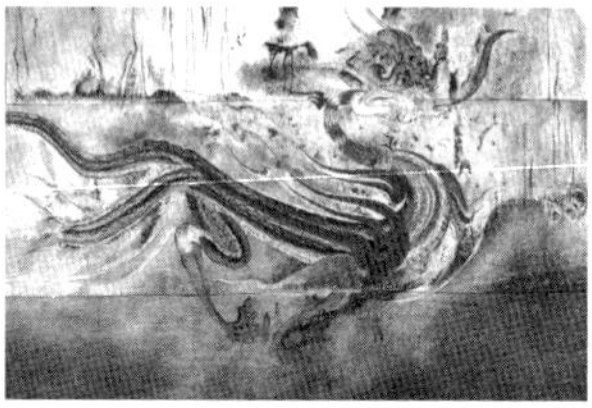
高句麗時代に描かれた四神（青龍）

地震現象（じしんげんしょう）
Earthquake Phenomena

交霊実験など行っているとき、その部屋が地震に遭ったように揺れる現象。

耐火現象で著名なスコットランドの霊媒Ｄ・Ｄ・ホームの交霊会では、部屋が汽船の甲板のように揺れてシャンデリアがぶつかり合うほどであった。またアメリカの霊媒リート夫人の場合は、床や壁、窓が揺れ、灯りを消すとさらに強まったなど、複数の霊媒や神霊能力者が地震現象の証言をしている。

自然科学（しぜんかがく）
Natural Science

自然に属するもろもろのものを研究対象として取り扱い、その法則性を明らかにする学問。狭義には、物理学、化学、生物学、地球科学、天文学など自然科学全体の基礎となる理論的研究をする部門をさしている。

自然の法則（しぜんのほうそく）
Law of Nature

自然の事象の間になりたっている、反復可能で一般的な関係のこと。自然律ともいう。法則といってもいくつか分類があるが、自然法則というのは、規範法則ではないもののほうである。

また、人間の道徳的なｌａｗ（法

規）ではないほうの法則である。自然法則は、因果関係を基礎に置いて考えられている。すべての現象がこの自然の法則にしたがっていて、一見奇跡と見えるような超常的なことであっても、実はいまだに解明されていないだけのことである。

自然霊（しぜんれい）

自然霊とは、心霊主義やその影響を受けた宗教・思想において、この世に一度も姿をもったことのない霊のことをさす。稲荷、龍神、天狗などとよばれる霊がこの自然霊に該当する。そして自然霊は天候などの自然現象をつかさどる働きをもっている。自然霊にも、霊の格すなわち霊格があり、神とよぶのがふさわしいような高級自然霊から、人間を惑わすばかりの低級な自然霊まで、その格はさまざまだという。自然霊というのは、人霊とは異なり、感情というものがないので、情けに訴えることができない。そのため扱いは慎重に行う必要がある。本来、肉体をも

Column

地縛霊（じばくれい）

Earth-Bound Spirits

九州の某神社で偶然撮影された地縛霊の写真

地縛霊には大きく分けて２つのパターンがある。１つは特定の場所に特別な思い入れがあるため、自分の意思でそこを離れようとしない霊。自分が苦労して築き上げた家や会社などにかかわる場所であったり、思い出がこびりついた場所である場合が多い。この場合は、自分が死んで霊となっていることを自覚している場合が多い。自分の意思で除霊されることを拒み、成仏することを望んでいないこともある。

もう１つは突然の死などによって、その場所に縛りつけられてしまった霊である。死んだ理由にかかわらず、本人が納得できていなかったり、死を認識できていなかったりする場合、死に至った場所に残って地縛霊となる。彼らは、自分がすでに死んでいることはもちろん、そこに縛られている理由もわからず、何度も死の瞬間の苦しみを味わっていたり、助けが来るのを待っていたりする。この霊は、こだわる理由が土地ではなく自分の感情であるために、“自縛霊”とよばれることもある。

つはずのない自然霊が人間に憑依することも現実には存在する。

思想伝達（しそうでんたつ）
Nature Spirits →思考伝達

舌懸かり（したがかり）→舌語（ぜつご）

七福神（しちふくじん）

七福神とは、大黒天、毘沙門天、恵比寿天、寿老人、福禄寿、弁財天、布袋尊の七つの神様の総称。七福神を参拝すると七つの災難が除かれ、七つの幸福が授かるといわれている。

七福神の信仰は、室町時代の末期のころより生じ、当時の庶民性に合致して民間信仰の最も完全な形となって育てられてきた。とくに農民、漁民の信仰として成長し、現代にも生き続けている。

四柱推命（しちゅうすいめい）
Four Pillars of Destiny, Four Pillars Astrology

古代中国にあった陰陽思想と五行説をもとにして生まれた人の「過去、現在、未来」を予見する運命学の一つである。「世の中のすべてのものは陰と陽に分かれる」、「さらに、木、火、土、金、水の5つの要素によって構成される」という考えをベースに、人が生まれながらにしてもっている性格、能力、素質を理解し、その人の努力や経験で変わる後天的な運命までも的確に予測することができる。東洋占星術の中でも最も信頼性が高く「占いの帝王」とよばれている。

シッター　*Sitters*

交霊会参加者のことで、霊媒以外の人をさす。霊媒や霊能者などと一対一の場合にもいう。心霊現象を成功させるため、交霊会ではシッターの協力が不可欠となる。このとき、感情過多の状態であったり、偏見をもって臨んだりしないことが重要である。

私的交霊会（してきこうれいかい）
Private Sittings

霊媒と立ち会い人の、二人だけで開かれる交霊会。欧米のスピリチュアル団体では、秘密厳守と匿名性を条件に行われている。

ただ、私的な場合、降霊や交霊実験の信頼性は弱いという側面がある。

自動絵画・自動線画現象（じどうかいが・じどうせんがげんしょう）
Automatic Painting and Drawing

霊媒自身の意志とは関係なく、勝手にある衝動によって手が動いて、絵画や線画などなんらかの美術的表現をしてしまうという、不思議な現象をいう。

かつて霊媒エリザベス・デスペランス夫人［1855〜1919］は、真っ暗闇の中で、30秒ぐらいの間に肖像画を仕上げたといわれている。

この現象には、絵文字、幻影、死別した縁者や守護霊肖像画などがある。

この現象によってもたらされた芸術性の高い作品は、心霊美術（*psychic art*）とよばれる。

自動現象（じどうげんしょう）→**自動作用**

自動講演現象（じどうこうえんげんしょう） *Autmatic Speaking*

霊媒自身の意志によらないで、入神状態と覚醒状態のときに衝動的に講演を行うこと。まれに正常意識が残っていて混入する可能性もある。素晴らしい演説をすることがある。ときに口述筆記をされ、本に編纂されたりする。また、長編詩集として出版されているものもある。エドモンズ判事の娘ローラは、自分自身も知らない未知の言語で演説を行ったことが知られている。

Column

シャーマン　*Shaman*

占いやまじないをする人をシャーマン（呪術師）という。超能力のある呪術者のこと。

祈祷師、霊媒師などで、神・精霊・死者の霊などと交信する宗教的霊能者をさす。古くは占い、医療、気象予報など人々の身近な相談役や神との連絡役などを務めた。

シャーマンの語源は、ツングース語で「知識や心得のある者」という。また仏教用語の沙門（修行者）からきているという説がある。

シャーマンは、自ら意識的に脱魂し、トランス状態に入って超自然的存在（霊、神霊、精霊、死霊など）と交信する現象を起こすとされる職能・人物のことである。つまり、魂を肉体から解放し、別の世界に送り込むことができる。

シャーマンの医術とは、自然についての知識（薬草など）にもとづく医術と霊的な能力にもとづく医術の混合である。

中央アジアと北アジア（モンゴル、チベット、シベリア、中国北部（満州）、朝鮮）に普通にみられるが、南アジア、日本にもみられる。

信仰の元はこのシャーマンたちによるシャーマニズムが元になっている。

自動作用（じどうさよう）
Automatism

オートマティズム、自動現象、筋肉性自動作業ともよばれる。

自動言語、自動書記など自己の意識によらず体が動き、霊からの現象を伝える現象の総称。トランス状態で生じる場合とそうでない場合とがある。霊が霊媒に取り憑いて肉体を勝手に動かす現象であると説明されるが、科学的には観念性運動とよばれる無意識の筋肉運動とされ、自動談話、自動書記、自動絵画、自動線画、自動奏楽、自動舞踏などが含まれる。

また、こっくりさん、扶乩（ふうち）、ダウジング、Oリング・テストなども、この観念性運動で説明される。

自動書記現象（じどうしょきげんしょう） *Automatic Writing*

心霊現象の一つと考えられ、自分の意思とは関係なく、勝手に手が動いてなんらかの文章を書き綴ってしまう現象のこと。心理学用語で「自動筆記」「自動記述」という。あたかも、何か別の存在に憑依されて肉体を支配されているかのように、自分の意識とは無関係に動作を行ってしまう現象などをさす。例えば「死者の霊が下りてきた」「神や霊に命令されている・体を乗っ取られている」「高次元の存在や宇宙人とチャネリングを行う」などの理由により、無意識的にペンを動かしたり語り始めたりする。

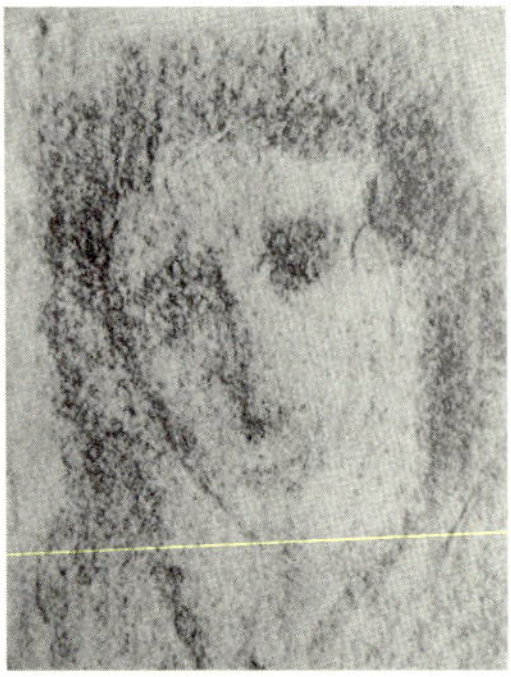

自分の妹の肉体を使って描いたとされるドイツの女性霊能者の自画像

これは神霊などがこの世に接触を図る方法として説明されている。日本ではかつて「神がかり」「お筆先」ともよばれていた。

自動通信器（じどうつうしんき）→オートスコープ

自動霊媒（じどうれいばい）→オートマティスト

指導霊（しどうれい）

その人の守護霊と協力して、才能や仕事など専門的な分野でその人を指導してくれる霊のことである。普通、複数の霊が、現象の背後で働いているといわれる。

指導霊は、その人が日頃考えていることのレベルによって、入れ替わるというおもしろい性質がある。その思いによって、さらにレベルの高い指導霊に入れ代わるのである

そのため、複数の霊が、その時の必要なレベルに入れ替わるのである。

この集団は、すべてが人霊とは限らず、自然霊や動物霊が関与することもある。

シドヴィーユの怪音現象（かいおんげんしょう）
Poltergeist Disturbance at Cideville

　1850年から翌年にかけて、フランスのシドヴィーユで起こったポルターガイスト現象。教会や聖職者が関係したポルターガイストとして、よく知られている。裁判でも取り上げられ、十分調査されたという。ティネルという牧師の屋敷で起こったもので、いわゆる叩音がして、家人全員が揃って木槌で床を叩きつけるような大きな音がひびいたという。また、見知らぬ来訪者の名前を綴ったりすることができたといわれている。白昼、窓がこわされたり、物が飛んだり、重い家具が移動することもあったという。

　この現象は、2カ月半もの間続いたが、同居していた2人の子どもが家を離れてから止んだということだ。

死口（しにくち）

　民間信仰の一つ。神霊、生霊、死霊の心を巫女など霊媒の口を通して聞くことで、死口は葬儀が終わった死者＝死霊に対しての口寄せのことである。

Column

シャーリー・マクレーン
Shirley MacLaine

　［1934～］アメリカ合衆国ヴァージニア州出身のハリウッド女優。アカデミー主演女優賞や数々の賞を獲得。自身の神秘体験を描いた著作を多数発表し、ニューエイジの旗手の一人として知られている。俳優のウォーレン・ベイティは弟、サチ・パーカーは娘。

　著書の『アウト・オン・ア・リム—愛さえも越えて』は彼女のニューエイジへの経験の記録で、彼女の旅行、学業を通して、空想科学のような次元、幽体離脱、宇宙人との交信、降霊術や目に見えない世界のガイドツアーなどにふれている。1986年に初版が発行され、既に66刷以上で世界的にも超ベストセラーである。

　40代初めに世界中を飛び回っていた彼女は、インドのヨガ教師から前世を示唆され、ヒマラヤのラマ僧との会見で、デ・ジャブを覚え、スウェーデンの霊媒師から精神世界の説明を受けるなど、不思議な体験を繰り返した。その結果、これまでの即物的な生活を反省し、俳優ピーター・セラーズの突然の死を予知したり、体外遊離を経験するようになる。

　彼女が人間の本質に目覚めていく経過や人間の輪廻転生を知るまでの道のりが著されている。

死化粧・死装束（しにけしょう・しにしょうぞく）

納棺の前に死者に着せる衣装のこと。故人が美しい姿で旅立てるように、という目的で行われる。闘病時や亡くなるさいの苦しみのあとを消す意味もある。また、身だしなみをきれいに整えるという意味で、爪を切ったり、ひげを剃ったりすることも含まれる。

思念伝達（しねんでんたつ）→思考伝達

信太（信田）の狐（しのだのきつね）

安倍野（現在の大阪市阿倍野区）に住んでいた安倍保名が信太の森で、猟師に追われていた白狐を助け、かくまってやるが、その際に負傷してしまう。

そこにやってきた葛の葉という女性が、保名を介抱して家まで送りとどける。葛の葉が保名を見舞っているうち、いつしか二人は恋仲となり、結婚して童子丸という子どもを授かる。童子丸が5歳のとき、葛の葉の正体が、かつての白狐の化身であることが知れてしまう。葛の葉は、すべては稲荷大明神（宇迦之御魂神）の仰せであることを告白し、さらに次の一首を残して、信太の森へと帰ってゆく。

恋しくば尋ね来て見よ和泉なる
信太の森のうらみ葛の葉

この童子丸が、のちの陰陽師、安倍晴明である。この話は、人形浄瑠璃、歌舞伎、漫画、小説、落語、オペラなどに取り上げられている。

『葛の葉きつね童子にわかるるの図』月岡芳年『新形三十六怪撰』より。葛の葉が、白狐の化身と知られ、童子丸（安倍晴明）の元を去ろうとする場面

支配霊（しはいれい） *Control*

支配霊は、コントロールスピリットといって人との縁を結びつけてくれる存在。

新しく住む土地や環境など人生のすすむべき方向を調整してくれる主護霊（ガーディアンスピリット）や指導霊が日常的な部分を見守ってくれているとしたら、支配霊はもう少し大きなスパンで見守ってくれる。

つまりその人の人生の先々を読みながら導いてくれる存在、それが支配霊である。

死亡協定（しぼうきょうてい） *Dearth Compacts*

肉体的な死後も魂は霊界で生き続けるという証拠を、亡くなった後で現界に伝えるとする協定。霊魂は死後も個性を保った存在であるという死後個性存続の証明でもあり、生前に知人や友人と取り交わす。

英国心霊研究協会（SPR）創立期に活躍したリチャード・ホジソン博士は、友人のジョージ・ペラムと死亡協定を取り交わし、1891年に落馬事故で亡くなったペラムは翌年に通信をよこしたという。

使命（しめい） *Mission*

人間は、誰でも神から与えられた不変の任務、つまり使命をもって生まれてきた。その使命に向かって努力すること。人間の一生は修行であり、たとえ苦労や困難があろうとも回避せずにこれを乗り越え、生きていくこと。

これこそ自分の品性や人格を高めることができるチャンスである。それが、霊的向上につながる。

シャープ、ハロルド *Harold Sharp*

［1891〜1981］心霊研究家、霊能者、動物愛護家。英国スピリチュアリスト協会（SAGB）会員。戦中戦後を通じ、イギリスの超心理学史に多大な功績を残した。温厚な人柄と動物たちへのヒーリング奉仕によって、多くの人々に愛された。著書に『ペットたちは死後も生きている』がある。

シャーマニズム *Shamanism*

シャーマン（巫師・祈祷師）の能力により成立している宗教や宗教現象の総称であり、宗教学、民俗学、人類学（宗教人類学、文化人類学）等々で用いられている用語・概念で

Column

釈迦（しゃか）　*Śākya*

［前463頃〜前383頃］

仏教の開祖。釈迦牟尼（しゃかむに）ともいう。釈迦は種族名*Śākya*の、牟尼は聖者を意味する*muni*の音写。釈尊は釈迦牟尼世尊の略称と考えられる。

シャカ族の国王浄飯王（じょうぼんのう）を父とし、摩耶夫人が母である。姓をゴータマ*Gotama*（瞿曇〈くどん〉）、名はシッダールタ*Siddhārtha*（悉達、悉陀）といった。

生後まもなく母を失った。16歳で結婚、その後息子ラーフラをもうけたが、29歳のとき意を決して出家。厳しい苦行を繰り返したが悟りを得られず、さらに修行の末、35歳頃ブッダガヤーの菩提樹の下で悟りを開いた。「菩薩（修行者）」から「仏陀（覚醒者）*buddha*」となった。すなわち覚者となったのである。

教えを広めるために、伝道生活に入り、ワーラーナシの郊外サールナートの鹿野苑で最初の説法を行った。以後、インド各地を周遊して人々を教化した。これは、80歳で没するまで続いた。

ある。巫術（ふじゅつ）などと表記されることもある。

厳密には、「シャーマニズム」は、「宗教」ではなく、脱魂（エクスタシー）と病気治療の諸手法の全体といえるだろう。

錫杖（しゃくじょう）

僧侶・修験者がもち歩く杖。頭部についている金属製の輪に、数個の小さな環がかけてあり、振ったり地面を強く突いたりして鳴らす。仏教法会（ほうえ）にも用いられるようになった。また、祭文語りや手古舞にも用いる。

錫杖をもつ僧侶の銅像

その振動により煩悩を除去し智慧を得るとされるが、実際は托鉢の玄関先で来意を伝えたり、読経の調子を取ったり合図に使用する。また、山路で禽獣や毒蛇を避けたり、悪霊を攘却する呪力があるとも考えられていた。

折伏（しゃくぶく）

仏教用語。摂受（しょうじゅ）が相手の立場や考えを認めて争わず、おだやかに説得して徐々に正しい教えに導くことであるのに対して、折伏は相手の立場や考えを容認しないで、相手の誤りを徹底的に指摘して正法に導く方法。悪人・悪法を打ち砕き、迷いを覚まさせること。人をいったん議論などによって破り、その誤りを悟らせること。あるいは、悪人や悪法をくじき、屈服させようとするので、執拗に説得したり、相手の主張を論破して、相手を自分の意見や方針に従わせることになる。

寂滅（じゃくめつ）

仏教用語で、入滅（にゅうめつ）、滅度（めつど）ともいい、サンスクリット語の（*nirvana* ニルヴァーナ）の訳である。

煩悩の炎が吹き消えた状態、宗教的解放を意味する解脱のことである。「涅槃」「泥洹（ないおん）」などとも音写される。

完全な解脱は肉体の完全な消滅、つまり「死」によって完結する。そこで、「入滅」とは、宗教的な意味で目覚めた人が亡くなったことを意味する。

邪霊（じゃれい） *Evil Spirits*

邪悪な霊。人間は日常、邪霊や低級霊たちに囲まれて生活している。心に汚れや邪心などがあると、その波動にあった邪霊たちが集まってくるという。インスピレーションを通じて交信を試み、失敗させたり悪いことをするようにそそのかしたり、騙して惑わせたりする。それが邪霊にとっては鬱憤を晴らしたり、愉しんだりする方法なのだ。

また、その人が霊媒体質だと、オーラに入りこんで侵入しよう（憑依）とする。さまざまなトラブルに巻き込まれたり、体調を崩したりして、マイナス思考に陥りがちな場合は、狙われやすいので要注意である。

人を嫌がったり、困らせるような人、ウソをついたり、騙して利用しようとする人、性格的に円満さを欠き、約束を破ったり裏切る人などは、反省を。知らない間に、邪霊と波長が合い、憑きまとわれやすい。

自由意志（じゆういし） *Free Will*

他から強制・束縛・妨害などされず、自らの責任において行動や選択を決定する意思。言い換えれば、自分の意志で自由に決められるということ。

自由意志の法則（じゆういしのほうそく）

地球、宇宙のすべてのものに与えられている、宇宙の基本的な法則の一つが、「自由意志の法則」である。

Column

ジャンヌ・ダルク *Jeanne d'Arc*

『シャルル７世戴冠式のジャンヌ・ダルク』（アングル作・1854 年）

［1412 頃～ 1431］15 世紀のフランス王国の軍人。フランスの国民的ヒロインで、カトリック教会における聖人でもある。「オルレアンの乙女」ともよばれる。

現在のフランス東部に、貧しい農夫の娘として生まれたジャンヌは、「神の声を聞いた」と神の啓示を受けたとして国王の元を訪れ自分にフランス軍を指揮させてくれるよう懇願した。イングランドとの百年戦争で劣勢のフランス軍を率いて、烈火の如く突き進んで、彼女の軍は、奇跡的な勝利を収める。

後のフランス王シャルル７世の戴冠に貢献した。その後ジャンヌはブルゴーニュ公国軍の捕虜となり、身代金と引き換えにイングランドへ引き渡された。イングランドと通じていたボーヴェ司教ピエール・コーションによって「不服従と異端」の疑いで異端審問にかけられ、最終的に異端の判決を受け、19 歳で火刑に処せられてその生涯を閉じた。

スピリチュアルの世界では、14 世紀にフランスの霊能者たちは、ロレーヌの森の乙女が国を救う奇跡が起こるであろうと…予言していた。

魂には、より高い次元の世界へ精神的進化を遂げるために、自分自身の運命を選び、進化したいか否かを決める自由がある。これは人間だけではなく、植物などの次元から高次元の存在まで、すべての次元に当てはまる。

いいことをするのも、わるいことをするのも、すべて「自由な意志」を与えられているため自由意志は尊重され、干渉されることはないという法則のこと。

獣化狂（じゅうかきょう）

Lycanthropy

原始的なアニミズム（精霊信仰）などに見られるもので、人間が何らかの獣類に変身する、あるいは他人を変身させることができるという現象。医学的には妄想とみなされる。

変身妄想あるいは獣化妄想（*zoanthropy*）とよばれる、人間が獣に変身する、あるいは憑依されるという現象は世界各地で記録されている。

宗教（しゅうきょう）　*Religion*

一般に人間の力や自然の力を超えた存在に対する考え。神・仏などの超越的存在や、聖なるものにかかわる人間の営みをいう。また、その観念体系にもとづく教義、儀礼、施設、組織まで体系化した社会的な集団。

世界の宗教の信者数は、キリスト教約20億人（33・0％）、イスラム教約11億9000万人（19・6％）、ヒンドゥー教約8億1000万人（13・4％）、仏教約3億6000万人（5・9％）、シク教約3000万人（0・4％）、ユダヤ教約1400万人（0・2％）、その他宗教約9億1000万人（15・0％）、無宗教約7億7000万人（12・7％）といわれている。

宗教心（しゅうきょうしん）

神や仏などを認め、あがめ敬うことから生じる敬虔（けいけん）な気持ちのこと。

統計によると、外国、とくに西欧では、ほぼ95パーセントの人が自分の宗教をすぐに答えるという。日本人の70パーセントの人が「無宗教」と答える。統計をそのまま解釈すると、日本人で宗教心をもっている人は30パーセントにしか満たないということになる。しかし、日本人は特定の宗教を名指しはしないが、すべての神仏に対する畏敬の念は、他国に劣らず、もち合わせている国民である。というのも、西欧の宗教は並べて一神教に由来しており、一神だけを選び取る信仰に限定されるゆえ、高い率になると考えられる。

宗教霊（しゅうきょうれい）

宗教団体には必ず、宗教霊という霊が働いている。大抵は教祖の背後霊か、教祖の心に沿った霊が宗教霊となっている。信心する者をまず難

し

Column

周波数・波動

「宇宙は音楽である」といわれるが宇宙にある万物はすべて、音楽のように周波数をもっている。モノだけではなく、人間も周波数をもっている。「あの人、波動高い」とか、「あの人、周波数が高い」というのは、霊性、精神性、魂のレベルが上がっているということ。

その周波数のレベルにより、生存する次元が決まる。人類は現在3次元に属して、人間より次元の高い神は周波数が高いのである。音には周波数があり、空気を振動させて音を出している。振動数ともいう。ヘルツ（*Hz*）やキロヘルツ（*KHz*）という単位が使われる。そのうち人間に聞こえる範囲は、およそ16ヘルツ〜20キロヘルツぐらい。

周波数を上げるには、人それぞれのやり方、生き方などがあるが、基本は神（創造主）に向かっていくため、精神性を上げていくことが周波数を上げることにつながる。「共振」というのは、お互いの周波数が合うこと。「周波数を合わせる」というのは、「意識をそこにフォーカスする」ということである。テレビのニュース番組や報道番組、ワイドショーのようなものは、残念ながらあまり人間にとっていい影響を与えない。ネガティ

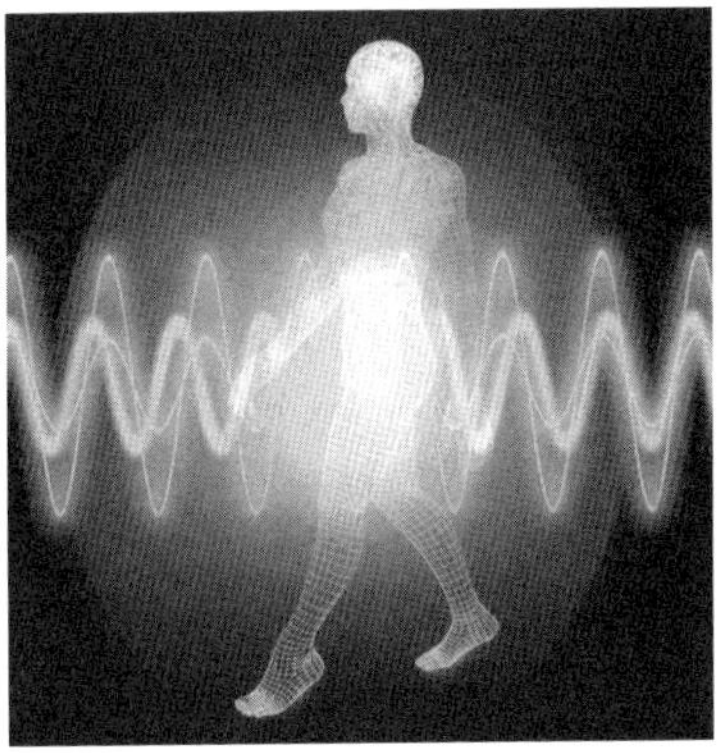

ブな情報を発している番組というのは、同時に低い波動を電波に乗せて発信しているので、そのネガティブに意識がフォーカスされ、肉体も精神も低い周波数に合わせている。私たちが発する言葉は音であり、言霊といってエネルギーがあるので、汚い言動、罵倒、中傷、意味の無い批判などは、当然低い波動となる。高い波動を受けると、生物も人間も元気になる。

類友（ルイトモ）という自分と似ている人を引き寄せる「波長の法則」は、自分と周波数が近い人と出会いやすいという意味。嫌だなと思う人と出会うことが多い場合は自分の波動が下がっている可能性がある。

逆に親切な人にたくさん出会える、人に恵まれていると思う場合は、自分もいい周波数をもっているということになる。

憑依されやすい人は、自分の周波数を彼らに合わせていないか気をつける必要がある。

に遭わせ、祈りによって救うことで信心に励むよう仕向け、思考を奪い、集団のいいように操る。今日の宗教霊は、自分の宗教を盛んにしよう、金をとろう、人を集めようと考えているので、手段方法を選ばずに人集めしようとする。

自由思想家（じゆうしそうか） *Free Thinkers*

教会や聖書の権威にとらわれず、理性的見地から神を考察しようとした人のことで、転じて一般に、権威や教条に拘束されず自由に考える思想家のこと。

十字通信（じゅうじつうしん） →交叉通信

宗祖（しゅうそ）

一つの宗教または宗派・教派を興した人をいう言葉で、開祖、祖師ともいう。→開祖

執着（しゅうちゃく、しゅうじゃく）

一つの出来事や物事に心をとらわれるなどして、そこから離れられないこと。思いきれないことをいう。

終末論（しゅうまつろん） *Eschatology*

人間社会と世界の終末について論じられる宗教や哲学の一分野である。終末思想ともいう。

シュードゥル、ルネ *Rene Sudre*

［1880～?・］フランスの科学者。高等社会学校の教授であったが、心霊研究家でもあった。英国心霊研究所の副所長を務めた。さらに、1921～26年に国際心霊研究所においてジュレイ博士と共同研究を行った。

『心霊研究入門』などの著書がある。

主観的心霊現象（しゅかんてきしんれいげんしょう）

精神的心霊現象、心理的心霊現象ともいう。

第三者には観察できない心霊現象。霊能者による透視や霊聴、霊言、自動書記、霊感などが、これに当たる。

これに対して、エクトプラズムなどにより実態として観察できる心霊現象が、物理的心霊現象である。↔物理的心霊現象

宿星転換（しゅくせいてんかん）

本吉嶺山（もとよしれいざん）霊媒独特の霊能現象。定められた運命の星を転換させることで、災いを転じて福とさせようというもの。

宿命（しゅくめい） *Fate, Destiny*

生まれる前に定まっている人間の運命。宿運。生まれながらに定められていて、変えることのできない資質・条件のこと。自分が生まれる国、自分が生まれる時代や出生時間、性別、親が住む環境、姿かたちなど、個人「単独」では選ぶことができない種類のものが宿命である。

仏語の場合は、「しゅくみょう」といい、「前世における善悪・苦楽

などの状態」を表す。

修験道（しゅげんどう）

日本古来の山岳信仰が仏教に取り入れられた日本独特の宗教。修験宗ともいう。

山へ籠もって厳しい修行を行うことにより、悟りを得ることを目的とする。修験道の実践者を修験者または山伏という。

修験道は、奈良時代に役小角（役行者）が創始したとされる。修験道の修行の場は、日本古来の山岳信仰の対象であった大峰山（奈良県）や白山（石川県）など、「霊山」とされた山々であった。なかでも、熊野三山（熊野の本宮・新宮・那智の3社）への信仰（熊野信仰）は、平安時代の中期から後期にかけて、天皇をはじめとする多くの貴族たちの参詣を得て、隆盛を極めた。

守護天使（しゅごてんし）→ガーディ

Column

守護霊（しゅごれい）

Guardian Angel, Guardian Spirit

守護霊とは、人などにつきその対象を保護しようとする霊のことである。西洋の心霊主義における「*Guardian Spirit*」の訳語として、心霊研究家浅野和三郎が提唱して定着した。

スピリチュアリズムにおいては、守護霊は生きている人をサポートする守護霊団（背後霊）の中心となる霊で、すべての人に必ず担当の守護霊がつくとされる。

一人の人間につく守護霊は一人とされ、原則として人が生きている間は交替しない。また、守護霊の役割は人を守る（護霊的役割）というよりも、生を受けた人の霊的目的を達成するための手助けをすることとされる。

だから、目的を達するために必要と判断されれば、生きている人にとって一見不幸・不運とされる出来事や不遇な環境を用意することさえあるという。

アン・エンジェル

Guardian Angel

一人一人についていて守り導く天使のこと。神が人間につけた天使で、その守護する対象に対して、善を勧め、悪を退けるようその心を導くとされる。

呪術（じゅじゅつ）→**魔術**

数珠（じゅず）

諸宗教で用いられる。念珠ともいう。菩提樹の種子や水晶などの小さな玉をつないで輪にしてあり、房が付いている。

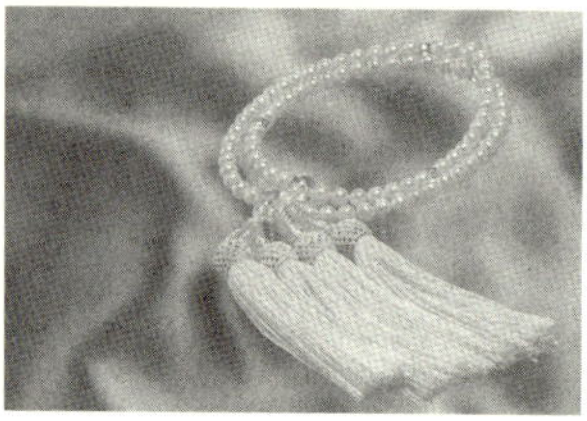

諸仏を礼拝するときや、念誦や称名の数をはかるのに用いる。正式の数珠は、玉の数が１０８玉で、煩悩の数を象徴している。煩悩の中には清らかな仏性が潜んでいるといわれており、珠一つが百八の煩悩を司る仏様であるという。

数珠はもとインドのバラモンが念誦のため用いたものといわれているが、仏教、ヒンドゥー教、イスラム教、キリスト教に取り入れられ、広く普及した。数珠と類似の物をキリスト教ではロザリオという。

シュタイナー、ルドルフ

Rudolf Steiner

［１８６１～１９２５］バルカン半島のクラリェヴェクで生まれ、オーストリアやドイツで活動した神秘思想家、哲学者、教育者。また、霊視などの霊能力者でもあり、人智学の創始者である。

かつてゲーテの作品編集を手がけ、大きな影響を受けたという。彼は、一方で教育に大きな影響を及ぼした。シュタイナー教育は自由教育の象徴的存在として、世界中に広まっている。日本でも知識偏重の受験教育に対する代替として支持を集めている。

出家（しゅっけ）

「仏教」には「出家」と「在家」がある。「出家仏教」は、普通、家庭生活を捨て、世俗を離れて仏門に入ること。修行の道は厳しく、世俗的な執着を離れて、もっぱら仏道を修行すること。またはその人をいう。

仏教徒の集団を構成する七衆のうち在家の優婆塞（うばそく）・優婆夷（うばい）を除く、比丘（びく）、比丘尼、式叉摩那（しきしやまな）、沙弥（しやみ）、沙弥尼の五衆は出家のなかに入る。

酒呑童子（しゅてんどうじ）

丹波国の大江山（または山城国と丹波国の国境にある大枝〈老の坂〉に住んでいたと伝えられる最強の鬼のかしらのこと。数多くの鬼を部下にして、京都を荒らし回っていた盗賊の頭目。酒が好きだったので、手下たちから酒呑童子とよばれていた。

もとは室町時代の御伽草子、『大江山絵詞』に登場し、源頼光、碓井（うすい）貞

京都府福知山市にある酒呑童子の像

光、卜部（うらべ）季武、渡辺綱、坂田公時（金時）、藤原保昌が大江山の酒呑童子を退治する話で、中世に流行した英雄伝説で、怪物退治譚の代表作となっている。なお伊吹山を舞台にした『伊吹山絵詞』や『伊吹童子』や土蜘蛛 退治の『土蜘蛛草紙』、茨木童子などもある。

後に、浄瑠璃、能、歌舞伎、宝塚歌劇、映画、漫画、パズル、祭などに影響を与えている。


受動的自動作業（じゅどうてきじどうさよう）→**感覚性自動作用**

シュナイダー兄弟、ルーディおよびウイリー *Schneider Brothers, Rudi and Willi*
ウイリー［1903～1971］は、オーストリアの物理霊媒。優れ

Column

小乗仏教⇆大乗仏教

釈迦が入滅してから、しばらくして釈迦の教えを文字通り忠実に守ろうとした人々と、説かれた教えの心を生かしていこうとする人々に分かれていった。前者を部派仏教あるいは小乗仏教とよび、スリランカ、タイ、カンボジア、ラオス、ビルマ（現ミャンマー）などに広まっている。

一方、釈迦の教えの心を中心にしていこうとする人々の仏教を大乗仏教とよんでいて、日本、中国、チベット、朝鮮半島などで広まっている。

大乗・小乗の乗は、「乗り物」という意味。私たちの迷っているこの岸から、悟りの彼岸に渡してくれる教えを、乗り物に例えて「乗」という。大乗は大きな乗り物・優れた乗り物、小乗は小さな・劣った乗り物という意味になるので、現在では、小乗という言葉は使わずに、部派仏教あるいは長老派仏教・南方仏教などとよんでいる。

大乗というゆえんは、人々はみな迷っている存在ではあるが、しかし、必ず仏になる種子をもっており、そして自分よりもまず他人の幸せを願って、共に仏様の教えに従っていこうとする菩薩の道を説くところから、「大きな・深い・より優れた教え」と名づけられた。

これに対して、小乗では、仏は釈迦だけで、他の者は声聞（しょうもん＝仏弟子）とか、阿羅漢くらいにしかなれないとする考え方である。

た実績で知られる。

　１９２１年から翌年にかけて、１００人を超える科学者が、厳密な条件の下でウイリーの霊能力の検証を行った。その結果、テレキネーシスとエクトプラズマ現象を実証し、彼の霊能力を確認した。

　ルーディ［１９０８〜１９５７］は、サイコキネシスの能力を発揮した。詐術防止のため霊媒の動きを警告灯で知らせる電気椅子装置を用いて、プレイスによって試験されている。

　冷気（微風）、浮揚、テレキネーシス、手や腕の物質化などの現象を起こすことに成功している。

須弥山（しゅみせん）

サンスクリット語の*Sumeru*の音写。*Meru*ともいう。

　仏教やヒンドゥー教で、世界の中心にあると考えられる想像上の高い山。山頂は神々の世界で、周囲は七重の山岳や海に囲まれている。ヒンドゥー教の文献などでは、ときに「黄金の山」などともよばれ中国訳では、妙高、安明などと訳される。

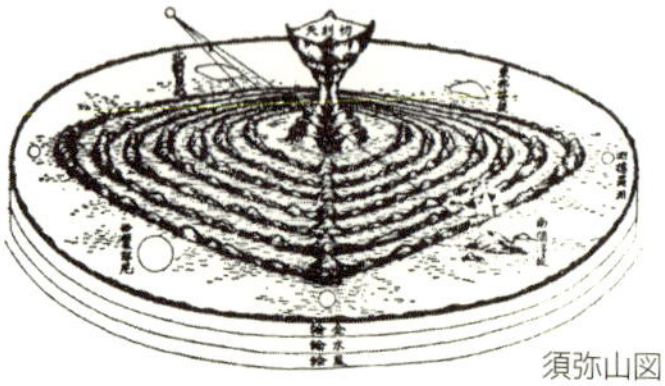
須弥山図

須弥壇（しゅみだん）

　仏教寺院において本尊を安置する場所であり、仏像等を安置するために一段高く設けられた場所のこと。須弥山に由来する。

　本尊をはじめ、諸仏を安置する場所として、仏の領域となっている。壇上に直接諸仏を安置する場合と、厨子や宮殿（くうでん）を置いて、その中に仏像等を安置する場合がある。

　家の中に仏を祀る厨子のことは、「仏壇」という。また、仏壇内の仏を祀る壇は、「須弥壇」とよぶ。

寿命（じゅみょう）

　命がある間の長さのこと。生まれてから死ぬまでの時間のこと。

　シルバーバーチは、地上の寿命は、大ていの場合、前もってわかっているという。「一応、魂が誕生する時にあらかじめ決まっており、人間には、ある範囲内での自由意志が許されており、その他のもろもろの事情も絡んで、その寿命、つまり死すべき時が変ることも有り得る」と伝えているという。

　つまり、人間が地上で生活を送るうちに、その生活ぶりや意識の度合いによって、早まったり遅らせたりするという。

　寿命の意味から転じて、工業製品

が使用できる期間、あるいはさまざまな物質・物体の発生・出現から消滅・破壊までの時間などをいうこともある。

受容性（じゅようせい）

物事を受け入れること。受け入れ（取り込み）やすいさまをさして「受容性が高い」「受容性に富む」などという。スピリチュアリズムの世界では、霊能発揮に必要な精神状態のこと。心身の平静な状態によってのみ、霊との交信の微妙な開始時期を察知することができる。

ジュリア *Julia*

生前、ジュリア・エイムスという名の女性で、ウィリアム・トーマス・ステッドの友人であった。若くして他界し、後にステッドのコントロール（支配霊）となった。ステッドは、彼女から、霊界の生活の模様や霊界通信の方法や問題について自動書記によって、通信を受け取っていた。それを編集して『*Letters from Julia*』（ジュリアからの便り）を発表した。これはスピリチュアリズムの本としては最も売れたものの一つであるという。

Column

鍾馗（しょうき）

『鍾馗』歌川国芳画

長い髭を蓄え、中国の官人の衣装を着て剣をもち、睨みつけている姿の鍾馗は、端午の節句に絵や人形を奉納したりするので、なじみ深い。

もともとは、中国の民間伝承として伝わる道教系の神である。「唐」の時代、皇帝「玄宗」が マラリヤで臥している時、夢の中に一匹の小さな鬼が現れ、玄宗の玉笛と 妻「楊貴妃」の匂い袋を盗もうとしたところ、髭面の大男が現れ鬼を引き裂いてあっという間に退治してしまったという。

それが日本に伝わったもので、疱瘡除けや学業成就に効があるとされ、江戸時代末（19 世紀）ごろから関東で鍾馗を五月人形にしたり、また、鍾馗の図像は魔よけの効験があるとされることから、旗、屏風、掛け軸として飾るようになった。

また、近畿地方で魔除けとして屋根の上に鍾馗の像を載せたりする風習が見られる。京都市内の民家（京町家）では、現在でも大屋根や小屋根の軒先に 10 ～ 20 センチ大の瓦製の鍾馗の人形が置いてあるのを見かける。

さらに1909年、故ジュリアからの要望で、霊界通信のための事務局「ジュリア顕幽連絡局」を設立し、肉親と死別した人々のため無償で通信を試みる。

1912年、ステッドはタイタニック号沈没事故で死去する。1914年になって、生前ステッドが受け取ったとしていた、ジュリアからの通信（1895年から1912年まで）を娘のエステルが発表。『*After Death or Letters from Julia*（死後―ジュリアからの便り）』

ジュレ博士、ギュスターヴ
Geley, Dr.Gustave

［1868～1924］フランスの生んだ傑出した心霊研究家。医師としての名声を投げうって心霊研究の道に入り、豊かな思想性を兼ね備えた実験研究家として活躍したが、惜しくも飛行機事故で急逝した。

ジュレは物質化現象の研究で大きな足跡を残した。国際超常心理現象研究所（パリ）の所長として、エバ・Cやクルスキーを対象に厳密な実験を重ね、多数の写真を交えた詳細な観察記録によって、彼らの物質化現象の真実性を疑問の余地なく立証した。

ジュレは物質化現象は私たちの心に秘められた肉体を自由に支配しうる未知の力が、きわめて特殊な形で働いたときに生じるのだと論じた。死後個性の存続を信じ、霊界との交信の事実も信じていた。

シュレンク・ノッチング男爵
Albert Freiherr Von Schrenck-Notzing

［1862～1929］ドイツの神経科医、性心理学者、催眠術研究家、心霊研究家。20世紀初頭における超心理学研究の開拓者の一人。

瞬間移動（しゅんかんいどう）→遠隔移動→テレポーテイション

超能力の一種で、物体を瞬時に空間移動させたり、あるいは自分自身が瞬時に別の場所に移動すること。

小宇宙（しょううちゅう）

宇宙全体の一部でありながら、それだけで全体の宇宙と類似したもの。

人間自体が、宇宙と同様のまとまりを備えた存在であることから、小宇宙という言葉でよばれることがある。これに対して宇宙全体のことを大宇宙という。

浄化（じょうか）

きれいにすること。清浄にすることであるが、とくに心身の罪やけがれを取り除くこと。社会の悪弊などを除いて、あるべき状態にすることをいう。ストレスや肉体の疲労は、自覚して解消することができるが、邪気や厄といった目に見えない澱みはふだん放置しがち。一日の活動で体内に溜め込んだ疲れや邪気、さまざまな思いを家にもち帰ると、浄化を行っていない部屋は、日々の澱みが充満することになる。突然気がふさいだり、億劫になったり、うつ状態になるなど、さまざまな不具合が生じる。起床後、必ず窓を開け放ち、換気を行う。岩塩・酒風呂で心身の強力浄化。浄化作用が強いセージ、白檀、線香を焚く。ネガティヴな言葉づかいはしない、など、さまざまな厄落とし・邪気払いの方法がある。

松果体（しょうかたい）
Pineal Body

脳の中央線上に位置している小さな内分泌器である。松果腺、上生体ともよばれる。脳内の中央、二つの大脳半球の間に位置し、間脳の一部である二つの視床体が結合する溝にはさみ込まれている。概日リズムを調節するホルモン、メラトニンを分泌することで知られる。

修行によって第三の眼のはたらきをもつともいわれる。

猩々（しょうじょう）

中国の伝説上の架空の動物。また、それを題材にした能楽などの各種芸能の演目になっている。とくに能の演目の一つである五番目物の曲名『猩猩』が有名である。真っ赤な

Column

浄化（じょうか）
To Consecrate Someone's Spirit

日本神霊学研究会道場での浄化・浄霊の様子

「悪霊」に取り憑かれた人は、「悪霊」の感情をまるで自分自身の感情のように感じて、訳もなく悲しくなったり、苦しくなる。

そんなとき、浄化をして苦しみを抱えた霊たちを苦しみから解放する。何らかの助けを借りて「浄化」することで、この先も何百年と苦しみ続ける霊を助けることになる。浄化とは、その人についている霊を説得、または納得する行為が必要となる。そのためには、本人の協力が必要な場合がある。

浄化の方法は人それぞれに違うが、基本は高次の世界と繋がり、相談者に合った対応をして、直接霊と対話をする。そのため、人によって時間がかかることもある。

お祓い・除霊という方法では、マイナスのエネルギーはそのままこの世に残ることになる。

浄化は、マイナスのエネルギーをプラスに変えて、霊界へ導くので、この世に残らないといわれている。

能装束の猩々が、酒に浮かれながら舞い謡う様子から、大酒家や赤色のものをさすこともある。

　また仏教の古典書物や中国の古典書物にも登場する。中国の猩々は、空想的な要素が強く、黄色の毛の色で、豚として伝わっている。日本で定着している猩々の印象とはかなり相違している。

大阪天神祭の御迎え人形「猩々」

小乗仏教（しょうじょうぶっきょう）

　正式には上座部（じょうざぶ）仏教、南方仏教ともいう。

　自己の悟りを重視し、出家して仏の教えを忠実に守り修行する仏教。

　釈迦入滅の100年ほどのち、仏教は法の研究をめぐって20ほどの部派に分かれた。

　その後、大乗仏教が登場、以前の部派仏教を自己の救いしか目指さないと軽んじ、小乗仏教とよんだのに由来する。「乗」は乗り物の意で、小さな乗り物をさす。大乗仏教が中国、韓国、日本に伝わったのに対して、小乗仏教はタイ、スリランカ、ラオスなど南方アジアで信仰されている。

　名称が侮蔑的だとして、現在は上座部仏教とよばれることが多い。

↔大乗仏教

聖刹那神技（しょうせつなしんぎ）

　日本神霊学研究会 初代会長 隈本確教祖によって研究開発された自分一人でもできる浄化法の秘儀の一つ。

　日本神霊学研究会の御守り本尊聖地恩祖主本尊大神（聖なる御魂親様）をまっ白くキラーッと光る聖の文字で自己の胸中に描き、「いらっしゃる」と決定し、一瞬の強い想いで「お願いします!!」と真心で祈り、ごく短時間に体全心身に超神霊エネルギーをいただくことができるとされる祈りの神技。

　自身に取り憑いた霊を浄化し、体の不調の改善、自身の霊格を高めることや精神面の安定をはかることなど、いろいろなことに効果があるとされる。

　刹那は梵語の音訳で、わずかな間という意味。→強制浄霊

象徴主義（しょうちょうしゅぎ）
Symbolism
　サンボリズム。一般的には、19世紀末から20世紀初頭にかけてヨーロッパに起きた、芸術運動をさす。いわゆるリアリズムや自然主義に反発し、心象風景や連想、言葉の隠喩などを用いて内面的な想いや思想を示そうとしたもの。ボードレールやランボー、ベルレーヌ、プルーストといった詩や文学の世界のみならず、音楽、絵画まで広まった。
　心霊学的には象徴的なものによって霊の意思が霊媒に速く伝わること

を意味する。信頼し合うコントロール（支配霊）と霊媒との間には、象徴的な暗号のようなものが交わされることがよくあるという。ただ、象徴として示されたものを誤って受け取ってしまう危険性は残る。

浄土（じょうど）

仏教における概念で、仏陀の住む清浄な国土のこと。清浄で清涼な世界をさす。浄刹（じょうせつ）、浄国、浄界などともいわれる。煩悩に汚染されている穢土（えど）に対する。

日本では「浄土」といえば、とくに阿弥陀仏の極楽浄土のことであると解されるようになった。↓極楽

聖徳太子（しょうとくたいし）↓厩戸皇子

浄土宗（じょうどしゅう）

日本の仏教宗旨の一つ。法然が宗祖。本尊は阿弥陀如来（舟後光立弥陀・舟立阿弥陀）。教義は、一切の行を捨て、「南無阿弥陀仏」のみを唱えることで、極楽浄土への往生を祈る教え。（専修念仏）「他力本願」を説いた。

天台宗の源信が書いた『往生要集』にその原点があるとされる。

浄土真宗（じょうどしんしゅう）浄土真宗本願寺派・真宗大谷派・真宗佛光寺派

鎌倉時代初期の僧である親鸞が、師の法然によって明らかにされた浄土往生を説く真実の教えを継承し、展開した。浄土教の一つで、阿弥陀如来の本願力を「信じる」ことで往生するという「絶対他力」の立場をとる。経典は『観無量寿経』『無量寿経』『阿弥陀経』（浄土三部経）。僧侶に肉食妻帯が許され、無戒であるという点（明治まで、表立って妻帯の許された仏教宗派は真宗のみ）が、他の仏教宗派と最大の違いである。法然の教えにさらに踏み込んで、信心ですら阿弥陀仏より授かったものであり、自力で往生するのではなく、一切の物事を阿弥陀仏にお任せする「絶対他力」を説いた。親鸞の没後に門弟たちが、教団として発展させた。

成仏（じょうぶつ）

仏教用語。無上の悟りを開くこと、死んでこの世に未練を残さず仏となること、または死ぬことをさす。修行者が修行を実践して、仏教の究極の目的である悟りに到達すること。仏陀となること。

日本では俗に死ぬことを成仏ともいう。

「さとりを開いて仏陀になること」ではなく、死後に極楽あるいは天国といった安楽な世界に生まれ変わることをさし、「成仏」ができない、ということは、死後もその人の霊魂が現世をさまよっていることをさしていることがある。

精霊流し（しょうりょうながし）↓

灯篭流し

お盆の15日あるいは16日に、川や海で見られる行事。盆の供え物を流して先祖の霊を送る。蓮の葉に供え物を包んだり、ワラなどで作った精霊船を流したり、灯篭をともして流す地方もある。無数の灯篭の火が水面を彩る長崎市の精霊流しはとくに有名で、過ぎゆく夏の風物詩になっている。

古来、水は霊威あるものとされ、死の穢れを清めて、死霊を他界へ送りとどける力があるとされた。

招霊（しょうれい）→降霊

招霊小屋（しょうれいごや）

Conjuring Lodges

かつてネイティブアメリカンが、霊能現象を起こすことを目的に使用していた小屋。祈祷小屋。

心霊エネルギーを高めるスペースである、キャビネットの役割をはたした小屋ではないかとされる。

書相学→筆跡学

書物試験（しょもつしけん）

Books Tests

霊能力がテレパシーの影響を受けないように考え出された実験方法である。

実験室に立ち会い人と霊媒が入り、多数の本の中から、立ち会い人が書物とページを指示。霊媒が書かれていることを答えるというもの。双方とも未知な外国語で書かれた本が指示されることもあり、実験の成功例は数多くあると報告されている。

初七日法要（しょなのかほうよう）

人が亡くなると49日間は、「中陰」とよび、その期間は死者の魂が成仏せずにさまよっているといわれる。遺族は故人が無事に極楽に行けるよう、身の汚れをとる斎戒などを行うなど、追善供養を行う。とくに最初に訪れるのが初七日法要である。

ただし、浄土真宗では亡くなってすぐに極楽浄土へ行けるとされ、初七日法要は、信仰を深め、故人への感謝の気持ちを伝えるための場としている。

除夜の鐘（じょやのかね）

日本仏教で、年末年始に行われる年中行事の一つで、12月31日の除夜（大晦日の夜）の深夜0時を挟む時間帯に、寺院の梵鐘を撞くこと。除夜の鐘は、多くの寺で１０８回撞かれる。この「１０８」という数は、人間のもっている煩悩の数と同じで、鐘を撞いて煩悩を追い払うといわれている。

また、１年（12カ月）、24節気、72候をすべて足すと「１０８」となることから、除夜の鐘を１０８回撞

くという説もある。

除霊（じょれい） *Exorcism*

人や物に取り憑いたとされる霊を加持祈禱などによって取り除くこと。つまり、「霊」をその人から「除いて」どこかへ追い払うこと。（「九字切り」も除霊の一種）

しかし、除霊され、追い払われた霊は、その苦しみや恨みなどをさらに深め、それを抱えたまま霊界を〝さ迷い〟続ける。

実は、霊は非常に大きな苦しみや悲しみ、抑えきれない憎しみなどのネガティブな感情を抱えて困り果てている。スピリチュアリズムの考えからは、霊魂の気持ちをゆっくりと解きほぐした上で、彼らにその立場を自覚させ、向上の道をさとすことが必要である。

ジョワール教授、ポール・ジョワール *Joire, Prof Paul*

［１８５６〜？］フランスの研究家。心理・生理学研究所の教授や、世界心霊研究協会の会長職に就いた。

とくに専門分野である心霊研究や催眠術の研究が名高い。著書に『心霊現象と超常現象 *Psychical and Supernormal Phenomena*』（１９１６）などがある。

シラー教授、フェルナンド・C・S *Ferdinand Canning Scott Sciller*

［１８６４〜１９３７］イギリスの思想家、哲学者。生涯オックスフォー

Column

シリウス（宇宙種族） *Sirius*

私たちの魂は宇宙が起源で、宇宙から地球へと転生して生きているとする考え方。つまり、この地球上に住んでいる地球人の87％は他の星からやって来たと思われる。銀河宇宙生命体の種族には、「リラ」「ベガ」「シリウス」「プレアデス」「アルクトゥルス」「ゼータ」などがいる。自分の出身星を知ることで、３次元を自由に生きられるようになる。

シリウス星はリラ星系の中でも中心的な存在で、他の星にいくためのターミナルとして、星のゲートウェイの役割を担っている。シリウス人は聡明で、陰も陽の両方を知っていることからさまざまな状態の人たちに対して心を合わせることができる。もともと海とのかかわりが強く、イルカやクジラが大好きな海派の人が多い。動物とのコミュニケーションも得意である。

手先が器用で芸術に優れており、音楽が得意。

ポジティブグループのシリウスＡと、ネガティブグループのシリウスＢがある。また、ほとんどがシリウスＡで、シリウスＢは、政治家や財界のトップ、業界の重鎮などに多い。

ド大学のコープス・クリスティ・カレッジのフェローをつとめる。また、南カリフォルニア大学教授を歴任した。主意説による主観的観念論を説き、人格や人間重視の人本主義を強調する。プラグマティズムの代表者の一人。1914年には、SPR会長をつとめた。

不知火（しらぬい）

熊本県と鹿児島県にまたがる八代海（不知火海）で現れる現象。沖合に「親火」とよばれる火が出現、その後、数を増やし、海面に多数の火が横にならぶ。

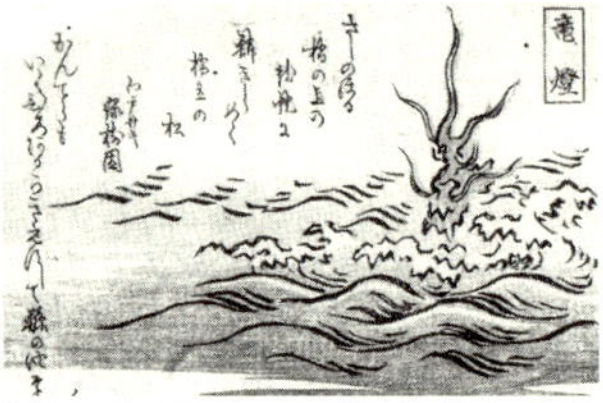

『竜燈』竜斎閑人正澄画「狂歌百物語」より

現代では蜃気楼の一種であり、漁船の漁火などがその光の元であると解明されている。見る者に神秘的な印象を与えるものとして名高い。

江戸時代は『肥後の国名物の不可解な実話』として知られていた。怪火と恐れられ、不知火には近づくことができず、近づくと遠ざかるものとされ、「龍灯」（龍神の灯火）というよび方もされた。不知火が見える日の漁は不吉なので避けたとされている。

死霊（しりょう、しれい）

死者の霊魂。生霊の対語としても使われる

死霊の話は古典文学や民俗資料などに数多く残されており、その振る舞いもさまざまである。『広辞苑』によれば、死霊とは人に取り憑いて祟りをする怨霊のこととされているが、生霊のように人に憑いて苦しめる以外にも、自分を殺した者を追い回したり、死んだ場所をさまよったり、死の直後に親しい者のもとに挨拶に現れたり、さらに親しい者を殺して一緒にあの世へ連れて行こうとする話もある。

磁力計（じりょくけい） *Magnetometer*

磁場の大きさを測定する装置。地磁気や電磁石のつくる磁場などの測定のほか、磁性体の磁化の強さの測定にも用いられる。

シルバーコード→魂の緒（肉体と幽体を連結させる紐）

シルバーバーチ　*Silver Birch*

イギリスの心霊主義専門新聞『サイキック・ニュース』の編集者であったモーリス・バーバネルが霊媒となり、ネイティブ・アメリカンの霊シルバーバーチのメッセージ（霊訓、霊言、霊界通信）を伝えたとされる。交霊は1920年から60年近く続いた。

内容は、霊界でも指導的な立場にある霊団の高級霊の「霊的心理」を語ったもので『シルバーバーチの霊訓』として、現在でも世界中で愛読され、人々に影響を与えている。

シルバーバーチの霊訓（れいくん）

霊界よりシルバーバーチが伝えたメッセージ。内容、質、量ともに他の霊界通信をはるかに凌駕するものとして名高い。地球人類の霊的成長について述べられているのが特徴である。

スピリチュアル界では、シルバーバーチの『霊訓』、モーゼスの『霊訓』、アラン・カルデックの『霊の書』を世界三大霊訓としている。

ジルベルト夫人、マリア *Silbert,Frau Maria*

［?～1936］オーストリアの物理霊媒。テレキネーシス、聖痕現象、アポーツ、入神現象を生起した。両手をテーブルの上に置いたまま、シガレット・ケースに彫刻を施すという霊能現象を起こしたことで知られる。英国心霊科学会、プリンス博士、ジュンナー教授、ベスターマンらによって調査研究されたという。

人格（じんかく） *Personality*

個人としての心理面での特性。人柄。独立した個人としての人間性、または人としての主体をいう。哲学的な概念として日本に導入された言葉である。

発達心理や教育学においては、人間の成長の過程において形成されるとみなされることが多い。

Column

白魔術・黒魔術

おまじないの一つ。16世紀の哲学者、ポルタの書いた書物によると、紀元前6世紀の古代ペルシャには、すでに魔術が存在していたという。人類初の魔術師は、ゾロアスターといわれているが、魔術の発祥は世界各地に伝わっており、真相は定かではない。

アラビア、アフリカ、アジアなど、それぞれがまったくの関連のないまま、別々に魔術が誕生。神や天使、精霊や妖精などの力を借りて行う魔術と、悪魔や悪霊、邪術などの力を借りて行う魔術や妖術があり、前者を白魔術、後者を黒魔術と分けてよぶ。

白魔術は、敵を害し、味方に益をもたらすもの。現代では、恋愛や願望を成就するために使われる。物語の中では、天使の力を借りるもので、天体、動物、鉱物、精霊などの力を借りて行う超自然的なもの。ルネサンス時代の魔術師たちは、自然科学や自然現象、哲学に詳しかった。

黒魔術は、通常、呪術で悪霊の力を借りるなどして行われ、相手を呪う術はすべてこれにあたるとされる。

スピリチュアリズムでは、人間は肉体よりも霊魂によって生かされる存在とみる。その上で、人間を構成する肉体的、精神的な特徴を統括したものが人格である。
これは人と人とを区別できるもので、意識をもち、死後も持続するとされる。したがって、霊魂（人格）の研究は、死後個性の存続証明につながることにほかならない。
肉体に重大なストレスを受けたのを発端として意識の欠如が生じると、二次的人格が入り込む。この現象を、精神科学では二重人格、多重人格としている。
霊能現象の場合は、支配霊は霊媒とは別の霊魂（人格）であり、霊媒と協力して現象を生起させるわけで、二重人格、多重人格とは区別される。

人格転換現象
文字通り、人格が他の人格と入れ替わる現象。二重人格や多重人格などといわれる。他の霊魂が憑依したり、催眠術や霊能現象により、人格が入れ替わる場合がある。
私たちの記憶や意識、知覚やアイデンティティ（自我同一性）は本来一つにまとまっている。
ところが、幼少時に受けた虐待やいじめ、DVなどの心的外傷（トラウマ）によって、本人にとって耐えられない状況を切り離し、思い出せなくすることで心のダメージを回避しようとする自己防衛として、自分とまったく異なる人格が形成されるという。

シンクレア、アプトン
Upton Sinclair
［1878〜1968］アメリカ合衆国の小説家。多くのジャンルでの題材を社会主義者の視点から著し、相当の人気を得た。1906年に出版した『ジャングル（*The Jungle*）』によって、アメリカ精肉産業での実態を告発し、食肉検査法の可決に至った。
妻のメアリーは超常的知覚の霊能者であり、アプトン自身もテレパシーに深い関心をもっていた。著書として『精神放送、それはどのように機能するのか *Mental Radio,Does it Work and How?*』（1930）などがある。

シンクロニシティ *Synchronicity*
「意味のある偶然の一致」のことで、「共時性（きょうじせい）」「同時性」「同時発生」と訳されている。カール・ユングによって提唱された概念。はっきりとした因果関係はないが、何らかの一致する出来事が、離れた場所で、ほぼ同時期に起きることがある。そうした、意味深い偶然の一致のこと。

神経オーラ *Nerve-Aura*
「サイコメトリー」の「発見」で

も知られる医師ジョセフ・ローデス・ブキャナン（*Joseph Rhodes Buchanan*）が、1852年に提唱した。彼は人間の神経系から発出している微細な流体（エマネーション）を「神経オーラ」と名付け、感受性の強い人間はそれを見ることができると考えた。

新月のワーク

毎月一度、「新月の願い」の中で自分が「こうなりたい」と願うことを書き出すワーク。書き出すことで自分の潜在意識に植え付けられ、その願いが叶いやすくなるという。

満月の前後は、月の優しい光には素晴らしい「パワー」がたっぷりと入っていて、五感・直感・霊感の感性を研ぎ澄ませる力を秘めている。また、目には見えないが、この時期に月光浴をすると、月の波動の「浄化パワー」で、心や体の要らないものをふるい落としてくれるといわれている。

信仰（しんこう） *Faith*

神仏のように、自分にとって究極的な価値や意味をもっている対象と全人格的な関係をもち、その対象に無条件に依存し献身する心的態度をいう。宗教的体験や儀礼を繰り返すことによって、しだいに人格の内部

Column

神界（しんかい）

神界（神霊界）とよばれている世界は、「無条件の愛」や「共存・助け・癒し」の想念エネルギーが特徴的な世界といわれている。

そこの住人はとてもフレンドリーであり、人間を遥かに超える高度な霊性をそなえており、人間の何生にもおよぶ情報をも知る存在である。とてつもない神々しいエネルギー・バイブレーションに満ちている。

人間から見れば、まさに圧倒される存在で、このようなエネルギー存在の特徴は「他の魂への霊的サポートを主要なテーマと考えている」といってもよい。

スピリチュアリズムの考えでは、霊界を超えて完全に神界へ到達できた人間の霊魂はいまだなく、人間界のどんな言葉でも説明できないとする。霊界通信による表現から推測すると、神界とは、過去・現在・未来の時空を超えた世界であり、自由でありながら秩序だった理想郷であるという。

に一定の心的態度が信仰として形成される。

信仰治療

信仰を前提とし、信仰の力によって病気を治すこと。神聖な水など特定の物がかかわる場合と、祈りによるもの、教祖など人間による治療の場合などがある。

信仰復興→リバイバル

真言（しんごん）

サンスクリット語のマントラの訳語。密教における、仏の真実の言葉、真理を表す秘密の言葉。本来、人間の言葉で表現できるものではなく、方便として借りた言葉とする。

呪術的な言葉で、浄土真宗を除いた大乗仏教の多くの宗派で用いられる。呪（じゅ）、陀羅尼（だらに）、明（みょう）ともよばれる。→真言宗

真言宗（しんごんしゅう）

平安時代、唐に渡った空海が青竜寺の僧・恵果より大乗仏教の中の密教を学び、これを日本に伝えて、真言宗として宗派を開いた。

大日如来を本尊に、身口意（しんくい）の三密の力で即身成仏を願う。空海は、「真言は不思議なもの。本尊を観想して唱えることで、無知の闇がひらかれ、そのままの身で真理を悟る」と記している。

真言宗は高野山真言宗のほか、現在およそ30派に分かれている。

新樹（しんじゅ）

『霊界通信　新樹の通信』の主人公の名前、浅野新樹氏。彼は、日本スピリチュアリストの草分け的存在の浅野和三郎とその妻多慶子夫人の二男として明治23年（1890年）に生まれ、人生これからという昭和4年2月28日に病気で急逝した。死後百か日後、浅野新樹氏は母親の多慶子夫人を霊媒として通信を行った、その記録である。

親より先に旅立って、無念の思いで、何とか父親の研究の役に立ちたいと霊界のことを伝えている。自分の死後の幽界の世界を伝え、守護霊と会ったこと、乃木希典将軍の霊と出会った様子などを語っている。和三郎はこの通信を本にするにあたって、あの世に居るはずの新樹氏にも序文を書かせた。驚くことに、新樹氏は、「お父上の指示を快諾」して序文を書き送ってきている。

神人同形説（しんじんどうけいせつ）

宗教上の擬人観の一つ。信仰の対象である神に、人間のもっている形姿・性質を投影する擬人的な考え方。たとえば、古代ギリシアの神々が、人間と同様に喜怒哀楽の感情をもつとされたことなど。人形神観。

神人同根説（しんじんどうこんせつ）

日本古来の思想。神道の中に「人は祖にもとづき、祖は神にもとづく」という言葉がある。

私たちの祖先を辿っていくと、す

べて大いなる神（スピリチュアリズムでいう大霊）に通じているという考え方。逆に考えると、生きている私たちすべての人は神の子ということになる。そして私たちは分離された存在ではなく、すべてが一つにつながっているということを示している。

人生の意義（じんせいのいぎ）

人生の意味、生きる意味のこと。

人生において目的や意味とはあるのか、それはいかなるものなのかという問いである。一般的に日本語表現では「人生の生きがい」という表現のほうが定着している。

経済的・物質的に豊かな国の人々ほど、ひどい「空虚感」や「心のむなしさ」にさいなまれている人の数が増える傾向にある。アブラハム・マズローは人間は基本的欲求のすべてを満たして、ようやく「自己実現の欲求」といった高次欲求にかられ始める、といっている。つまり「豊かな社会」は基本的欲求を満たしやすい社会なので、高次の欲求が発現しやすく、それが満たされないと苦しみにさいなまれやすいという面がある、というわけである。

スピリチュアルな面では、自己霊魂（自我霊）の進歩・向上のために努力することに要約されると、高級の霊界人によって伝えられている。

人体移動現象（じんたいいどうげんしょう）↓トランスポーテイション

Column

新宗教（しんしゅうきょう）
New religious movement

伝統の宗教と比べて、比較的成立時期が新しい宗教のこと。国によってその意味や捉え方は異なる。アメリカでは、19世紀に基礎を確立した宗教をさす場合が多い。ヨーロッパでは1960年代以降に発展した宗教を新宗教とよんでいる。また、カルトは、反社会的な団体をさす。

日本では、幕末・明治維新による近代化以後から近年にわたり、明治・大正・昭和・平成期にかけて創始された比較的新しい宗教のことをさしている。中には江戸時代に起源をもつところもある。

現在、一定規模で宗教活動を行っている新宗教の教団は、350～400教団ほど。新宗教の信者は、日本人のおよそ1割を占めると推定される。新宗教は、平和運動や福祉、ボランティア活動とかかわるのに重要な役割を果たしている。

身体魂（しんたいこん）→身体霊

人体の構造（じんたいのこうぞう）

人間は肉体と心から成り立っている。目に見える「肉体」と、その肉体に浸透するように「幽体」「霊体」という別の身体が重なって構成されている。この超物質体は人間が地上生活をしているあいだ、睡眠中などに肉体を離れることがあっても、肉体と霊体はシルバーコードという銀色の帯で結ばれている。シルバーコードには不思議な性質があって、どこまでも無限に伸びることができるという。睡眠中に肉体を離れた霊体は、無限に伸びるシルバーコードで肉体につながれた状態で、あの世を見に行くこともある。

人体放射線（じんたいほうしゃせん）
Human Radiations

人体からは、非常にわずかだがエマネーション（放射性希ガス元素）のようなものが放射されているという。エクトプラズムもこれによって説明できるとする。

身体霊（しんたいれい）
Korperseele

身体魂。ドイツの哲学者、心理学者のヴントによれば、身体の一部あるいは全身と結びついた魂（霊魂）のことで、原始的な霊魂の概念とする。（ヴント著『民族心理学』全10巻）古く民間にも伝承されてきた、生者の身体の全身、臓器、あるいは毛髪や爪に不思議な力が宿っているとする考えは、この身体霊の定義によれば頷ける要素がある。

診断（しんだん）

心霊治療を施す者が、治療能力と併せてもっている能力。

スピリチュアリズムでは、これらの診断はオーラや透視による診断などで、霊界にいる医師の協力があって可能となるという。

診断が現界の医療診断とは一致しないこともある。

神智学（しんちがく） *Theosophy*

語源的にはギリシア語の神 *theos* と知恵 *sophia* から成り、異常な神秘的体験や特別な啓示によって、通常の信仰や推論では知りえない神の内奥の本質や行為についての知識をもつという哲学的、宗教的思想の総称。セオゾフィー、霊智学ともいう。

神智学協会は、ヘンリー・スティール・オルコット、ヘレナ・P・ブラヴァツキー、ウィリアム・クアン・ジャッジらが、1875年にアメリカのニューヨークで結成された。

人智学（じんちがく）

Anthroposophy

「人間の叡智」を意味する。オーストリアの哲学者・神秘思想家のルドルフ・シュタイナーが自身の思想をさして使った言葉として有名である。彼によって創設された、霊的な世界観・人間観とその実践の総体をさす。

神社仏閣（じんじゃぶっかく）

神社と寺。仏閣は寺の異称。つまり、神様を祀っている建物と仏様を祀っている建物という意味。

伸長・縮小現象（しんちょう・しゅくしょうげんしょう） *Elongation and Shortening*

特定の霊媒にのみ生起する、身長が伸びる現象と縮む現象。

神通力（じんつうりき）

人間の思慮でははかれない、超人的な不思議な霊妙自在の力のこと。

神通力には、①生まれながらにもっている＝生得のもの②禅定を修めて得る＝修得するもの③薬の力や呪文の力によるものなどがあり、薬や呪文を使って神通力を得るのは、仙人や婆羅門とされている。

元来は仏教の「六神通（ろくじんつう）」のことをさす。

①神足通（縮地ともよばれる超スピードでの移動能力）②天耳通（地

Column

神人合一（しんじんごういつ）
At-One-Ment

人間は神の属性をもちあわせており、その霊は神になる、または宇宙と一体になるという考え方。

死後個性存続の考えでは、魂を磨き神に近づいたとしても、あくまでも人で神にはなれないとする。

神霊学では、人の本体は魂であり、人間には神性が備わっている。すべての人が神から与えられた魂、神の分けみ魂（たま）をいただいた神の子だから、それぞれの魂は神そのものの神性をもっているとする。

つまり、神の分けみ魂（たま）の容れ物であり、人は魂がとどまる器、本来は霊子（ひと）であり、神様そのものの神性の器である。人というものは男も女も神の分けみ魂（たま）をいただいているのだから、相手を尊敬し合わなければならない。男も女も平等なのだというのが、神人合一（神人一体）の教えから発生してくる原理である。

また、自然と人とは常に一体のものであり、自然がなくなったら人は生きていけない。自然すべてに神が宿り、自然と共に人は生きていくものであるという自人一体という教えもある。

獄耳）③他心通（相手の心を読み取る能力）④宿命通（自分の前世を知る能力）⑤天眼通（他人の前世を知る能力）⑥漏尽通（輪廻の輪から抜け出したことを知る能力）

神道（しんとう）

惟神道（かんながらのみち）ともいう。日本固有の民族信仰。山や川などの自然や自然現象、また神話に残る祖霊たる神、死んだ者などを敬い、それらに八百万の神を見いだす。自然と神とは一体として認識され、神と人間とを取り結ぶ具体的作法が祭祀である。その祭祀を行う場所が神社であり、聖域となっている。

振動→バイブレーション

神道の四魂説（しんとうのしこんせつ）

一霊四魂（いちれいしこん）。心は、天と繋がる一霊「直霊」（なおひ）と四つの魂から成り立つという日本神道の思想である。

神や人には荒魂（あらみたま）・和魂（にぎみたま）・幸魂（さきみたま、さちみたま）・奇魂（くしみたま）の四つの魂があり、それら四つの魂を直霊という一つの霊がコントロールしているというものである。

神秘主義（しんぴしゅぎ）

Mysticism

神、最高実在、宇宙の根本理法など、それぞれの究極的・絶対的なるものへ自己が直接に合一・透入する体験を「神秘体験」という。この神秘体験に至上の救済価値を認め、これを中心として独特の思想や行動を展開させる宗教の体系ないし形態を「神秘主義」という。

神仏混淆（しんぶつこんこう）

神仏習合のこと。日本古来の神道と外来宗教である仏教とを結びつけ、一つになった信仰のこと。すでに奈良時代から寺院に神が祀られたり、神社に神宮寺が建てられたりした。平安時代頃からは本格的な本地垂迹（ほんじすいじゃく）説が流行し、中世になって両部神道などが成立した。本地垂迹説→両部神道

真如苑（しんにょえん）

東京都立川市に総本部を置く、仏教（真言宗）系新宗教。真如苑では、自らの特色として「出家仏教の修行を基盤とする在家仏教教団」としている。戦後の1948年、真言宗から独立し、「まこと教団」と称していた。1951年に大般涅槃経を所依の経典とし「真如苑」と改称。1953年、宗教法人として認証を受けた。信者数927、405（平成27年12月31日の統計）

新聞試験（しんぶんしけん）

Newspaper Tests

霊界通信が立ち会い人（実験者）などのテレパシーに影響を受けないようにするための試験。同様の目的の書物試験とともに、トーマス卿が

考案した。両試験とも亡父の霊魂の協力があったという。

例として、まだ印刷もされていない近い将来に発刊される新聞・雑誌のコラムの日付を示しておく方法がある。1920年のイギリスの霊媒レナード夫人による新聞試験は成功例として知られている。

神名符（しんみょうふ）

日神会の守護神である聖の神（聖なる御魂親様）は、信徒に広く親しまれている通称であり、正式の御名は「聖地恩祖主本尊大神」（せいじおんそすほんぞんおおかみ）という。神名符は、これを正しく覚えておくために御名を記したお札である。

神明社（しんめいしゃ）

天照大神あるいは、伊勢神宮の内宮・外宮の両宮または一方の宮をまつる神社。

中世以降、伊勢信仰が広まり、各地にあった神宮神領を拠点に数多くの分祀社が建てられ、これを神明社、神明神社とよんだ。神明宮、天祖神社、皇大神宮も同じ。↓伊勢神宮

新モーター　*New Moter*

スピア*John Murray Spear*［1804～1887］はアメリカ人のスピリチュアリストの牧師である。彼は「新モーター」とよばれる自己出力のモーターを2000ドルかけてマサチューセッツ州リンに建設した。しかし思ったような効果が得られなかった

神癒（しんゆ）　*Divine Healing*

神・仏の力により、按手、また祈りの中で病気が癒されること。ホーリネス系や聖霊派などでは今日でも、神の力により神癒が行われると信じられている。

神来（しんらい）

神が乗り移ったかのように、突然、霊妙な感興を得ること。インスピレーション。

芸術、発明、発見など、価値の高い飛躍的な内容のヒントが与えられたり、思わぬ解決策が見つかったりするもので、高級霊からもたらされるといわれる。

親鸞（しんらん）

［1173～1262］鎌倉時代前半から中期にかけての日本の僧。

親鸞の晩年を描いた「安城御影」（鎌倉時代）

浄土真宗の宗祖。法然を師と仰ぎ、生涯にわたり、「法然によって明ら

かにされた浄土往生を説く真実の教え」を継承して、さらに高めていった。独自の寺院をもつことはせず、各地に簡素な念仏道場を設けて教化する形をとる。親鸞の念仏集団の隆盛が、既成の仏教教団や浄土宗他派からの攻撃を受ける中で、宗派としての教義の相違が明確となり、親鸞の没後に宗旨として確立される。↓浄土真宗

心理学（しんりがく） *Psychology*

ギリシア語のプシケ（心、心霊）とロゴス（論理、言葉）からなる。心の動きと行動について、科学的な手法によって研究する学問である。

行動主義のように行動や認知を客観的に観察しようとするものと、一方で、主観的な内面的な経験を理論的な基礎におくものとがある。起源は哲学をルーツとしているが、近代では、ドイツのヴィルヘルム・ヴントが「実験心理学の父」とよばれ、アメリカのウィリアム・ジェームズも「心理学の父」とよばれる。21世紀初頭において、認知的な心的過程に関心を向けた認知心理学が支配的になっている。

心理的心霊現象→主観的心霊現象、精神的心霊現象

人流体（じんりゅうたい） *Anthropoflux*

人体から放出される放射線。エマネーション（放射線、放射体）をさす。チューリッヒの技師ミュラーが研究・発見したもので、電気抵抗を減少させるという。

チューリッヒのファルニー教授がミュラーの研究を評価して名づけた。

心霊（しんれい） *Psyche*

「神霊」とも書き、サブカルチャーの世界では、超常現象あるいは超能力の意味として用いられる。

肉体を離れても存在し、超現実的、超常的なはたらきをする心、魂、霊魂のこと。サブカルチャーの世界では超能力や超常現象を現すものを意味する。心とは、知識や感情、意志など精神世界の意識の働きの総称ともいえる。

公益財団法人 日本心霊科学協会によると、心霊とは一般に「精神的心霊現象や物理的心霊現象を引き起こすものと考えられる心（念力）や霊」であり、さらに心の深部の霊魂、霊性、スピリチュアルなものとしている。

ギリシア語のサイキーは魂、精神の意味。

日本神霊学研究会では、死者の霊魂（心霊）を越えた、神の領域に含まれる魂の存在、神秘のエネルギーを「神霊」としてよび分けている。

心霊医学（しんれいいがく） *Psychic Medicine*

人間は物質的肉体のほかに幽体

（霊魂）という存在と一体をなして構成されている。現代医学は、幽体の面からの研究が見落とされてきた。

心霊医学は、物質的医学と心霊科学にもとづいた生理学、病理学などの研究成果によってなされる総合的医学体系と定義されている。

心霊音（しんれいおん） *Psychic Sounds*

心霊音は、叩音、直接談話、直接音楽（奏楽）などの現象をいう。また、機械などがないにもかかわらず発生する音、チェーンの音、刃のぶつかる音、馬の足音など、その音の発生源がないにもかかわらず、生起される音をさす。

心霊絵画現象（しんれいかいがげんしょう） *Psychic painting*

主観的心霊現象の自動絵画、霊視絵画、物理的心霊現象である直接絵画などを総じて心霊絵画現象とよんでいる。

心霊科学（しんれいかがく） *Psychic Science*

心霊現象や超常現象が事実として存在することを科学的に立証しようという学問。

そのためには科学的な実践方法が採用され、詐術や偽物をいかに排除するかも重要視している。

心霊を科学的に研究する組織としては、英国心霊研究協会SPR、米国心霊研究協会ASPRはじめ、さまざまな団体があり、活動を続けている。

心霊科学研究会（しんれいかがくけんきゅうかい）

1923年（大正12年）3月に浅野和三郎によって東京本郷に設立された心霊研究団体。

設立趣意として、①心霊現象の科学的研究 ②科学界の大革命と心霊問題 ③心霊論者の主張 ④欧米におけるところの心霊現象 ⑤心霊科学研究会の設置の急務及びその事業が掲げられている。

心霊隔動（しんれいかくどう）→サイコキネーシス

心霊研究（しんれいけんきゅう） *Psychic Research*

人間が生起する超常現象、これまでの科学で認めていない、さまざまな心霊現象についての、科学的な見解による研究。メタサイキックス、パラサイキックスともよばれる。

現代ではパラサイキックスを使用することが多い。

心霊現象や超常現象という特殊性から、研究者によって目的や姿勢はさまざまである。いずれにしても、事例の収集や、科学的に裏付けされた実験が不可欠となる。

心霊研究会（しんれいけんきゅうかい） *College of Psychic Studies*

ロンドン・スピリチュアリスト連

合会として1884年に設立され、1955に現名称に改められた。非宗教団体、無派閥組織で、心霊現象の調査・研究・分類などを目的に活動している。

心霊現象（しんれいげんしょう）

Psychic Phenomena

超常現象の中で、とりわけ霊魂（心霊）の働きによって起きたと推測されるものをいう。これまでの自然科学の法則、あるいは感覚（五感）などによって理解できないような現象をさす場合が多い。

心霊光（しんれいこう）→発光現象

心霊写真（しんれいしゃしん）

Psychic Photography

肉眼には見ることのできない（映らない）死者の姿や、死者からの通信文などの写真。人為的な操作によらないで、霊界に意志をゆだねて撮影されたものである。

心霊臭現象（しんれいしゅうげんしょう） *Psychic Smells*

超常現象の一つ。

繊細な花の香りから悪臭まで、あらゆる種類のものが生起される現象のこと。

神霊主義（しんれいしゅぎ）→スピリチュアリズム

心霊手術（しんれいしゅじゅつ）

Spirit Operation

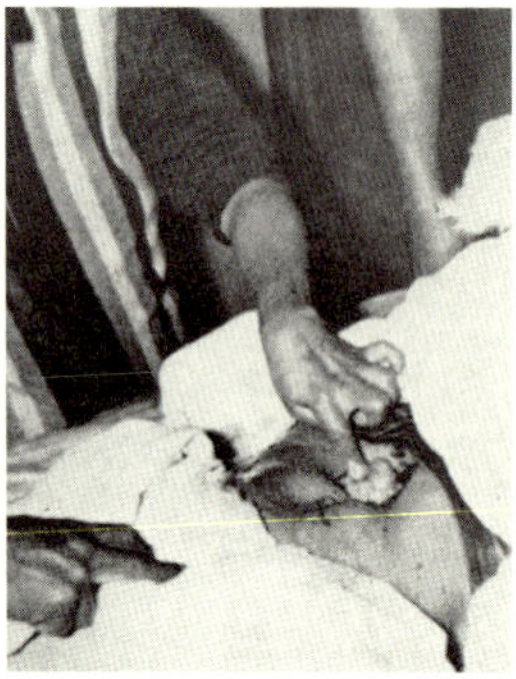

フィリピンで行われた心霊手術。術者が素手で患部を取り出すところ

東南アジアや南米の一部地域で行われている方法で、器具を使用せず、ヒーラーが素手や簡単な道具だけで、神秘的な力を使い体内から罹患部位のみを取り出すという。

このような外科手術をし、患部を取り除いて病気を治すという。この驚異的な現象は、すべて霊界のスピリット（霊医）によって演出される。

心霊手術ではヒーラーはたいていトランス状態に入り、霊界の医者たち（霊医団）の支配下に置かれる。そして霊医のロボット（道具）として、手術を行うことになる。

心霊術（しんれいじゅつ）

Spiritism

心霊現象を起こすような術という意味。

スピリチュアルの世界では、心霊現象を自然現象の一つと定義しており、この言葉を用いることはない。

心霊杖（しんれいじょう） *Psychic Rods*

エクトプラズムで出現した杖または梃（てこ）のこと。伸び縮みしたり、先端で物をつかんだり、弾力をもったり、目的に合わせて変化する特徴をもつ。

交霊実験で、物体を動かしたり、叩音を起こしたりするときに使用される。

心霊書家（しんれいしょか）
Pneumatographers

筆記用具などに触れることなく、文字が書かれる直接書記現象を起こす霊媒のこと。

たとえば物質化した手が出現して筆記用具をもって文字をつづる、鉛筆のみが動いて文字をつづるなどの直接書記現象が報告されている。

神霊書写器（しんれいしょしゃき）
Psychograph

物理的心霊現象を実験する装置。アルファベットの文字盤と、その上部の円板からなり、円板に霊媒が指を乗せて行う。

アメリカのペンシルヴァニア大学の科学者で心霊を否定する立場で研究を行った、ロバート・ヘア教授［1781～1858］が考案した実験装置を改良したものとされる。

ヘア教授は実験の結果、神霊の存在を認める立場になった人物。

心霊相談（しんれいそうだん）

さまざまな心霊現象を通じて答えを導きだす人生相談のこと。霊媒が招霊しての霊界通信が大きな役割を果たしている。

このため心霊相談には霊媒のほか、現れた霊の真偽を判断する審判員（審神者（さにわ））の参加が欠かせない。

心霊治療（しんれいちりょう）
Psychic Healing

スピリチュアリズムによる治癒を意味するもの。人間に備わっている自然治癒力に、さらに霊能者による磁力的なはたらきによって患者を治療すること。

心霊治療家（しんれいちりょうか）
Psychic Heale

心霊治療にたずさわる人。

心霊テレビジョン→電話透視

心霊電話（しんれいでんわ）
Psychic Terephone

イギリスのメルトン、E・Rが発明した装置。イヤホーンがついた無線装置とゴム製の袋からできている。この袋に霊媒が息を吹き込んで膨らませておく。この袋が霊媒の代わりになって、直接話ができるというが、現実には評価されなかった。

心霊と人生（しんれいとじんせい）

心霊科学研究会の公式機関紙。大正13年2月大阪で『心霊界』が発刊され、大正14年7月に東京で個人雑誌として『心霊と人生』が誕生した。「心霊とはいかなるものであるかを研究し、さらに、それが私たちの人生にいかなる影響を及ぼしているかを明らかにしよう」（浅野和三郎）という目的が誌名に込められている。その後、個人雑誌という名称を外し、同会の正式機関誌となった。

心霊捺印現象（しんれいなついんげんしょう） *Psychic Imprints*

成形現象の一型で、パラフィン、粘土など可塑性のある物質、煤や化学物質を使って、霊魂の指紋を取る現象のこと。

心霊美術現象（しんれいびじゅつげんしょう） *Psychic Art*

霊媒の意志とはかかわりなく霊的衝動を受けて描かれた自動線画や自動絵画、霊視画。または、霊媒の手をまったく借りずに描かれる物理的心霊現象である、直接線画、直接絵画など。心霊現象による美術を総合して心霊美術現象とよばれる。

心霊風（しんれいふう）→微風現象

神霊伏拝（しんれいふくはい）

伏拝とは、その字のごとくひれ伏し拝むこと。日神会の守護神・聖の神（聖なる御魂親様）に対して偽りない謙虚な心で向き合う祈りの姿勢を表した言葉である。

心霊芳香現象（しんれいほうこうげんしょう） *Psychic Perfumes*

芳香現象とは、心霊現象の一種類。誰もいないのに良い香りがする場合、これはその香りを嗅ぎ取った人物の周りの霊が、その香りを漂わせている。つまり霊界の霊が、その香りをつくり、地上の人の臭覚に認識されるようにしているのである。

これはいわゆる物理的心霊現象の一つで、霊的エネルギーで音を立てるラップと同じ現象とされている。実際に霊を目で確認できない人でも、芳香現象を感じ取ることができることがある。

かつてモーゼス師は、交霊会の終了近くになると、彼の頭部から香気が発せられたという。

心霊力（しんれいりょく） *Psychic Power and Force*

心霊がかかわる力、およぼすエネルギー。

心霊力のうち、サイキックパワーとは心霊が及ぼす力や霊能力全般を意味する。現象からいえば、精神的心霊現象と物理的心霊現象双方が含まれる。

心霊力のうちのサイキックフォースとは、物理的心霊現象を起こすさいに手にかすかに感じる冷風のほか、指先に感じるヒリヒリした感覚、体を気が流れる感じ、体の一部、とくに背腰部に感じる蜘蛛の巣に触れているような感覚を起こす力があげられる。

親和性（しんわせい） *Affinities*

一般的な意味での親和性とは、調和する、よくなじむ、溶け込む、同化するということであり、違和感がなくお互いにうまく溶け込んでいること。霊的には、人間の生まれ変わりに関して使われる。つまり、あなたの前世は〇〇だったというような場合である。一度死んで現界に生まれ変わったとして、その生まれ変わる以前の人間の運命や性格、能力など共通点が多い場合、その過去の人（あるいは動物など）と現界に生まれ変わった人とは「親和性がある」というように使われる。わかりやすくいえば、前世が動物のカメだったとして、どおりで行動が鈍いというような場合である。

　神霊学的には人間は死後、肉体は消滅し、霊魂は霊界で永遠の修行生活に入るので、この世（現界）に生まれ変わることはありえない。

親和の法則（しんわのほうそく）→**牽引の法則**

す

水晶球凝視（すいしょうきゅうぎょうし）

Crsytalgazing,Scrying,Crystal-Ball gazing,Crystal Vision,Crystalomancy

　水晶球を使って相談者の未来を読み取る占いのことで、古くから行われている。水晶球は、できれば直径10センチ以上、球形で天然・透明のものがよい。

　占う方法は2種類ある。一般的には、水晶球に手をかざし、占いたいものを思い浮かべながら気持ちを集中させる。心に雑念がない状態で一点を凝視していると、だんだんぼやけてきて、何かが水晶に浮かんでくるのがわかる。中に映った絵や記号、陰影などから相談者の運勢を占うという方法。

　もう一つの方法は、水晶球に映し出される相談者の未来や過去の姿や心の中を表す映像や、離れたある場所などが映し出され、これらの映像が暗示に導びいてくれるというもの。水晶玉で透視をする技法の一つで、「スクライイング」という。

水脈探知（すいみゃくたんち）

Water Divining

　水脈探知霊媒によって水脈を探し当てる方法である。日本では弘法大師が独鈷（とっこ）を使って温泉を掘り当てたといわれる。また、占卜棒というV字型の長さ15～20センチの樹の枝などを用いた。

　西洋では探鉱のために活用されたが、16世紀末ごろセント・テレサ女子修道院の境内の井戸を掘るために採用され、その後もフランス、イギリスなどで数多く成功の記録がある。

睡眠状態（すいみんじょうたい）

Sleep State

　睡眠は生理的な原因によって、周期的に起こる無意識の状態のことで、規則正しく摂ることができる。基本的には毎日7時間から8時間ほどの睡眠を摂ることになる。

人間の実体は、霊（魂）であるとの考え（肉体→幽体→霊体）により成っている。幽体は肉体を繋いでいる命綱と連結されている。

手術の麻酔や催眠術などで眠っている場合も睡眠だと思われるが、このような眠り方は人為的なもので、睡眠とはいえない。麻酔による眠りは刺激を与えても反応しないし、催眠術の場合は寝ている間に動き回ることもある。したがって、これらは自然な睡眠ということではない。

また目を閉じて寝たふりをしているだけの状態も、意識がある状態なので、睡眠とはいえない。

スウェーデンボルグ、エマヌエル

Emanuel Swedenborg

［1688〜1772］スウェーデン王国出身の科学者・神学者・神秘主義思想家。貴族に叙されてから改姓し、スヴェーデンボーリとも表記される。

57歳頃から、霊的体験が始まり、以後心霊分野の研究に取り組んだ。生きながらに霊界を見てきた彼は、「神は存在する。死後も存在する。地獄天国も存在する」と、霊的体験にもとづき『天国と地獄』『神愛と神智』など多くの著作物を出版した。

崇教真光（すうきょうまひかり）

本部は岐阜県高山市。世界真光文明教団の教祖岡田光玉（本名・岡田良一）の養女岡田恵珠が後継者争いから1978年に分派独立した。現在は岡田光央（本名・手島泰六）が教祖（教え主）。

「崇教」とは、医学、科学、経済学などを含む、過去の宗教を超えた人類教である。教団の教義によれば、この世の人間のあらゆる不幸現象のうち、80％は霊魂の憑依によるものとしている。初級研修を終えた信徒が行う真光の業、手かざしによって霊魂を浄めることで不幸現象を少なくできるという。

崇敬の念（すうけいのねん）

あがめうやまうこと。宗教で、創造主に対して、人が畏敬、または敬意のこもった恐れの念をもって奉じ、感動して崇拝すること。

神への恐れの中には、「畏敬の念」と「崇敬の念」が含まれている。スピリチュアリズムの場合、神は頭で理解して信じ込むものではない。そのため、人間が極端に自分を卑下したり、畏怖の念で神をあがめることは必要ないとしている。

菅原道真（すがわらのみちざね／みちまさ／どうしん）

［845〜903］日本の平安時代

の貴族。幼少の頃より、詩歌の才にすぐれていた。学者の最高位、文章博士。漢詩人、政治家。菅原是善の三男。右大臣。太政大臣。従二位。大宰権帥。菅公といわれる。
忠臣として名高い。宇多天皇に重用されて寛平の治を支えた。
醍醐朝では右大臣にまで昇ったが、藤原時平のざん言により失脚。大宰府に左遷され現地で没した。編書『日本三代実録』『類聚国史』、詩文書『菅家文草』『菅家後集』がある。

死後天変地異が多発したことから、朝廷に祟りをなしたとされ、天満天神として祀られ、信仰の対象となる。現在は学問の神として親しまれる。

スキャッチャード嬢、フェリシア

Column

聖痕現象（スティグマティクス）
Stigmata

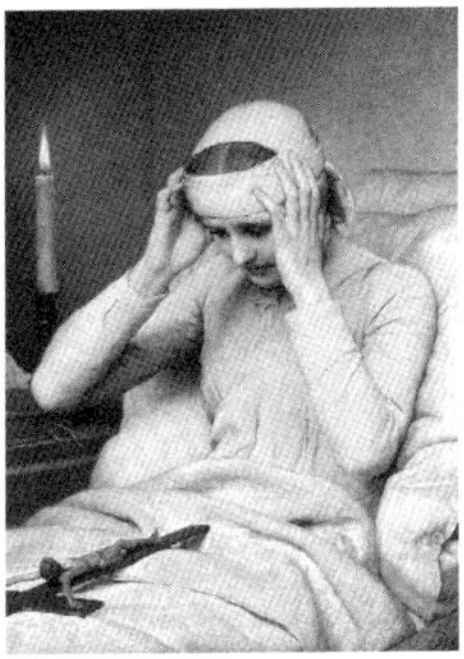

『法悦の乙女 カタリナ・エンメリック』（ガブリエル・フォン・マックス画）。全身に聖痕を受けた修道女アンナ・カタリナ・エンメリックを描いた

二千年前、イエスは鞭で打たれた後、十字架を背負って刑場に向かった。茨の冠を被せられ、十字架に両手と両足を釘で打ち付けられた。

最後にわき腹をヤリで突かれ、大量出血して死亡した。そのときのイエスの受難の苦しみ・痛みの痕跡が、時代をこえて、信仰心の篤いキリスト教徒の背中・顔・手のひら・足・わき腹などに現れ、これを聖痕現象とよぶ。

罪をきせられたイエスが受けたのと同じ個所に同じ十字架のクギの跡や、ヤリで突かれた跡が出現し、時にはそこから血が流れ出ることもあるという。

この聖痕現象は、その人間の信仰心の深さを示すものとして尊敬の対象となってきた。

こうした現象の大半は本人の純粋で強烈な霊的意識が、霊体に変化を引き起こし、それが肉体にまで現れるようになったものとされる。「聖痕現象」もそれと同じような自己暗示のプロセスによって発生したものといえよう。

（フェリシア・スキァッチャード）
［1862〜1927］イギリスの女流心霊研究者。作家。博愛主義者。快活で博識で無類の座談家であった。生前『評論之評論』主筆だったイギリスのジャーナリスト・編集責任者ウィリアム・トーマス・ステッド氏の知遇を受けていた。ステッド氏に協力し、心霊写真について研究を重ねていた。タイタニック号事件でステッドは亡くなったが、スキャッチャード嬢はしばしばステッドの霊魂から通信を受けていた。
リート夫人の交霊会に参加して得た地震現象についての記録は、有名である。

スクリプトグラフ　*Scriptgraph*
故人からの手書きによる通信のことで、生前の書体でつづられていることがある。普通の写真のように、露光させなくてもフィルム上（写真乾板）に文字が現れる。

スコット嬢→リッチモンド夫人

スコトグラフ　*Skotograph, Scotograph*
未撮影の写真乾板に霊による自動書記が現れる現象。サイコグラフ、暗中写真ともよばれる。
この現象に関して、1910年にイギリスの心霊研究家であるトーマス・コリーが、医師で霊媒のフーパー博士による実験を行った。写真機に霊媒が触れない条件で実験した結果、5枚の感光版に、英語、ラテン語、古代ギリシア語、アラビア語、ヘブライ語、フランス語、イタリア語などが書かれ、書体の大きさも筆跡もさまざまであったという。
スコトグラフの名は、心霊写真の研究を続け、イギリスの霊能者ウイリアム・ステッドに協力していた作家のフェリシティ・スキャッチャーが名づけた。

素戔嗚尊（須佐之男命　すさのおのみこと）
日本神話の神。『日本書紀』では「素戔男尊」、古事記では「建速須佐之男命（タケハヤスサノオノミコト）」、『出雲国風土記』では「須佐能乎命」と表記に違いが見られる。
伊奘諾尊（いざなぎのみこと）・伊奘冉尊（いざなみのみこと）の子。伊耶那岐（イザナギ）が黄泉の国の穢れを落とすために禊（みそぎ）を行った際、鼻を濯いだ時に生まれた。天照大神（あまてらすおおみかみ）の弟。

『須佐之男命』歌川国芳作

多くの乱暴を行ったため、天照大神が怒って天の岩屋にこもり、高天原から追放された。出雲に降り、八岐大蛇（やまたのおろち）を退治し、奇稲田姫（くしなだひめ）を救い、大蛇の尾から得た天叢雲剣（あまのむらくものつるぎ）を天照大神に献上した。それが古代天皇の権威である三種の神器の一つとなる（現在は、愛知県名古屋市の熱田神宮の御神体となっている）。

スタッフォード、ハムナー
Stafford,Humnur

多種の心霊現象を起こしたことで知られるデスペラント夫人のコントロールの一人。

病気の診断や治療方法を教え、さまざまな質問に答えた。スタッフォード自身が知らない分野の質問に対しては、その専門知識をもったほかの霊の力を借りることもあったという。

スタンスのポルターガイスト現象
Poltergeist Disturbance at Stans

１８６０年から2年間、スイス・ルツェルン湖畔スタンスで見られたポルターガイスト現象。

スタンスに住む法律家ジョラー（*Joller*）の家で、幽霊が出現したり、直接談話現象などの現象が起こった。その現象は、だんだんエスカレートしてきたため、家族はついに引っ越さざるをえなくなったという。

ズッカリーニ、アメデー
Zuccarini,Amedee

生年不詳。空中浮遊の写真が残されていることで知られるイタリアの霊媒。

体や物が空中に浮きあがる浮揚現象は、11世紀のチベット仏教の修行僧ミラレパ、16世紀のスペインのカトリックの聖人・アビラの聖テレサ、17世紀のイタリアのカトリック聖人・クペルチノの聖ヨセフなどが伝えられている。近年では、１９８７年生まれのイタリアのピオ神父の空中浮揚が動画に撮られ話題となった。

スティーヴンソン博士、イアン
Ian Stevenson

［１９１８〜２００７］「生まれ変わり現象」の研究者。１９６０年代にアメリカ、ヴァージニア大学精神科の主任教授のときに、「前世の記憶をもつとされる子どもたち」が世界中に存在することを知り、「生まれ変わり」現象について研究を行う。短期間のうちに二十数例を発見し、１９８７年に最初の著書『前世を記憶する子供たち』を出版。その後、彼の研究グループは、東南アジアを中心に、前世の記憶をもつとされる子どもたちの事例を２３００例ほど集めている。

月刊科学雑誌では最古の歴史を誇る『神経・精神病学雑誌 *Journal of*

『Nervous and Mental Disease』に掲載され、特集が組まれた。その結果、スティーヴンソン宛に世界中の科学者から論文の別刷りを請求する手紙が約1000通届き、反響をよんだ。彼が、2002年に研究をリタイアした後、彼の研究グループは現在ジム・タッカー（*Jim B. Tucker*）が引き継いでいる。

スティヴンソン、ロバート・ルイス・バルフォア
Robert Louis Balfour Stevenson

［1850〜1894］イギリス、スコットランド、エディンバラ生まれ。小説家、冒険小説作家、詩人、エッセイスト。弁護士。スピリチュアリズムに関心をもち、D・D・ホームによって多くの体験をした。そのため、スコットランドスピリチュアリスト協会の初代書記までつとめた。生まれつき病弱で、若い頃から結核を病んでいた。各地を転地療養しながら作品を創作していたが、取材で訪れた南太平洋の島々の気候が健康のために良いと考え、1890年に家族とともに南太平洋のサモアに移住し、残りの生涯を同地ですごした。

ステッド、ウィリアム・トーマス
William Thomas Stead

［1849〜1912］イギリスのジャーナリスト、編集者、著述家。霊媒師。1890年には『評論の評論』を創刊し、1892年にはイギリス・アメリカ・オーストラリアで同時発行した。

海軍の改革や児童・社会福祉などの法整備を大衆に訴え、イギリスの現代ジャーナリズムの基礎を作ったといわれる。自動書記能力をもっていた。1912年、タイタニック号沈没の際、犠牲になった。

ステノメーター　*Sthenometer*

霊媒の体から放出される一種のエネルギーが、短時間にせよ蓄えられることを証明する器械。光や熱、電気が、木や水、ボール紙に蓄えられるのを参考に、20世紀前半、心霊研究で知られるフランスのジョワール教授が考案。微力に対応する計量盤で測定した。

ステラ・シー　*Stella C*

［1901〜？］ディーコン夫人ともよばれるイギリスの霊能者。テレキネーシス、叩音、浮揚現象、温度低下現象などを発揮し、英国心霊研究所で研究された。彼女の心霊力は、小テーブルが粉々に砕けるほど強力であったという。

研究所の設立者でステラ・シーを調査したハリー・プライスと共著のある、米国心霊研究協会のエリック・ディングウォール博士は、彼女の心霊力現象が発揮されている際に、エクトプラズムが床に伸びていたと証言している。

ストバート夫人、A・シンクレア

Stobart,Mrs.A.St.Clair
「?～1954」イギリスの霊媒。1912年から翌年にかけてのバルカン戦争で、彼女の霊能力はいかんなく発揮された。1914年にはセルビア軍の退却に功績をあげたという。

1929年、失業者に快適な暮らしを提供しようとSOS協会を設立。スピリチュアリズムのもとの、すべての宗教の連合をめざし、その実現に取り組んだ。

終戦後、スピリチュアリズムで述べられていることが真実であるとして、英国心霊科学会の委員長を2年間つとめた。

砂占い　*Sand Reading*

砂読術のこと。トレイに砂を敷き、相談者の手形を押して、砂の状態で判断する占い。

ズヴァーン線　*Zwaan*

オランダのズヴァーンという研究者が製作したとされる、霊エネルギーを生じさせる電気装置。ただし、評価に値するものではなかったようだ。その後も何人かが改良を加えようとしたが、成功したとは聞かない。

そもそも霊エネルギーは電力で発生するようなものではなく、全宇宙エネルギーの総体を結集することでしか獲得できないはずである。

スピリチュアリスツ・ナショナル・ユニオン

Spiritualists National Union, S.N.U

英国スピリチュアリスト連合のこと。イギリスは産業革命でいち早く近代化した国であり、現在でも先進国集団にあるが、19世紀後半以来今日まで、世界的に最も先進的な神霊主義（スピリチュアリズム）大国としても知られており、〝魔女の国〟との異名もある。そのイギリスには世界の二大スピリチュアリスト組織があり、一つは大英スピリチュアルリスト協会（1872創設）であり、もう一つがこの英国スピリチュアリスト連合で、創設は1890年。1901年にスピリチュアリスト七大綱領を発表し、現在もこれがイギリスの神霊主義の考え方の根本をなしている。この綱領に従い、心霊研究の推進、発展、普及などに取り組んでいる。

スピリチュアリスト　*Spiritualist*

人間は、一人一人の内面に霊的な特性が備わっている。死後もその個性は存続し、その霊魂との交信が可能であること、霊界が存在し、すべての霊魂は神から派生したものであることなどを、霊能現象によって認め、受け入れている人。

スピリチュアリスト霊媒連盟

Union of Spiritualist Mediums

1956年にロンドンに設立された、霊媒の団体である。

スピリチュアリズム　*Spiritualism*

広く霊（心霊）の実在と人間への種々の働きかけを認める立場で、「心霊主義」「心霊学」などと訳される。哲学上の唯心論も原語は同じ。古来、洋の東西を問わず見られるが、狭義には1848年以降の近代スピリチュアリズムをさして用いられる。

スピリチュアル　*Spiritual*

ラテン語の*spiritus*に由来するキリスト教用語で、霊的であること、霊魂に関するさま。

英語では、宗教的・精神的な物事、教会に関する事柄、または、神の、聖霊の、霊の、魂の、精神の、超自然的な、神聖な、教会の、などを意味する。キリシタン用語としては、ポルトガル語読みでスピリツアルであると表記される。

スピリティズム　*Spiritism*

日本語では、おおむねスピリチュアリズムと同じ意味で使われ、心霊主義、心霊術、交霊術を意味する。フランス人のアラン・カルデック［1804〜1869］が提唱している説で、強制的再生説を掲げ、死後、肉体から離れたスピリットは、スピリット固有の個性を存続し、霊的進化の道を辿り続ける、としている。1860年代にブラジルにスピリティズムが伝わって以来、ブラジル人の世界観に強く影響を与え、ウンバンダやさまざまなシンクレティズム（混合宗教）にも大きな影響を与えている。スピリティズムの教典となっているのは、アラン・カルデックが著した『霊の書』『霊媒の書』『スピリティズムによる福音』『天国と地獄』『創世記』の5冊である。

スプリッグス、ジョージ
George Spriggs

［1850〜1912］イギリスの有力な霊媒。SAGBの創設者の一人。彼を通じて起る現象は自動書記、直接談話、直接書記、物品移動などさまざまであった。なかんずく彼を通じて現れる幽霊が非常に耐光性と移動性とに富んでいるので有名だった。日中でも幽霊は平気で現れ、階段を上下したり、各室を歴訪したりする。夕刻であれば遺族と手を組んで庭を散歩したことさえあったとのことである。

スミート嬢、エレーヌ
Smith, Mull Helene

［1861〜1929］ジュネーブの霊媒。本名ミュラー *Mullher, Catherine Helene*。テーブル傾斜、テレキネーシス、アポーツ、遺失物の発見、預言、霊視、霊聴などさまざまな霊能力を発揮した。また、1894年暮れ、火星から、火星の生物とその環境について完全な火星語で詳細な情報を受けたと主張したため、テオドール・フルールノワ教授は彼女を調査、『インドから火星へ』にまとめた。

スミード夫人　*Smeed, Mrs.*

［生・没年不詳］19～20世紀初頭スピリチュアリズム興隆期のアメリカのプランシェット霊媒。牧師の妻で、クリーヴランド夫人の変名とされている。1895年夏には、スミード夫人のもとに、死者の霊を通して火星に関する啓示（神示）が届いた。この情報内容は1901年にコロンビア大学のハイスロップ教授、ジュネーブ大学のフルールノワ両教授によって研究されたことがわかっている。

スミス陸軍中佐、ディクソン
Smith, Lt.Col.Dixon

［生年不詳］スピリチュアリストであり著述家。

スレイター、ジョン　*Slater John*

［1861～1932］アメリカの霊媒。1895年にイギリスで霊視とサイコメトリー（物体に触れ、そこに残された人間の情報・記憶を読み取る霊能力）の実演を行って成功した。封印・密閉された手紙の内容を読んでみせる実演を50年間にわたって実施したことでも知られる。また、人間は死後に肉体を捨てて霊体となっても、人間時代の個性は継続しているかという死後個性の存続について、注目すべき証拠を示した。

スレイター、トーマス
Slater Thomas

［生・没年不詳］19世紀のイギリスの心霊写真家（スピリチュアル・フォトグラファー）。霊能一家に生まれた。著名な心霊写真家ハドソンとの交流を通して心霊写真に興味を抱き、実写に成功。撮影した写真には明らかな霊的物体、霊的エネルギー現象が写し出されているとして、当時、ダーウィンと並び称された物理学者A・Rウォーレスも、その写真の真実性を認めている。

スレイド、ヘンリー　*Henry Slade*

［?～1905］アメリカの霊媒で、石盤に文字が現れる石盤書記現象で知られている。彼は実直な人柄で数多くの著名な科学者から信頼されていた。彼の霊能に関しては、コックス、バレット卿、ツェルナー教授ら肯定派が多くいる。ロンドンでスレイドの交霊会が開かれ、石盤書記が行われた。ところがスピリチュアリズム反対派の科学者からは、スレイドを詐欺師として厳しく攻撃されるようになり、批判・論争の的となった。

スローン、ジョン・C
John .C. Sloan

［1869～1951］イギリスの霊能者。霊をよび出し、霊媒を通して会話するのではなく、霊と依頼者がダイレクトに話をする直接談話を得意とした。無料で交霊会を開き、その人が生きていた時と同じ声色やアクセントが空中から聞こえ、現界

での住所や家族のことなど生活上の出来事も正確だったという。心霊研究家として著名なアーサー・フィンドレーは、彼の直接談話を体験し、それを本にまとめている。

スワッファー、ハンネン

Hannen Swaffer

［1879〜1962］イギリスのジャーナリスト、著述家、スピリチュアリスト。英国スピリチュアリスト連合の会長職をドイル卿から継承。死後個性の存続を確信し、『ノースクリフの帰還 *Northcliffe's Return*（1924）』を著した。モーリス・バーバネルを霊媒とした「シルバーバーチ」の霊言に注目。「ハンネン・スワッハー・ホームサークル」を主宰し、スピリチュアリズムの発展に貢献した。

スワンランドのポルターガイスト

Poltergeist Phenomena Swanland

1849年、イギリス・ハル近郊のスワンランドで起こったポルターガイスト現象。

ある日3人の建具師が仕事場で働いていると、小さな木片が飛んできた。仲間のいたずらと思って文句をいい合っていたが、違うようである。周辺を調べてみたが、原因となるものを見つけることはできなかった。そこで最近亡くなった若い職人グレイの霊によって引き起こされたのではないかという結論になった。

実は、店の所有者の一人である叔父がグレイの父の金をごっそりだまし取っていたのであった。叔父が金を返したところ、この現象は止んだ。

せ

性（せい） *Sex*

スピリチュアル現象の生起には、性が神秘的な役割を果たしていることが多いようである。SPRによれば、人々が、その現象を目で見て、耳で聞くことができる物理的霊能を発揮するときに、性的オルガスムを伴うことが報告されている。

フロイト派心理学では、性と宗教とのかかわりが研究されている。

性は、スピリチュアリズムの世界でも、重要な役目を担っていることがわかる。

声音制御器（せいおんせいぎょき）

Voice Control Machines

直接談話現象は、霊媒の発声器官を使わず、直接空中から音声を発する現象のことである。この直接談話現象は、詐術が行われることがあり、アメリカ・ボストンのリチャードソン博士（*Richardson,Dr.Mark W.*）によって詐術防止ために声音制御器が発明された。水の入ったU字型ガラス管とマウスピースからなり、霊媒が声を出すと見抜く仕掛けの器具である。

静観（せいかん）

移り変わる現象の背後にある不変的な本体を静かに観察すること。また、あえて行動を起こさずに物事の成り行きを見極めること。

呼吸を整え、精神統一をはかる修行法として使われることもある。

生気体→プラーナ

精気的記録→アカーシャ記録

生気論（せいきろん） *Vitalism*

生命論の一つ。機械論と対立する立場。生命現象は物理・化学的現象とはまったく異なり、独特の原理（活力）にもとづくという説。

成型現象（せいけいげんしょう） *Plastics*

モールド現象と心霊捺印現象の二つの型がある。モールド現象は、パラフィンや粘土のようなもので幽霊の手形などをとるものをいう。もう一つの心霊捺印現象は、変形しやすい可塑性物質あるいは煤や表面にインクの付着したものに、指紋などをつけるというもの。

生者の幻像（せいじゃ、しょうじゃのげんぞう）

１８８６年10月、イギリスＳＰＲが、テレパシーと霊体に関する研究報告書『生者の幻像』全２巻を刊行した。本文エドマンド＝ガーニー、序文フレデリック＝マイヤースによる。しかし多くのマスコミに評価されなかったという。

Column

精神的心霊現象
（せいしんてきしんれいげんしょう）

霊能者（霊媒）の精神次元に発生する心霊現象を「精神的心霊現象」という。その代表的なものには、霊視現象や霊聴現象・透視現象・テレパシー現象などがある。

物理的心霊現象は、その場に居合わせた人々全員がその現象を確認することができる。

それに対して、精神的心霊現象は霊能者の内部（精神次元）において発生するため、周りの人間が直接的に認識することは不可能である。霊能者が本人の霊能力で見たり、聞いたり、直感したものを間接的に知ることしかできない。

この点が「精神的心霊現象」の特色であり、同時に「精神的心霊現象」の最大の弱点にもなる。

霊能者は自分の「霊体能力」を発揮して、精神的心霊現象を引き起こす。しかし大半の現代人は、そうした霊体の能力が肉体の内に閉じ込められ、発揮できなくなっている。

1887年1月には、アメリカSPRのウィリアム＝ジェイムズが、『サイエンス』誌上で高く評価する。しかしこれも、多くの科学者は批判する。

聖書（せいしょ） *Bible*

聖典、教典ともいう。神や神的存在、聖人の言行が書かれたもの、または教説がつづられたもののうち、それぞれの宗教内で、とくに権威ある書物をいう。キリスト教のバイブル、仏教の経典、イスラム教のコーランなど、その宗教の教理、教条、戒律などが記してある。これらは交霊によって霊魂から得られた啓示（通信）である。

スピリチュアリズムでいうと、これはある人間を仲介にして霊から発信されたものであり、受信者である教祖などは、いずれも霊媒あるいは霊覚者ということができる。

正常の意識状態（せいじょうのいしきじょうたい） *Nomal State, Conscious State*

意識は、一般に、「起きている状態にあること（覚醒）」または「自分の今ある状態や、周囲の状況などを認識できている状態のこと」をさしている。

意識混濁などの意識障害や自我障害などの意識の病態から、意識とは何かが問われるようになり、意識に働きとしての概念が与えられるようになった。

聖書占い（せいしょうらない） *Biblomancy*

ビブリオマンシー。目を閉じ、聖書のページを開いて、そのページに書かれている中で目に入った言葉で吉凶をみる占い。

精神（せいしん） *Spirit*

物質あるいは肉体（身体）に対する語で、心、意識、気構え、気力、理念といった意味をもつ。

認識、思考、反省などを行う人間の心的能力。非物質的現象またはその基体とされる実体をさす概念。原語のスピリットは風、息吹きを意味し、人間に宿るきわめて軽妙なものと考えられ、生命の原理とされる。

一般には思考全般をさし、対象に対する主体が精神とされ、また物質、生み出されたものとしての自然、本能としての肉体などに対立するものとされている。

精神医学（せいしんいがく） *Psychiatry*

臨床医学は身体医学と精神医学に大きく分けられる。精神医学は精神の異常、不健康を対象として、予防、診療、リハビリテーションなど各種精神障害を扱う医学の一分野である。

1950年代より精神科の薬が登場するようになり、生物学的精神医学が全盛を迎えた。治療においては、生物的・心理学的・文科系科学的アプローチを要し、医学以外の教育、福祉、司法関係、臨床心理との関係が深い。

精神印象感識（せいしんいんしょうかんしき）→サイコメトリー

精神隔動（せいしんかくどう）→サイコキネーシス

精神感応術→テレパシー

精神錯乱（せいしんさくらん）
Insanity

急性の精神症状をいう。重症の意識障害で、話のつじつまが合わない、意味不明なことを口走るなど、一見して異常として判断する状態である。精神医学的には思考障壁を中心とする状態で、意識障害のある場合と、ない場合とに分けられる。

精神集中（せいしんしゅうちゅう）
Mental Concentration

精神集中とは、一つのことに精神を集中し、それを持続させること。精神集中には呼吸法がまずワンステップ。瞑想も効果がある。このとき、瞑想をしやすい音楽を使えば、効果的である。

精神身体医学（せいしんしんたいいがく） *Psychosomatic Medicine*

日本では、心身医学といわれている。患者の身体面だけではなく、心理面や社会面を含めて、人間を統合的に診ていこうとする全人的医療を目指している。その病気の発症や進行に心理的要因が大きくかかわっている器質性疾患を中心に扱う分野として主に内科学から発展していった。

心身医学を実践している診療科が診療内科である。

精神図（せいしんず）→サイコグラフ

精神世界（せいしんせかい）
Spirit World

宇宙や生命という大きな存在と自己とのつながりや、人間のもつ無限の潜在能力を強調し、個人の霊性・精神性を向上させることをめざす運動をいう。

アメリカではニューエイジ、日本では精神世界とよばれることが多い。具体的には、瞑想、チャネリング、占星術、気功、自然食、セラピーなどさまざまの形態のものがある。活動は、本・雑誌、インターネット、イベント、ワークショップなどによって行われ、ネットワークによって支えられている。→ニューエイジ

精神測定現象（せいしんそくていげんしょう）→サイコメトリー

精神統一（せいしんとういつ）
Spirit Unity

他のことに気を散らさずに、気持ちを一つの物事に集中させることを意味する。また、目的を達成するために他のことに気を散らさず、そのことだけに心を集中する心のもち方

のこと。
効果的な精神統一を得るためには、瞑想という静かな時間をもつこと。その静かな時間の中で自分自身を振り返ることによって、集中力を高めることもできる。

精神病（せいしんびょう）
Psychosis
精神に異常をきたした状態を総称して精神障害とよぶが、そのなかの自覚のない場合などをとくに精神病とよぶ。したがって、精神病は精神障害よりは狭い概念である。

精神病質（せいしんびょうしつ）
Psychopathy
反社会的人格の一種を意味する心理学用語であり、主に異常心理学や生物学的精神医学などの分野で使われている。その精神病質者をサイコパス（*Psychopath*）とよぶ。

精神分析学（せいしんぶんせきがく）
Psychoanalysis
20世紀のはじめにウィーンでジークムント・フロイトによって創始された。人間心理の理論と治療技法の体系をさす。広義には、フロイト以後の分派を含めた理論体系全体もさす。それは人間のこころが意識的なこころと無意識的なこころの両方から成り立っているという考えが基礎になっている。

精神放送（せいしんほうそう）
テレパシーのこと。シンクレア（*Upton Sinclair*）が敏感者である彼の妻とこの分野について研究した。彼の執筆による同名の著書で用いた言葉である。

精神療法（せいしんりょうほう）
19世紀の中頃、アメリカ・メイン州ベルファスト市にクインビー博士という催眠術に堪能な人がいた。彼は、助手ルーシャス・バークマーにメスメリズムを施し、バークマーは催眠状態で透視能力により患者の病気診断を行い、治療法を指示した。ところがバークマーが患者の病気に効果がないはずの薬剤を処方した際も、患者の病状がしばしば回復したのである。これを見たクインビー博士は、病気の原因は誤った信念であり、正しい信念・信仰を持てば病気が治るという考え方を発展させた。彼はこの癒しの信念は、より深い霊的実相という神学に根ざしたものであり、イエス・キリストが説いたものと同じ方法の「科学」であると信じ、自らの見解を人々に説き始めた。
クインビーの治療を通して影響を受けたメリー・ベーカー・エディは、後にクリスチャン・サイエンスの基礎を築いた。

生体移動現象（せいたいいどうげんしょう）→**トランスポーテイション**

聖地帰願（せいちきがん）
参詣したしるしとして社寺が朱肉の印を押したものをご朱印帳とい

Column

聖地（せいち）*Holy Place*

写真は左から、イスラム教の聖地メッカの巡礼風景、日本各地で見られる御神木、インドのガンジス川で沐浴する人々

せ

宗教的に、また伝説的になんらかの意味で聖なるものと特別な関係を有すると考えられ、そこをけがすことが禁じられ、またそこに近づくことによってなんらかの効験があるとされるような場所。

特定の地域や、山などが一般的に聖地とされ、ほとんどの宗教もしくはこれに類するものに共通してみられるものであり、仏教では霊場、霊地などとよばれる。また特定の堂などの場合は聖所とよばれることがある。英語の *The Holy Land* は旧・新約聖書の主要舞台でイスラエル・パレスチナをさす。エルサレムはユダヤ教、イスラム教、キリスト教の聖地。

その規模は、都市大の聖地から、1本の樹木といった小さな聖地までさまざまである。

自然的聖地は、天然の山、岩、川、池、森、樹木などが、それらに対する畏怖から、あるいは神霊のよりどころなどとして神聖視されたもの。富士山、穂高山などはその山容の崇高さから聖地とされており、インドネシアのバリ島には山側を神聖な方向とする方位感が存在している。

道教では山は神仙のすみかと考えられ、仏教においても山は仏の住む浄土とされる。一方、『万葉集』では「神社」を「もり」と詠んで、森が古くから神霊降臨の地とされていたことがわかる。イヌイットは海の幸に恵まれた漁場を聖地とし、ヒンドゥー教徒にとってはガンジス川が聖河とされる。

聖なるものとしては、そのほか、聖樹、聖石、聖泉、聖湖などがあげられる。

また、人工的に生み出された聖地があり、儀礼のために随時しつらえられるような一時的な聖地と、建造社殿のように恒久的な聖地が存在する。いずれも、ある空間が非日常的なものとして区切られ、そこになんらかの聖なる象徴が置かれることで聖地が創出されている。

う。

　日神会では、長崎・東京の聖地を訪れた方にそのしるしとして、聖地帰願の印を押している。

聖地帰願の印

筮竹（ぜいちく）

　易占（占筮）において使う50本の竹ひごのようなもの。長さは35センチから55センチ程度のものが多い。

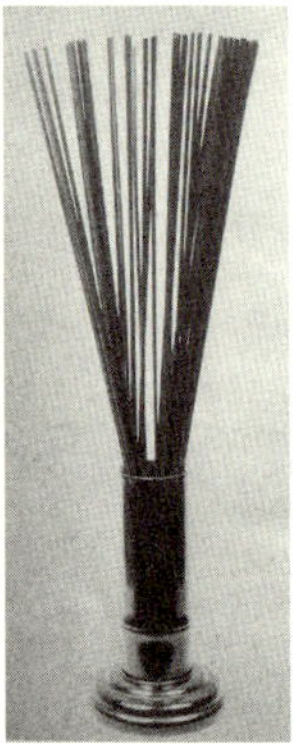

手元に当たる部分をやや細く削り、両手で天策と地策に分けるときに扇形に開きやすいようにしたものもある。算木とともに、易者のシンボルとなっている。竹でないものもすべて含めて筮（めどき）とよぶ。
　元来は、長命の多年植物メドハギ（マメ科ハギ属）の茎が使われたが、のち竹で代用した。筮の字には巫があるように、メドハギが神と人との仲介をしていることを表している。昔は易占を筮といった。

生長の家（せいちょうのいえ）

　１９３０年（昭和５年）に谷口雅春により創設された新宗教団体。

　１９２９年（昭和４年）12月13日深夜、谷口雅春が瞑想中に「今起て！」と神から啓示を受け、１９３０年（昭和５年）３月１日に修身書として雑誌『生長の家』１０００部を自費出版した（生長の家ではこの日をもって「立教記念日」としている）。

聖典（せいてん）→聖書

聖天界（せいてんかい）

　日本神霊学研究会初代会長 隈本確教祖が提唱した、死後、人間の魂が向かう霊界階層の一つ。
　最初に往く世界が「幽界」で、さらに上に「霊界」「仏界」「神界」「聖天界」「天命界」となっている。

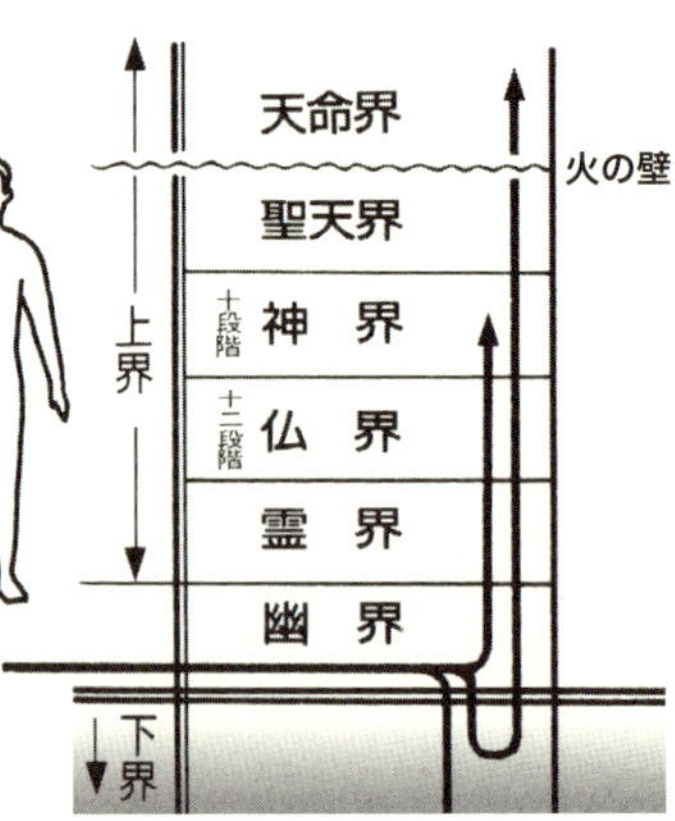

人は死ぬと、段階に応じて死を悟り、霊界人としての自覚をもつようになるという。次第に霊格が向上し、個々に悟りをひらくようになる。
　こうして、聖天界に到達する。聖天界は、「霊界人帝王界」ともよばれ、霊界最上位の世界である。
　しかし、聖天界の上層に「火の壁」とよばれる難関が存在し、聖天界まで霊格を向上させてきた神霊といえど、簡単に突破することはできないといわれている。その火の壁を突破することのできた神霊が住まうのが、「天命界」であるという。

セイバート委員会（せいばーといいんかい） *Seybert Commission*

アメリカのスピリチュアリスト、ヘンリー・セイバート（*Henry Seybert*）が残した6万ドルを基金として、ペンシルバニア大学の道徳兼主知哲学の講座が開設された。それを維持するために設けられたのがセイバート委員会である。道徳、宗教、哲学、スピリチュアリズムのすべての体系を調査し、研究することを目的に組織されたといわれている。委員会は、1884年4月から調査を開始していた。

生物学的現象（せいぶつがくてきげんしょう） *Biological Phenomena*

生物学における霊的な現象を総称したもの。たとえば、植物の種を即座に発芽させたり、超常的に成長させた現象があげられる。細菌を破壊させて有機体の腐敗を阻止する現象や心霊治療も、顕著な例である。

姓名判断（せいめいはんだん） *Name Onomancy*

姓名が、人間の先天的ないしは後天的運気と密接なかかわりをもっているという考えにもとづいて、姓名を調べてその人の運命の吉凶を占う方法。

中国の陰陽五行説や易学の考えから生まれた。すなわち占いたい人の姓名の文字を分解して吉凶禍福を判断する〈破字〉〈拆字〉の法が、日本に取り入れられたとされる。

日本では、初めは文字の音声、字義の判断に使用され、陰陽道で盛んに行われた。平安時代には花押を、鎌倉時代には字画を見て判断する姓名字画相が流行した。

現在でも、その人の今後の運勢、適職、結婚運など開運の手段として、姓名判断によって、しばしば改名が行われたり、生まれる子どもの名づけを姓名判断で決める場合がある。

聖霊降臨節（せいれいこうりんせつ） *Pentecost*

聖霊降臨とよばれる新約聖書にあるエピソードの一つ。ペンテコステ。イエス・キリストの復活・昇天後、50日、すなわち第七日曜日に集まって祈っていた120人の信徒たちの上に、神からの聖霊が降臨したという出来事のこと、およびその出来事を記念するキリスト教の祝祭日。聖霊降臨祭（せいれいこうりんさい）、五旬節（ごじゅんせつ）、五旬祭（ごじゅんさい）ともいう。

こうした奇跡の記録は、心霊現象としても理解できる。

精霊主義→スピリティズム

精霊説（せいれいせつ） *Animism*

生物・無機物を問わず、すべてのものの中には人間と同じように霊魂、もしくは霊が宿っているという考え方。アニミズム、有霊観ともいう。この語はラテン語のアニマ（*Anima*）に由来し、気息・霊魂・生命を意味する。霊界通信やサイコメトリーによる情報からもかなりの部分が支持されている。

19世紀後半、イギリスの人類学者、E・B・タイラーが著書『原始文化』（1871年）の中で使用するようになった。日本では「汎霊説」、「精霊信仰」、「地霊信仰」などと訳されている。

ゼータ・レチクル
Zeta Reticulum

宇宙種族の中でもゼータ・レチクル星人は、あまり喜怒哀楽がないといわれている。

それは、太古の昔に個性の追求から利己主義が蔓延し、自分たちの故郷の惑星が滅亡した過去があるので、平和のためには悪を徹底的に排除することが唯一の解決方法だと信じて、合理的な発想をするようになったといわれる。感情に邪魔をされないで冷静な判断が瞬時にできる人が多く、効率のよい作業の方法をパッと思いつく。

「感情」が退化しているので、「欲」がすべて退化した。だから食欲、睡眠欲、性欲などがなくなったという。そのため、子どもや動物とのコミュニケーションが不得意で、かわいい、美しいという感情も薄い人が多く、グルメなものにもあまり興味がない。

セオゾフィー→神智学

世界救世教（せかいきゅうせいきょう）

大本の幹部だった岡田茂吉が1935年（昭和10年）に立教した新宗教系の教団。岡田は大本で、心霊学を学び、自動書記を体験し、大本の鎮魂帰神法を熱心に習得した。すると岡田の周りに観世音菩薩が現れているといわれるようになり、岡田自身も腹の中に光の玉が宿っていると感じるようになったという。

1931年に夢の啓示を受けて千葉の鋸山に参詣してご来光を仰ぎ、「霊界において夜の時代から昼の時代への転換が起こった」と感じ、「霊主体従の法則」と、大本の御手代を発展させた浄霊法を確立した。

1935年に宗教結社・大日本観音会を設立。戦後は大日本浄霊療法普及協会を経て、熱海に大日本観音教団を設立した。世界救世教本体に世界救世教いづのめ教団・東方之光・主之光（すのひかり）教団の三教派が包括される形で運営されている。国内公称信者数は、2016年（平成28年）版の『宗教年鑑』によると、609,722人。

世界真光文明教団（せかいまひかりぶんめいきょうだん）

陸軍の元軍人で実業家であった岡田良一（光玉）が、１９５９年（昭和34年）58歳の時に5日間高熱にうなされ、2月27日に神の啓示を受けて宗教家となる。のちに「世界真光文明教団」を設立する。

石盤書記（せきばんしょき）*Slate Writing*

石筆のかけらを間に挟んだ二枚の石盤を用いた自動書記現象。かつて欧米の交霊会で盛んに行われた。

封印した二枚の石盤の上に霊媒や出席者が手を置いていると、やがて石盤の中で石筆が音を立てる。石盤を開くと、石筆によって文字やメッセージが書かれている。

この石盤書記は詐術を招きやすい側面があるとして、現在は行われていない。

石仏（せきぶつ）

石に彫られた仏像や道祖神などの神像なども含めた総称である。その規模は、寺院や神社の境内、路傍などで見られるような小さいものから、臼杵磨崖仏（うすきまがいぶつ）、インドのアジャンター石窟、ガンダーラ仏教美術の最高傑作ともいわれるバーミヤンの石仏像、エローラ石窟、中国の雲岡石窟、龍門石窟などに代表されるような巨大な岩盤に彫られた磨崖仏まで多様に存在する。

龍門石の盧舎那仏

舌語（ぜつご）*Glossolalia*

舌懸かり（したがかり）ともいう。催眠状態のとき、理性（＝意識）が弱まったときに、意味不明のしゃべり方をすること。宗教的恍惚状態、霊媒のトランス状態において、意味不明な言葉などを語ることもいう。

接触現象（せっしょくげんしょう）

交霊会などで発生するエクトプラズム（霊媒の体から放出される正体不明の物質）に触れたときの現象。その感触は、フワッとして湿っぽく、ときに冷たく、また温かかったりするようで、一定しない。

接触治療（せっしょくちりょう）*Contact Healing*

精神科や心療内科の領域の病気を対象とした、個人療法ともいわれる心霊治療法の一型。

病気の種類、状態、患者の側の適性、治療者の考え方、患者と治療者の1対1の人間関係を基礎とした、もっとも基本的な治療法。患者は、治療者によって、支持的な慰め、自分が生きていくに値する人間であるという保証などを受けながら、自分の病気の原因や状態を理解し、洞察を進めていく。

その過程で、感情が発散され、浄化作用（カタルシス）が起こるというもの。そして、最終的には人格の構造の変化が治療目的となる。これは、すべての精神療法の基本となるものである。

ゼナー・カード→ESPカード

銭洗弁天（ぜにあらいべんてん）

鎌倉にあり、銭洗弁財天宇賀福神社（ぜにあらいべんざいてんうがふくじんじゃ）が正式名称。境内の洞窟（奥宮）で湧いている霊水で銭貨を洗うと何倍にもなって返ってくるといわれている。ご利益にあずかろうと多くの参拝客が訪れる。また、弁財天の縁日の巳の日はとくにご利益があるとされ、一段と賑う。

鎌倉の他にも境内社として銭洗弁天のある寺社は多い。

ゼネール

本吉嶺山［1883〜1958］の支配霊となったインド人霊の名前である。

本吉は、千葉県東村で生まれ、小学校時代から眼に見えぬものが見えた記憶があった。昭和九年の春頃にゼネールという霊がつくという予告が入り、同年12月頃から、物品引寄の現象が続発するようになったという。

セラピー *Therapy*

治療・治癒術のこと。日本では、物理療法（フィジカルセラピー）や心理療法（サイコセラピー）の意味として用いることが多い。禁煙セラピー、ヒプノセラピー（退行催眠）、カラーセラピー、アロマセラピーなど多様なものがある。

禅（ぜん） *Zen (Buddhism)*

サンスクリット語 dhyāna の音写で禅那とも書く。定・静慮と訳す。仏語。精神を集中して無我の境地に入ること。「禅」のもともとは、（天子が）神を祀る、（位を）譲るの意味で、これを仏教が姿勢を正して坐して心を一つに集中する宗教的修行法の一つとした。

泉岳寺（せんがくじ）

曹洞宗の寺院。青松寺・総泉寺とともに曹洞宗江戸三箇寺の一つに数えられる。慶長17年（1612年）に徳川家康が外桜田に創建。寛永18年（1641年）寛永の大火で焼失したが、徳川家光の命で、毛利・浅野・朽木・丹羽・水谷の5大名により、現在の東京都高輪の地で再建された。

赤穂事件で有名な浅野長矩と赤穂浪士が葬られていることで知られている。現在も

泉岳寺赤穂義士墓所

多くの参拝客が訪れ、毎年4月初旬と12月14日には義士祭が催される。また境内に、赤穂義士ゆかりの品を所蔵している「赤穂義士記念館」がある。

先見者（せんけんしゃ） *Seer, Seeress*

　預言者のこと。神の助けによって、未来に起こることを見ることができる人。

　スピリチュアルでは、予言者あるいは生まれながらの霊視家をいう。

先在（せんざい） *Pre-Existence*

　霊魂が、人間の身体である肉体と合体する前からすでに存在しているということ。

　初期のキリスト教では、キリストがイエスとして地上に受肉する前に、すでに神の第2位（御言葉）として永遠に存在していたといわれている。

潜在意識・顕在意識・変性意識（せんざいいしき・けんざいいしき・へんせいいしき）

　意識には、私たちが意識している部分と意識していない部分がある。意識できる部分を顕在意識、意識していない（意識できない）部分を潜在意識（無意識）とよんでいる。

　さらに人間は、寝ている状態と、覚醒している状態の間にトランスの状態があり、これを変性意識状態という。

　顕在意識は、海の上に顔を出している氷山にたとえられる。海中に沈んでいる部分、つまり意識の大部分、じつに約90％が無意識である。

　この無意識の部分は、生まれてから現在に至るまでの個人的な経験から構成された個人的無意識と、そのさらに奥深く広がる集合的無意識とから構成されている。

　願望を実現化するためには、この無意識領域の活用が大きな鍵となってくる。すなわち、潜在意識から答えを導き出すには、変性意識の状態になることで、潜在意識にアクセスしやすくなる。

潜在意識心（せんざいいしきしん）
Subconscious Mind

　顕在意識として意識されない部分のはたらき。

　人間の意識には「潜在意識」と「顕在意識」があるという発見をしたのは、オーストリアの心理学者フロイトである。

　今こうしている瞬間も自分自身をコントロールしていると感じる覚醒時の「理性的なもの」＝顕在意識（表層意識）と、すぐには認識しないで心の奥深く沈んでいる「本能的なもの」＝潜在意識（無意識）によってコントロールされて生きている。

潜在意識的着色（せんざいいしきてきちゃくしょく）
Subconsciously Coloring

　霊界との交信において、霊魂から

の通信を受け取るが、その通信内容の精度は、霊媒の潜在意識を含めた知識や能力、経験によって左右されるということ。つまり、外国語を訳す場合、翻訳者の知識や語彙力などが影響するのと同じだと考えればわかりやすい。

潜在感覚（せんざいかんかく）

Cryptesthsia

透感ともいう。「感が鋭い」、「第六感」という概念と同じである。未知のメカニズムによる知覚で、最終的結果によってのみ認識されるもの。この感覚が鋭い人は、霊的な能力やインスピレーションが湧くなどスピリチュアルな体験をしたことがある人が多い。

最近、「わかったぞ」という体験をあらわす言葉として脳科学で注目されるアハッ体験も、これに近い。

潜在記憶（せんざいきおく）

Cryptomnesia

無意識の記憶のこと。意識して思い出したり、考えたりしなくても、自然に身についている記憶のこと。例として自転車の乗り方や走り方など、苦労することなくできることがあげられる。入神状態や催眠状態のときに、その人と無関係だと思われる言葉や行動が現れることがあるが、以前、無意識に覚えていたと考えられ、健忘症患者の中には、思い出す（顕在化）ことによって、部分的に生活機能が改善することもあるという。

千手観音菩薩（せんじゅかんのんぼさつ）

仏教における菩薩の一尊。文字通り「千の手」の意味である。正しくは、「千手千眼観自在菩薩」で、千本の手があり、その手の掌には目が付いている。手は多くの人々に救済の手を差し伸べ、目は人々を教え導く知恵を表している。千の手と目で、どんな人たちでも漏らさず救済しようとする広大無限の慈悲の心を表現している。

観音の中でも功徳が大きく、観音の中の王という意味で「蓮華王」とよばれる。

阿修羅や金剛力士などの二十八部衆を配下に連れており、また餓鬼道に迷う人々を救うといわれ、六観音の一つに数えられる。

禅定（ぜんじょう）

心を平静にして人があるべき本来の姿を瞑想することで理を悟る修行法。六波羅蜜の一つ。

六波羅蜜は、菩薩が悟りをひらくために学び修める基本的な6つの修行法。禅定はまた、高山の白山や立山などに登る修験道の修行をさす。
↓坐禅

占杖術（せんじょうじゅつ）
Dowsing

ダウジングのこと。その歴史はとても古く、始まりは木の枝を使って、生活用水を見つけることから始まったのではないかと考えられている。地下水や貴金属の鉱脈など隠れた物を、棒や振り子などの装置の動きによって探しあてる方法。

ペンデュラム・ダウジング（振り子）、ロッド・ダウジング（L字形・G字形の棒）などを使う方法があるが、特別な道具がなくても、分岐した枝や曲がった金属片、軟らかい針金などを使用し、地下資源があると思われる場所の上を歩いて、現れる反応を読み取っていく。

遺失物の発見、失踪人の捜索、油田・鉱脈の発見、病気診断などに利用されている。↓ダウジング

前世・過去世（ぜんせ・かこせ）
Past-Life Regression

Column

千日回峰行
(せんにちかいほうぎょう)

京都・滋賀にまたがる比叡山には、最澄によって開かれた天台宗総本山・比叡山延暦寺（ひえいざんえんりゃくじ）の本山寺院がある。

そこで平安時代から続く荒行が千日回峰行である。相応和尚により開創されたといわれ、比叡山の峰や谷を縫うように決められた礼拝場所、260カ所を廻り礼拝をする。山川草木などあらゆるものに仏の姿を感じながら歩く距離は、地球1周分、つまり約4万キロを歩くことになるという。行者は、回峰700日を満行するとその日から9日間、無動寺谷・明王堂にこもり、断食・断水・不眠・不臥の行に入る。つまり、横になることも許されず、食事や水、睡眠を断って、不動真言を10万回唱える「堂入り」の行を行う。その後は山中だけでなく、京都市内を礼拝する。

満行者は「北嶺大行満大阿闍梨」とよばれ、信仰を集める。

酒井雄哉（さかい ゆうさい）は、1926年（大正15）9月5日 ～ 2013年（平成25）9月23日に、比叡山延暦寺の千日回峰行を2度も満行した。北嶺大行満大阿闍梨、大僧正。

前世は現在の一つ前に生きていた時代。過去世とは現在の前までに輪廻転生（くり返し生まれ変わる）してきたいくつもの時代をいう。

前世療法は催眠療法の一種であり、人間は死後人間に生まれ変わるという転生論を前提としている。退行催眠により患者の記憶を本人の出産以前まで誘導（＝過去生退行）し、心的外傷などを取り除くという。↓退行催眠

占星術（せんせいじゅつ）
Astrology

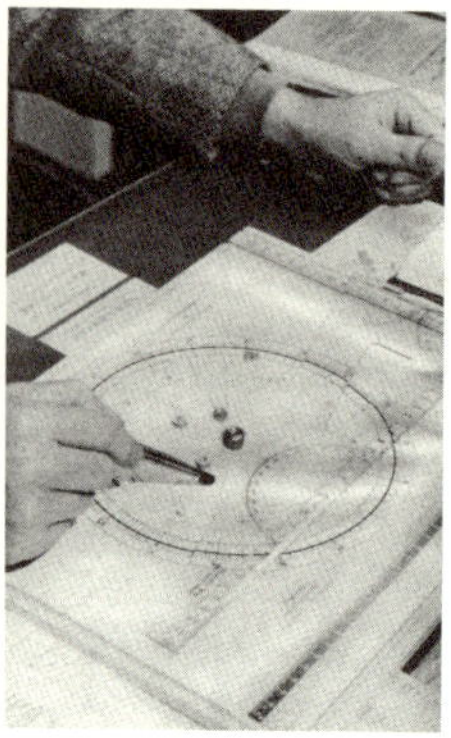

太陽系内の太陽・月・惑星・小惑星などの天体の位置や動きなどによって、人間・社会のあり方を経験的に結びつけて占うこと。

ヘブル（ヘブライ）語で占星術は、「天を分ける」という意味。古代バビロニアで発祥したとされ、ギリシア・インド・アラブ・ヨーロッパで発展した。西洋占星術・インド占星術と、中国など東アジアで発展した東洋占星術に大別することができる。

同じ占星術を起点として、西洋占星術とは異なり、東洋占星術は、東洋、つまり東アジアや中国へと渡り、さらに独自の発展を遂げてきた。

浅草寺（せんそうじ）

東京都台東区にある、623年創建の寺。

本尊は聖観世音菩薩で第二次世界大戦後、聖観音宗の総本山となる。

古くから浅草の観音様の名で親しまれ、近年は浅草界隈の下町情緒も味わえるとあって、外国人観光客の人気コースともなっている。

先祖供養（せんぞくよう）
Ancestor Memorial Service

ご先祖の供養（お墓参り）は大切といわれる。何か特別のことをするわけではない。今、自分が生かされているということは、両親がいて、その両親にさらに両親がいて、こうして多くの先祖がいたからである。

人には生命があり、それは目に見えないので確かめることはできない。でも見えないからといって存在を疑う人はいないように、先祖の生命も同様である。

自分の子ども（家族）が健康で幸せな毎日であるように願うが、先祖もやはり子や孫の幸せを願っている。

死んですべてが終りになってしま

うのでなく、死ねば肉体はなくなるが、人間の生命そのものは消えてなくなるものではない。そこで、多くの人はお彼岸やお盆に墓参し、家では祭壇にお供えして礼拝し、お経を読んで供養しているのである。

先祖供養という過去の先祖たちに感謝することで、自分に繋がるすべての存在を見つめなおし、自分が生きることによって過去の生命を未来へとつなげ、生かすことにつながる。

千日詣り（せんにちまいり）

①千日の間、毎日寺社に参詣すること。千日詣で。②一日参詣すると千日間参拝するのと同じ功徳があるという特定の日に参詣すること。浅草寺では陰暦7月10日とされた。四万六千日。千日詣で。

また、愛宕神社は、6月23日、24日に「千日詣り」とよぶお祭りでにぎわう。この日に参拝すれば、千日分の御利益があるといわれる。ほおずき市発祥の神社ともいわれ、当日はほおずきの露店が出る。社前に茅の輪を結び、無病息災と商売繁盛をお祈りする。

仙人（せんにん）

俗界を離れて山中に住み、不老不死、また飛翔するなどの神通力をもつ神的な存在。道教で、理想とされる。仙、神仙、仙客。

俗に、欲のない人、世事に疎い人をさすこともある。

洗脳（せんのう） *Brainwashing*

特異な環境のもとで、一貫した徹底的な教育を行い、たとえば暴力的な行為や暴言や尋問などの物理的、社会的圧力を加えるなどの操作によって、従来もっていた個人の思想や価値観、信念などを洗い流して新しい思想、信念を植えつけること。〈思想改造〉を意味する中国語に由来している。本人が欲しなくても急速かつ大幅に改変させること。共産主義国家などで行われた強制的な思想改造が知られている。感覚遮断や賞罰の操作などの反復による学習の一つといえる。

つまり、洗脳とは、相手の精神的な部分を崩壊させ、同時に、自分の思う通りの行動、思考をもたせること。

洗脳と似ているものにマインドコントロールがあるが、これは暴力を用いることはないので、まったく異なると考えられる。

千里眼（せんりがん）

Clairvoyance

遠く離れていても人の心や物などさまざまなものを読み取る超能力。またはその能力をもつものをさすこともある。透視、浄天眼ともいう。

四天王の一尊、広目天はサンスクリット語で「種々の眼をした者」あるいは「不格好な眼をした者」という意味から、「尋常でない眼、特殊な力をもった眼」と訳され、さらに千里眼と拡大解釈されている。

千里眼事件（せんりがんじけん）

明治末の明治43年に、学術状況を背景として起きたもの。千里眼（透視）・念写の能力をもつと称する御船千鶴子や長尾郁子らが、その能力の真偽について、東京帝国大学の福来友吉や京都帝国大学の今村新吉ら、一部の学者と共に巻き起こした、公開実験や論争などの一連の騒動をいう。

善隣教（ぜんりんきょう）

力久辰斎（りきひさたっさい）が1947（昭和22）年創設した精神修養道場から始まった新宗教である。翌年、天地公道善隣会になる。1952年宗教法人善隣教となり、天地大御親祖之神を祀る。現教主は辰斎の孫である力久道臣（りきひさみちおみ）。本部は、福岡県筑紫野市原田。信徒数は約13万人。

そ

創価学会（そうかがっかい）

日本の宗教法人。法華経系の在家仏教の団体である。国内に公称827万世帯を擁し、現在、192ヵ国・地域に広がっている。「創価」とは「価値創造」の意味。創価学会は価値の中心に「生命の尊厳」の確立を置き、それにもとづいた「万人の幸福」と「世界の平和」の実現を目標としている。池田大作会長によって大きく教勢を伸ばした。

奏楽現象（そうがくげんしょう）→**音楽現象**

造化の三神（ぞうかのさんじん）

古事記神話で、国土・人間・万物を創造したという三柱の神。天御中主神（あめのみなかぬしのかみ）・高御産巣日神（たかみむすひのかみ）・神産巣日神（かみむすひのかみ）の三神。

天御中主神：古事記によればまだ天地も定まらず混沌としていたときに最初に現れた。

高御産巣日神：高皇産霊神とも書く。天御中主神の次に神産巣日神とともに現れた神。高木神ともよばれ、高天原の中核的な神。とくに天孫降臨において司令塔としての役を果たした。

神産巣日神：神皇産霊神とも書く。高御産巣日神と一緒に表れた神。出雲系の神で、高天原の天神に対する国つ神の中核神の一人。若い頃の大国主神を助けた。

総合心理学研究所（そうごうしんりがくけんきゅうしょ）

　１９０４年、フランスのパリに、心霊研究を目的として創設された。残念ながら、現在は活動を停止している。

曹洞宗（そうとうしゅう）

　中国の禅宗五家（曹洞、臨済、潙仰、雲門、法眼）の一つ。日本においては禅宗（曹洞宗・日本達磨宗・臨済宗・黄檗宗・普化宗）の一つである。日本における本山は永平寺（福井県）・總持寺（横浜市鶴見区）。

中国曹洞宗の祖・洞山良价

　もっぱら坐禅を修行の基本としていて、修行の威儀作法を重視する。悟りを求めない修行によって悟りを得られると考える。坐禅の座り方は中国（達磨）以来の面壁。教典は道元が書いた正法眼蔵（しょうぼうげんぞう）が中心である。道元は法華経を大事にした。本尊はお釈迦様。

ソウル→霊魂

ソウル夫人、ミニー・メサーヴ

［?〜１９３７］アメリカの霊媒。彼女は、チーノウエト夫人という変名も用いていた。

ソウルメイト

Soulmate, Soul Mate

　soul（魂）と*mate*（伴侶、仲間）を組み合わせた英語の造語。魂の伴侶という意味。肉体を越えた魂のつながりをもつ関係をいう。

　一般的には、共通の価値観や好みなど、心の絆で結ばれる深い関係、不思議と馬の合う友、息が合う相思相愛の相手、運命の伴侶、互いに深い精神的な繋がりを感じる大切な人などを広くソウルメイトとよぶ。

　また、過去世から何らかの縁があって繋がっていると考えるような相手、同じ魂のグループ（類魂）であったと考えられるような相手をソウルメイトとよぶこともある。

騒霊現象→ポルターガイスト現象

ソールター、Ｗ．Ｈ． *W. H. Salter*

［１８８０〜１９６９］ＳＰＲの発展に貢献し、１９４７〜４８年の２年間、会長をつとめた。妻ヘレンは、自動書記霊媒として活躍した。『幽霊と幻影（*Gost and Appartios*）１９３８』『ゾアル（*Zoar*）１９６０』などの著書がある。

ソール博士、Ｓ．Ｇ．（ソールはかせ）

S. G. Soal

［１８９０〜１９７５］イギリスのＥＳＰ研究家。著述家。ＥＳＰの会長を歴任した。ロンドン大学、ケンブリッジ大学で、１９５１年に超心理学の分野でフルブライト研究員と

なった。

『読心者(*Mindreader*)』(1956年)で、マクドーガル記念賞を授賞。

即身成仏（そくしんじょうぶつ）
密教独特の成仏思想である。現在の生身のままで仏になること。
高野山にある真言宗では、密教の教えにもとづき、悟りを開くには、修行者が厳しい「行」を行うことを通じて、肉身のままで究極の悟りを開き、仏になることとしている。
真言宗の宗祖空海は即身成仏を果たしたとされている。即身成仏の語は、真言密教だけでなく、天台密教でも見られる。

ソクラテス *Sôkratês*
［紀元前469頃〜紀元前399］
古代ギリシアの哲学者。哲学者プラトンの師匠として知られている。
ソクラテスは著作を残していないが、言動については、弟子として有名なプラトンが記している。しかし、問答法はアテネの当局から若い人を惑わす危険な人物と見なされ、裁判にかけられた結果、有罪となった。弁明の機会も与えられたが、「悪法もまた法なり」といって自ら毒薬を飲んだ。

疎通性（そつうせい）→ラポール

卒塔婆（そとうば、そとば）

サンスクリット語のストゥーパ*stpa*のこと。仏舎利を安置し、供養などするための建造物。仏塔。率都婆、卒覩婆、卒堵婆などとも書く。

古代インドの土饅頭（覆鉢）型の墓をさす。中国、日本では寺院に、五重塔、三重塔、多宝塔などが建てられた。

とくに、日本では近世以降、死者の追善冥福を祈るために細長い板でつくったものを卒塔婆とよぶ。

その形式は五輪塔を模して、五輪の形を細長い板の上部に切り込みを入れた塔婆＝板碑で、所定の文字を書いて、墓のそばに立てる。

ストゥーパ（タイ）

卒塔婆（日本）

ソムナムビュール *Somnambule*
敏感者の古語。敏感者とは超能力者のこと。超常的脳略を発揮するために催眠的恍惚的状態に陥る者。とくに夢遊状態になるものをいう。

空飛ぶ円盤（そらとぶえんばん）
Flying Saucer; Flying Disc
1947年6月24日、アメリカの実業家K・アーノルドが自家用機で

ワシントン州のレイニア山上空を飛行中に、超高速で飛ぶ複数の謎の物体を目撃したのが最初。

　その形状がソーサー（受け皿）に似ていたことから「フライング・ソーサー」と称され、「空飛ぶ円盤」はその日本語訳。実は空飛ぶ円盤に関しては、それ以前の第二次世界大戦中の昭和18年、日本の『心霊と人生』という雑誌の記事中に「光球」という名称で登場している。その後、世界各地で目撃され、銀色で金属状の物体とされるが、科学的な常識からしてありえないことである。何らかの霊体が姿を現したものとも考えられる。

ソルディ夫人、ルチア
Sordi Signora Lucia
［1871～?］イタリアの物理霊媒。彼女の実験会において、その心霊現象の真偽がミラノ心霊研究協会により調査され、彼女の物質化現象が真実であると認められた。この調査には、20世紀初頭の物理的心霊現象研究に功績を残したドイツのシュレンク・ノッチング男爵も数回出席している。

ゾロアスター教（ゾロアスターきょう）
Zoroastrianism
古代ペルシアを起源の地とする。

Column

退行催眠による前世記憶

　退行催眠で患者の記憶を誕生以前にまで退行させ、心的外傷を取り除くという前世療法が注目されたのは1986年のこと。アメリカの精神科医ブライアン・L・ワイスが催眠治療中に患者の前世記憶を知り、紹介したことによる。

　これをきっかけに、さまざまな研究所やワークショップで被験者を集めての前世記憶の調査が進んだ。

　被験者の前世記憶が過去に実在した人物と重なるという報告は、よく知られている。

　一方で、空想や虚言ではないか、また前世記憶が王や貴族など高貴な身分に偏っているという批判もある。

　この反論として、退行催眠で被験者が知るはずのない言語を話すことは珍しくはない。またヘレン・ウォンバックは、被験者の前世の記憶の9割は労働者や農民などの庶民であったと反論している。

　ワイスは、語られた前世は人生を送るうえでの本人の思い込みやフィクションがあることは否定しないものの、核の部分は正確であるとしている。

『アヴェスター』を根本経典とし、教義は、善と悪の二元論を特徴とする。善の勝利と優位が確定されている宗教であり、一般に「世界最古の一神教」といわれている。
光(善)の象徴としての純粋な「火」(アータル、アヴェスタ語)を尊ぶため、拝火教(はいかきょう)ともよばれる。

存在(そんざい)　→エンティティ

ゾンビ　*Zombie*
何らかの力で死体のまま蘇った人間の総称である。ゾンビ死者が墓場から蘇るなど、科学的にはありえない。もともと霊魂の存在を信じているアフリカのコンゴで信仰されている神「ンザンビ(*nzambi*)」に由来するという。「不思議な力をもつもの」をンザンビとよび、コンゴ出身の奴隷たちによって中米・西インド諸島に伝わり、その過程で「ゾンビ」へ変わっていったといわれている。「ゾンビ」は、西アフリカのベナンやカリブ海の島国ハイチなどで信仰されている民間信仰、ブードゥー教と結びついており、死体を夢遊状態にして動かす=生き返らす魔力をいう。

た

タージ・マハル　*Taj Mahal*
インドのアーグラにあるイスラム教の廟堂。
ムガル帝国の皇帝シャー・ジャハーンが建てた愛妃ムムターズ・マハルの廟墓である。
22年かけて造営され、壮麗かつ繊細で華麗な建物として知られる。

大安・大安吉日(たいあん・たいあんきちじつ)
六曜の一つ。万事において佳い日。吉日。六曜は中国から伝わった考え方で、時刻の吉凶などに用いられたが、明治に入り迷信として公式の暦から記載を外された。その一方で、民間の多くの暦に広まった。大安に結婚式を挙げる習慣は現在も息づいている。大安吉日ともいう。

大威徳明王(だいいとくみょうおう)
五大明王の一つ。文殊菩薩が変じたとされる西方の守護神。
六面六臂六脚の忿怒の相で、害をなす毒蛇や悪竜、怨敵を成敗する。火炎に包まれ水牛に乗った姿で表されることが多い。

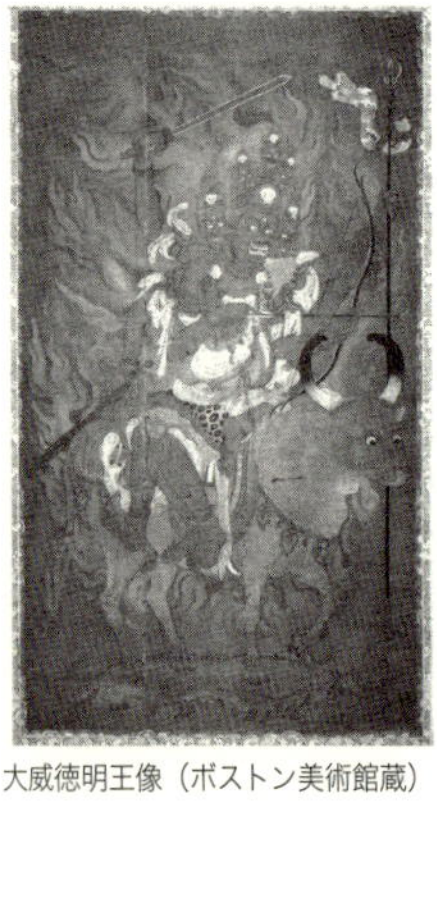
大威徳明王像(ボストン美術館蔵)

太陰（たいいん）
太陽に対する月という意味。
占いでは、陰陽師が使っていた式神の十二天将の一つで、吉神。静寂、慈愛、理想、ロマンチシズムなどを表している。

太陰暦（たいいんれき）
月の満ち欠けを基準に作られた暦。29日の月と30日の月を交互において、30年に11回、30日の月を2度続ける。古代の暦のほとんどは太陰暦であり、のち太陽の動きを取り入れて季節に合わせた太陰太陽暦へと変わっていった。
昔の中国や明治以前の日本の暦はこの太陰太陽暦である。陰暦ともいう。純粋な太陰暦は、イスラム暦にのみ伝えられている。⟷太陽暦

大英スピリチュアリスト協会
Spiritualist Association of Great Britain, S.A.G.B
1872年、ロンドンで成立。
英国スピリチュアリスト連合と並ぶ世界的なスピリチュアリスト協会の一つ。心霊現象の研究とスピリチュアリズムの啓発・普及を目的としている。

大英スピリチュアリスト協会連合
Commonwealth of the Spiritualist Association of Great Britain Commonwealth of the S.A.G.B
大英スピリチュアリスト協会と、それ以外のさまざまなスピリチュアリストの団体や協会の間の便宜を図る組織として活動している。

耐火現象（たいかげんしょう）
燃えさかる火の上を歩いたり、暖炉の石炭を手でつかんだりしても火傷をしない現象。
体が耐火レンガや耐火シートで覆われているかのようだということから、この名がある。霊学的には、霊が人間（霊媒）の体をエクトプラズムで覆い、断熱の効果をもたらすとするが、耐火現象のすべてが解明されたわけではない。

大願成就（たいがんじょうじゅ）
大きな願いがかなうこと。また神仏に祈願して、願いどおりに望みがかなえられること。
神社のお札やお守り、縁起ダルマなどによく書かれる言葉でもある。

大吉（だいきち）
おみくじで、非常に運勢のよいこと。神社本庁ではおみくじを、大吉、吉、中吉、小吉、末吉、凶と吉凶を分けている。

太極（たいきょく）
古代中国で易学から発生した宇宙の概念。天地の万物が陰と陽の気に分かれる以前の究極の根元。これを図式化したのが太極図である。太極の概念は道教や儒教にも影響を与えた。

退行催眠（たいこうさいみん）
心的外傷などを取り除くため、催

眠を用いて記憶を過去から転生まで退行させること。生まれ変わりの転生を前提にした催眠技法である。

トラウマの中には、前世の人生の出来事が現世に影響を与えたと思われる場合があり、これを催眠によって知り、現世のトラウマを取り去るのが目的である。

待降節（たいこうせつ）

降誕節（クリスマス）の前4週間。アドベント。

救い主イエス・キリストの誕生を待ち望み、準備をする期間である。

待降節の礼拝の模様

大黒天（だいこくてん）

ヒンズゥー教のシヴァ神の化身マハーカーラから、密教さらに仏教の神となった。マハーは大、カーラは時あるいは黒の意味。仏法の守護神であり、勇猛で必勝の戦闘神でもある。

また神道において大国主命と混同され、食物や財福の神となった。一般に、米俵に乗り打ち出の小槌を手にした長者の形で表される。七福神の一柱として有名。

大殺界（だいさっかい）

六星占術の言葉。殺界はよくないとされる運気のことで、小殺界、中殺界、大殺界がある。

大殺界は、12年のうちに3年（あるいは1年の3カ月、12日間の3日）あり、事を起こすのは凶とされる。

誕生日から割り出す運命星（星人）によって、大殺界の時期は違ってくる。

帝釈天（たいしゃくてん）

仏法の守護神。十二天の一つ。バラモン教やヒンドゥー教の天帝・インドラと同一の神。梵天と共に釈迦に従い須弥山の頂に住み、中腹に住む四天王を統率する。

四天王は、持国天、増長天、広目天、多聞天（毘沙門天）で、東西南北を守護する。

大焦熱地獄（だいしょうねつじごく）

八大地獄の第七。最も高温の責め苦を受けるという地獄。

生前に殺生、盗み、邪淫、飲酒、妄語、よこしまな見方をする邪見、童女や尼僧など清い者、仏に仕える者を犯す犯持戒人の罪を犯した者が落とされるという。

大乗仏教（だいじょうぶっきょう）

仏教の二大流派の一つ。

1世紀後半から2世紀にかけてインドで興った。古来の仏陀の教えに新しく解釈を加え、個人としての悟りより、人々を理想郷の彼岸へ運ぶ乗り物となるという意味で、大乗とはサンスクリットのマハーヤーナの訳。大きな乗り物の意。仏教の柱である悟りにおいても、利他のために奉仕する姿を目指している。

小乗仏教（上座部仏教）がタイやスリランカなど南方へ広まったのに対して、大乗仏教はチベット、中国、日本と北方へ伝わった。↔小乗仏教（上座部仏教）

大神霊（だいしんれい）

偉大な絶対者としての神霊の源流というべき存在。現界・霊界は、大神霊による「歪みを正しくする」法則に従っている。

ダイス占い（だいすうらない）

さいころを用いた占い。さいころを転がし、出た目や数で吉凶や物事を判断する。古くから世の東西で行われてきた占いである。

さいころは、古来より賭けやゲームの道具になったほか、神の意思を知る儀式に使われることもあった。

胎蔵界（たいぞうかい）

密教における二つの世界の一つ。一方の金剛界に対する言葉で、大日如来を理性の面から見た世界。蓮華

Column

蛸薬師（たこやくし）・京都の伝説

昔、京の町中の小さな寺に住みついた僧と年老いた母親がいた。その母親が重い病の床についてしまう。

「いま一度、蛸が食べたいのう……」

苦しい息でつぶやく母親。み仏に仕え、生臭い物を食べない息子に合わせ、母は好物の蛸を口にしなかったのだった。僧は迷うが、母親の最期の願いをかなえたかった。

けれど、こっそり蛸を買って寺に戻る姿を町人に見咎められてしまう。

「生臭いぞ。何を買うてきたのじゃ。見せろ」

人々が集まってきた。進退きわまり、僧は己の心の狭さを悟る。『母のためといいながら、私は自分の保身を案じている……』

寺を追われる覚悟で桶の蛸を掴み出すや、蛸は経の巻物に変じた。そして母親の病も癒えた。

このことがあって、いつしか寺は蛸薬師とよばれるようになったという。

小さな存在の人間の弱さと、その弱さを包みこむ仏の大きな慈悲を伝える伝説である。

や母体が種を育むように、理性が慈悲に包まれて育まれていることをいう。↓金剛界

タイタン　*Titan*

ギリシア神話でオリンポスの神々以前、地上に住んでいた巨神族。ゼウスとの戦いに敗れ、タルタロス（地下界）に追放された。チタンともよばれる。

大日経（だいにちきょう）

真言密教の根本の経典の一つ。胎蔵界を大日如来が自在に行動し、胎蔵法を説くさまが描かれている。↓金剛頂経

大日如来（だいにちにょらい）

大乗仏教の仏。真言宗の教主。宇宙を仏格化した存在で、あらゆる現実世界の現象を現している。智徳の面から表す金剛界大日と、理徳の面から表す胎蔵界大日がある。

平安時代、空海が中国から密教とともに伝え、日本で信仰が広まった。

大日如来像（運慶作）

大仏（だいぶつ）

大きな仏像のこと。中国やアジアでは、古くから自然の岩壁を彫刻した磨崖仏が作られてきた。日本では、仏教の広まりとともに多くの仏像が鋳造、建立されている。

太陽線（たいようせん）

手相で、薬指の下にある太陽丘に刻まれる、縦に伸びる線。金運や仕事の評価、社会的な成功を表す。はっきり刻まれていると、世間からの評価が高いとされている。

太陽暦（たいようれき）

地球が公転する1年の太陽の運動を基本に作られた暦。古代エジプトに始まる。ナイル川の氾濫時期が決まっていたことから、エジプトでは1年を３６５日とした。その後、ユリウス暦（1年を３６５・２５日）、グレゴリオ暦（同３６５・２４２５日）に改良され、現在は世界各国が用いている。

日本では１８７３年（明治6）に、それまでの太陰太陽暦に代わり、太陽暦となった。

新暦ともよばれる。↔太陰暦

平将門（たいらのまさかど）

平安時代中期の関東の武将。

一族の抗争から関東一帯を巻き込む戦いに広がった折り、国府を襲撃、京の朝廷に対抗して東国の独立を宣言し、新皇に即位した。

だが2カ月余りで、朝敵として藤原秀郷、平貞盛らに討伐された。御

首神社や神田明神などに祀られる。

↓首塚

『芳年武者无類 相模次郎平将門』
月岡芳年画

大霊界（だいれいかい）
この世界は、霊界と私たちが生きる現界が両輪となって構成されており、大霊界とは、霊界・現界そして宇宙を大きく抱合する世界。
人間は、その大霊界の法則の中で生きているとする。
日本神霊学研究会初代会長　隈本確教祖が唱えた。

第六感（だいろっかん）
視覚、聴覚、嗅覚、味覚、触覚以外にあるとする感覚。直感。広義では、虫の知らせや霊感を含む。
霊学的には「虫の知らせ」などは、人間を含めた霊体に備わっている特殊能力の一つである予知能力としている。

ダウジング　*Dowsing*

Column

七夕と短冊

古代の中国で、牽牛は農耕の時季を知らせる星、織女は養蚕や裁縫のシンボルとされた。

牽牛織女伝説から生まれた乞巧奠（きっこうでん）の、「乞」は願う、「奠」はまつることで、乞巧奠は「巧」つまり上達を願う祭りの意味。

日本の風習と結びついた七夕にも、裁縫や手習い事の上達を祈る伝統は受け継がれている。

江戸時代以前は、里芋の葉に降りた夜露で墨をすり、梶の葉裏に和歌を書いた。里芋の葉は天の水を受けるとされ、また梶の葉裏は柔らかな毛に覆われ、書きやすかったようだ。

江戸時代に入ると、七夕は寺子屋の行事となった。数日前から、師匠は七夕にふさわしい和歌などを手本に、子どもたちに習字をさせる。前日の６日に笹竹売りから買い求めた笹を立て、きれいに書けた色紙や短冊を笹に下げた。

年少の子どもは、モミジの形に切った紙に字を書いて下げたりすることもあったようだ。

なお五色の短冊は陰陽五行説にちなむという。

振り子やL字形の棒を手にもって、地下の水脈や鉱物を探り当てること。探す物の近くに来ると、振り子や棒が激しく動く。

水や鉱物など物質がもっているエネルギーを人が無意識に感知し、それが腕の筋肉に伝わって、振り子や棒の動きを増幅させるという。

歴史は古く、ヨーロッパでは水脈や貴金属の鉱脈、遺跡発掘などに活用された。

日本でも、東京都東村山市の水道局で、地中に埋設された昔の水道管を探すのにダウジングの手法が用いられたことがある。↓占杖術

他界（たかい）

他の世界へ行くこと。人の死。現界を去り、霊界へ行くこと。

高島呑象（たかしまどんしょう）

［1832〜1914］

高島易断の開祖。独学で易経を学び、材木商や鉄道、農業開拓などさまざまな事業を、卦を立てて成功させた。伊藤博文の暗殺を易により的中させたという。

高橋五郎（たかはしごろう）

［1856〜1935］

明治・大正期の評論家、英語学者として知られる。熱心な心霊研究者でもあり、心霊研究に関する海外の文献を日本に紹介した。

滝行（たきぎょう）

滝に打たれる修行。霊山に入る前に滝の清流を浴びて身を清めたのが始まりとされる。

密教や修験道の伝来とともに、滝壺の中で滝に打たれながら経を唱える修行となった。

最近では精神統一ができるとして、一日また数日の滝行体験が人気になっている。

滝口入道（たきぐちにゅうどう）

高山樗牛の小説。平家物語を題材に、平重盛の臣、斎藤時頼と建礼門院に雑仕女として仕える横笛の悲恋物語。

滝口の武士・時頼は身分違いの横笛との恋を反対され、横笛への想いを断つため、出家して修行の道に入る。滝口とは宮中の警護に当たった武士のことで、清涼殿の東北にある滝口に詰所があった。

1894年、読売新聞の懸賞歴史小説に入選して、連載された。

荼枳尼天（だきにてん）

夜叉の一種。半年前に人の死を知って、その心臓を食べるという女鬼。

中世になり、荼枳尼天の修法を行えば通力を得られるが、修法をやめると災禍に遭うとされ、外法とよばれることもあった。

神道では、人の死を知るとされる狐と結びつき、稲荷信仰と習合して、狐に乗った女神の姿で表される。

近世以降は、憑きもの落とし、病気平癒、開運をもたらす福神として広く信仰を集めている。

托鉢（たくはつ）

僧や尼僧が鉢をもって、各戸の前で経を読み、布施の米や金銭を受けて回ること。

蛸薬師（たこやくし）

薬師仏を祀る日本の伝承信仰で、京都、東京のほか各地に伝えられている。婦人病や子どもの病気、禿頭などに霊験があり、また蛸が危険が迫ると墨を吐くことから暗闇でも見えるとされ、眼病を治し、吸盤があることでイボや吹き出ものを治すとされる。

東京・目黒のたこ薬師成就院由来によれば、慈覚大師円仁が遣唐使の役を終えての帰路、大嵐に遭い、懐の薬師如来像を海に投じて難を逃れ帰国した。その後、海から3匹の蛸に支えられた薬師如来像が現れ、円仁はその姿を彫って本尊としたという。

他生の縁（たしょうのえん）

他生とは、この世に生きている今生ではなく前世（過去生）であり、前世で結ばれている縁の意味。また、他生には来世も含まれ、何度も生をくり返すことから、「多生の縁」と書くこともある。

ことわざの「袖すりあうも他生の縁」は、通りすがりに袖が少し触れあったような、わずかなかかわりであっても、それは見えない糸に結ばれた因縁による、という意味である。

多神教（たしんきょう）

複数の神々を信仰して崇拝する宗教。

山や池といった自然を神格化したもの、人間の暮らしに密着した田の神など、さまざまな個性をもつ。多神教は、日本の神道、古代ギリシア、古代ローマの神々、ヒンドゥー教などに見られる。

自然のあらゆるものに神や精霊が宿るとするアニミズムも、広義では多神教といえる。⟷一神教

祟り（たたり）

神仏に逆らったりすることで受ける、懲らしめや罰。

霊学的には、水子の祟りは迷信である。水子には他人に霊障を及ぼすほどのエネルギーがないためで、あるとすれば水子をつくってしまった罪の意識である。

また低級霊が人に憑依するのは、救済を求めるためであり、祟りの現象とは別物とする。

竜（たつ・りゅう）→**龍（りゅう）**

中国の想像上の生物。蛇に似た胴に四肢、頭には2本の角をもち、口辺にヒゲがある。

天に上昇して雲を起こし雨をよぶ。麒麟、鳳凰、亀とともに四霊の一つ。また、白虎、朱雀、玄武とともに四神の一つで、青竜として東方を守護する。

日本に伝来して、竜は水神や稲妻が稲を実らせるという信仰の中で農耕の神とされた。

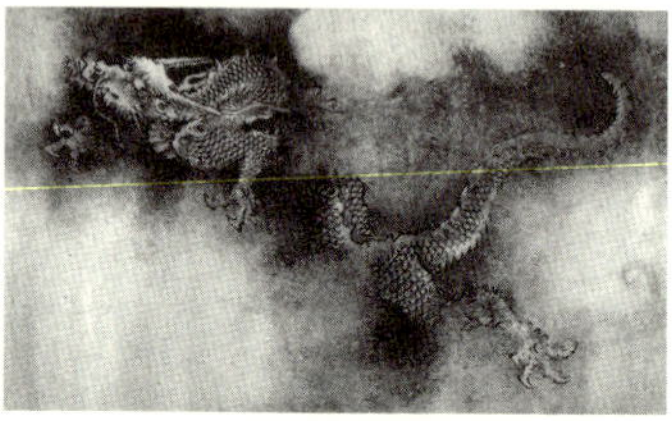

「九龍図巻」陳容画　ボストン美術館蔵

奪衣婆（だつえば）

仏教において、三途の川のほとりで冥土に向かう亡者の衣を奪う鬼婆。奪った衣は、懸衣翁（けんえおう）に渡すという。

七夕祭り（たなばた）

織女と牽牛の伝説から中国で生まれた、裁縫上手を願う祭り「乞巧奠」（きっこうでん）が七夕のルーツ。遣唐使によって日本にもち込まれ、宮中行事となった。

一方で、古く日本の民間には織物を先祖の霊に捧げるという習慣があった。これが、仏教の伝来で、お盆間近に祖霊を迎えるために水辺に棚を作って乙女たちが機を織るようになり、これを「棚機」（たなばた）とよんだ。

中国伝来の乞巧奠と民間の棚機が融合し、七夕が成立したとされる。笹の節句、星祭りともよばれる。

谷口雅春（たにぐちまさはる）

［1893〜1985］

新宗教、生長の家創始者。宗教は同一の真理を説くとして、仏教、キリスト教など、諸宗教・思想を取り込んだ万教の一致を説く。

ダビデの星（だびでのほし）

正三角形と逆向きの正三角形を重ねた星型。17世紀以降、ユダヤ人を表す象徴となり、イスラエルの国旗にも描

かれる。

ダブル *Double*

生者の霊魂とともにある乗り物、衣のようなもの。肉体の死とともに霊魂がダブルから離れると、ダブルは消滅する。ふだんは肉体と魂の緒（シルバーコード）でつながっているが睡眠時には分離した状態となる。

エーテル体（幽体）と同じ意味で用いられることも多い。ダブルの証拠写真は、ロシアの心霊研究家のアクサコフが撮影したほか、複数枚残されているという。↓複体

多宝如来（たほうにょらい）

釈迦牟尼が法華経を説いたとき、その真実を証明するために大地から現れた如来。

七宝輝く多宝塔の中に座った姿で現れ、自分の座の半分を釈尊（釈迦牟尼）に譲ったという。

ここから、多宝塔には釈尊と如来の二仏が祀られる。

魂（たましい）

肉体にあって、心のはたらきをするもの。亡くなると、肉体を抜け出して霊魂として存在すると考えられてきた。霊、精霊。

神霊学的には、死とは肉体という殻を脱いで、魂だけの存在となって誕生することである。

魂の緒（たまのお）

生者の肉体とその魂とをつなぐひも状の物質。玉の緒、シルバーコードともいう。

人間が命を終えると、ひもが切れ、魂は霊界の入り口の幽界へと向かう。幽体離脱とは、魂がひもと結ばれた状態で肉体から離れる現象をいう。

霊能力をもつ者が見ると銀色に見えることから、シルバーコードの名がある。↓シルバーコード

霊屋（たまや）

死者の霊を祀る建物。御霊屋。

古くは埋葬するまで遺骸を安置したところを霊屋とよんだ。これは死の穢れを広げないためと考えられる。また、墓の上に置く屋形などを霊屋とよぶ地方もある。

多聞天（たもんてん）

毘沙門天の別称。四天王に数えられるときに使われる名前。常に仏を守護して、法を聞く機会が多いことから、この名がある。

四天王では、北方を守る武神である。↓毘沙門天

ダライ・ラマ *Dalai Lama*

チベット仏教ゲルク派の高位のラマ。ダライはモンゴル語で大海、ラマはチベット語で師を意味する。チベットの守護尊・観音菩薩の化身であり、転生するとされる。

ダライ・ラマが亡くなると、遺言や神降ろしによる託宣、夢占いなどで、僧たちが次のダライ・ラマの誕

生地や特徴を予言。その場所で予言に当てはまる子どもを探し、さらに前世記憶を試すなどして決定する。

陀羅尼（だらに）

サンスクリット語を漢訳せずに、そのまま音誦するもので、不思議な呪力をもつとされる。

とくに密教において重要視される呪文であり、一般に短いものを真言、長文のものを陀羅尼とよんでいる。

達磨・達摩（だるま）

中国に禅宗を伝えたインドの仏教僧。ダルマはサンスクリット語で法の意。日本の禅宗にも大きな影響を与え、祖師といえば達磨を表す。達摩、達磨大師。

9年間、座禅を続け手足がなくなったという伝説から、縁起物のダルマが生まれた。各地のダルマ市では、願い事を縁起ダルマに託す人々でにぎわう。

タロット占い（たろっとうらない）

タローカードとよばれる78枚のカードを用いた占い。カードに描かれた人物や風景の絵によって、質問の答えを導き出す。

1970年代から80年代にかけて英米で起きたスピリチュアル運動によって、人気が広まったとされる。

檀家（だんか）

代々、特定の寺に所属して寺を支える家。寺や僧を助け庇護する者という意味のサンスクリット語ダーナパティからきた言葉。

江戸時代、幕府によりキリシタン禁制を名目に、宗旨人別帳が作られ、寺が檀家の葬祭供養を独占する檀家制度が確立した。

現在は核家族化や葬式仏教への批判などで、檀家の存在が弱まっている。

断食（だんじき）

修行や祈願、宗教行為として、一定期間、自発的に飲食を断つこと。安産を願っての断食など、当事者でなく親しい身内が行うこともある。

イスラム教のラマダンは、ムスリムの義務として、断食が厳しく守られている。

また宗教以外には、政治的な抵抗として行われるハンガーストライキがある。

丹波哲郎（たんばてつろう）

［1922〜2006］俳優、心霊研究家。

生涯に外国映画も含めた出演作は

300本以上、個性の強い名優として映画テレビ界で活躍した。その一方、霊界の存在を信じ、霊界研究でも知られる。著作『丹波哲郎の大霊界』は大ベストセラーとなった。

ち

畜生道（ちくしょうどう）
仏教の六道の一つ。生前に犯した悪業によって、畜生に生まれ変わること。
六道とは、輪廻における6つの苦しみの世界をいい、その中で畜生道、餓鬼道、地獄を三悪道とよぶ。

地神（ちじん）
国津神。この地を治めた神。
地神五代は、神武天皇以前にこの地を治めた五柱の時代をいう。天照大神、アマノオシホミミノミコト、ニニギノミコト、ヒコホホデミノミコト、ウガヤフキアエズノミコトの五代。↔天神

地相（ちそう）
住宅の建つ、その土地の形状などによって、吉凶を判断する占い。
霊学的には、住まいに関する霊障の原因として悪霊の一つ、地縛霊をあげている。

茅の輪くぐり（ちのわくぐり）
神道の夏越しの祓。茅を大きな輪にしたものをくぐり、正月から半年の罪やけがれを祓い暑い夏を元気に過ごそうと願う行事である。
茅(ち・ちがや)は萱(かや)、菅(すげ)、薄（すすき）などを総称してよぶ言葉。

チベット占星術（せんせいじゅつ）
チベット暦を用いて吉凶などを判断する占い。
チベットでは占星術が広く浸透しており、ダライ・ラマの即位といった大きな式典から、旅行や進路など個人的な相談まで、さまざまな事柄が占星術による吉日で行われるという。

チャクラ
サンスクリット語で輪を意味し、人間のエネルギーが蓄積されているところ。
ヨーガでは、脊椎に沿って数カ所のチャクラがあり、輪が回転するように生命エネルギーを循環させているとする。チャクラの数は諸説ある。

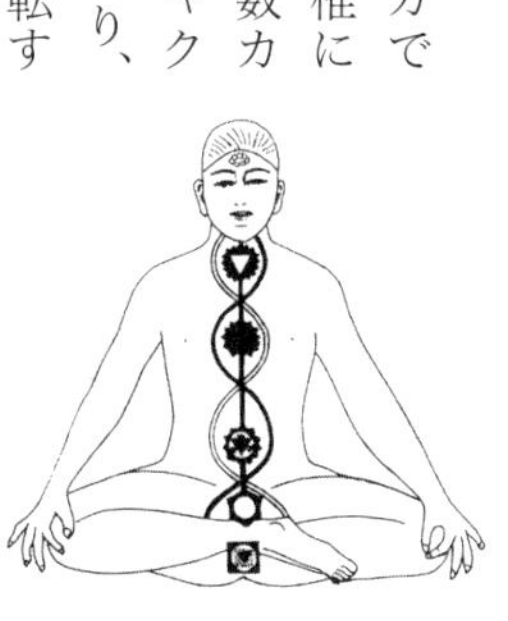

茶断ち（ちゃだち）
願掛けのために、ある期間、お茶を飲まないこと。自分の好きなものを断つことで、願掛けを強めるという民間信仰。昔、お茶が贅沢品であったことが想像される言葉である。

チャネリング　*Channeling*

一種の自己催眠や瞑想により、別の次元の霊的な存在と交流すること。前世や未来を知り、また地球外の生命体や霊と交信する。
　また、それを一般に伝えること。過去や特別な霊と人間とを媒介すること。瞑想などによりなされる、他の世界、地球外の星の霊との交信も含まれる。
　チャンネルを開くという意味の造語。こうした能力をもつ者をチャネラーとよぶ。

中吉（ちゅうきち）
　おみくじで、大吉の次くらいによいこと。
　吉、小吉、中吉、末吉の順位については、神社本庁によれば、各地域によってさまざまで、定まっていないという。

超常現象（ちょうじょうげんしょう）
　これまでの自然科学の分野で説明できない現象。霊能力や超能力、テレパシー、幽霊や妖精・妖怪など、時代や国を越えて、さまざまな報告がされている。
　特殊な能力のある人間に備わっているとされる、予知や透視、念写などの能力による現象も含まれる。

超心理学（ちょうしんりがく） *Parapsychology*
　パラサイコロジー。人間や動物のもつ超感覚的な知覚（ＥＳＰ）や念力（ＰＫ）を対象とした科学的研究をいう。
　また、生物と環境の間に起こる超常的な現象について研究する。

超心理学協会（ちょうしんりがくきょうかい） *Parapsychological Association*
　1957年設立の、超心理学研究者のための国際的な組織。

超心理学財団（ちょうしんりがくざいだん）」 *Parapsychology Foundation*
　1951年、イギリスの著名な霊媒師ギャレット夫人によって設立された。
　超感覚的知覚（ＥＰＳ）や超心理現象の研究を推進するのが目的である。諸分野から科学者を招いた国際会議の企画立案も行っている。

超神霊（ちょうしんれい）

日本神霊学研究会 長崎聖地に建つ『超神霊』像

大霊界の最高神。日本神霊学研究会によると、天地創造の神である素の神、天界の守護神である聖天恩祖主本尊大神（天の神）、聖の神（聖なる御魂親様）などである。↓聖の神

鳥葬（ちょうそう）
　チベットなどにおける葬儀の一つ。魂が抜けでた肉体は抜け殻にすぎず、鳥葬台に運んでハゲワシなどに

食べさせる。魂の抜けた肉体を、鳥によって天に運んでもらうという意味もある。チベット仏教が伝わるインドやモンゴルの一部でも行われる。
　チベットの葬儀には、鳥葬のほか、搭葬、土葬、火葬、水葬もあるという。

超能力（ちょうのうりょく）
　普通の人にはできないことを可能にする能力。
　現在の科学では合理的な説明ができない能力。一種の神秘能力である。
　これを科学的に解明しようという動きも進んでおり、超心理学の分野では、多くの学者や研究者によって念力、透視、予知などの研究がされている。

調伏（ちょうぶく）
　仏教用語で、煩悩や害をなすものに打ち勝つこと。とくに密教で、五大明王などを本尊とする祈祷によって、悪霊や怨敵を降伏させることをいう。

直接書記（ちょくせつしょき）
Direct Writing

Column

茅の輪（ちのわ）と蘇民将来（そみんしょうらい）

　各地に伝えられる蘇民将来は災厄を祓い福を招く神として民間に信仰されてきたが、こんな説話も残されている。
　天照大神の弟スサノオが旅をしていたときのこと、疲れて日も暮れてきたので、宿を探した。まず、裕福な巨旦将来（こたんしょうらい）の屋敷に行ったが断られ、次に兄の蘇民将来の家の戸を叩く。蘇民将来は貧しい暮らしだったが、スサノオを招き入れ心づくしのもてなしをした。心に留めたスサノオは数年後、蘇民将来を訪ね、茅で作った輪を腰につければ、流行り病にかからないことを教えた。
　ここから蘇民将来は疫病除けの神になり、「蘇民将来」「蘇民将来子孫也」などと書かれた護符を無病息災や家内安全のお守りとして、門や鴨居に飾る蘇民将来信仰が生まれた。陰陽道にも取り込まれ、護符の多くに晴明紋が記される。
　腰につける小さな茅の輪も、時代を経て大きくなり、茅の輪をくぐることで罪を清めけがれをはらうという茅の輪くぐりの神事に発展した。

ち

霊媒が手を触れることなく、霊によって文字がつづられること。

交霊会では、発光する手が現れ、鉛筆などを握って文字が書かれるほか、誰も触れていない鉛筆が動き出して文字をつづるなどの現象が報告されている。

直接談話（ちょくせつだんわ） *Direct Voice*

霊媒や立会人から引き出されたエクトプラズムによって作られた人工の喉を使って、霊の声を聞くこと。故人の声やイントネーションのままで聞こえる。

直観（ちょっかん） *Intuition*

哲学で、思考や推察を重ねることなく、直接的に対象をとらえること。直感でピンとくるといったものではなく、経験的な知識をもつ者の認識力ともいえる。霊感もこの一種とされる。

地理風水（ちりふうすい）

古来より続く、地理学や土地の状態を元にした風水の占い。龍流とよぶ山々の起伏や水龍とよぶ水の流れなどで、風水的によい立地を導きだす。地理風水によると、東京はよい立地の一つとされる。

鎮魂（ちんこん）

魂を鎮めること。たましずめ。死者の霊を慰める意味で使われることが多いが、元は生者のための儀式。

神道では人間の魂はときに体を離れると考えられ、これを体に繋ぎ戻し、鎮める儀式を鎮魂（たましずめ）とよんでいる。

また、外から体の魂を揺することで魂を生き生きとさせることは、魂振（たまふり）とよばれる。

つ

追善供養（ついぜんくよう）

亡くなった人の冥福を祈って行う供養。狭義では一周忌、三回忌、七回忌など、命日に行う法事。

追善は生きている人が善事を行うこと。善行を積むことで死者の罪が除かれ、極楽浄土へ行けるとされる。

追弔（ついちょう）

亡くなった人の生前をしのんで冥福を祈り、また喪にある人を弔問すること。

月読尊（つきよみのみこと・つくよみのみこと）

日本神話の神で、天照大神の弟でスサノオノミコトの兄。父神より夜の国の支配を命じられる。月齢を読むことを神格化したもので、農事にかかわる神ともされている。

付喪神（つくもがみ）

古来より日本に伝わる精霊の一種。人の近くで長い年月を経てきた道具に神や精霊、霊魂が宿ったもの。人をだますとされる。

戊（つちのえ）

十干の第五。土の兄（え）の意。陰陽五行の占いでは、陽の土。山のようにどっしりと揺るぎない性質をもつ。

己（つちのと）

十干の第六。土の弟（と）の意。陰陽五行の占いでは、陰の土。手間をかけて作物を育てる畑のように、打たれ強く辛抱強い性質をもっている。

罪（つみ）

宗教的な罪とは、道徳的な規範を犯したり不正を行うこと。神などによって定められた掟を破ること。

仏教では、戒律や道理に反した行為によって報いを招く悪行を、罪（つみ・ざい）とよぶ。

人類すべての罪を背負い、十字架の刑に処せられるイエス・キリスト

キリスト教の罪は、ヘブライ語で「的を外す」の意味。神が人間に要求する神の意思から、人間が外れることを意味する。これには悪意を心にもつことも含まれる。罪の許しは、イエス・キリストの十字架の犠牲を通して与えられるものである。

積石（つみいし）

石を積み上げること。古来より積石で墳丘や塚を造る風習は世界で見られる。積石塚。

賽の河原の石積みは、親孝行できぬまま死んだ子どもがその罪を石を積んで詫びる行為である。

また生者が行う場合は、賽の河原で繰り返し石を積む子どもに少しでも楽をさせようと、子どもに代わって石を積む回向の意味があるという。

露払い（つゆはらい）

貴人や神霊の先に立って先導すること。またその役目の人。夜露に濡れた草木をかき分けて先導する者からきた言葉。

祭礼では、神輿の前を太鼓台や獅子舞が先導することがあり、これを露払いとよぶ。大相撲では横綱の土俵入りの際、太刀持ちと共に露払いが横綱の先導をする。

て

手当て（てあて）

病気や怪我の治療や処置をすること。病気の際、患部に手を当てて治療したのが手当ての語源とする俗説があるが、「手当て」自体に「処置」の意味が含まれる言葉である。

低級霊（ていきゅうれい）

霊界の低い段階にいる霊、また人間界に近い幽界にとどまり人間界と幽界を行き来する浮遊霊などの総称。
　彼らは、死後、霊界人になった自覚もなく、見知らぬ霊界に居場所を見つけられない苦しさや、人間界にいたときの未練を、人間に取り憑き霊障を起こさせることで訴える。
　因縁ある場所にしがみついた地縛霊、また自暴自棄になり、苦しみを通り越して人間に災いを与えることを生きがいにする悪霊や狂霊も、広義では低級霊といえる。↔高級霊

デーモン *Demon*→**悪魔**

手かざし療法（てかざしりょうほう）
・手のひら療法。
　患部に手をかざして治療すること。エネルギーを患者に伝えることで、患者が前向きな活力を得るエネルギー療法とされる。
　手のひら療法には、手のひらや指で患者に触れるやり方と、患者の体から少し離してエネルギーを送るやり方がある。聖書によると、イエスも手のひらによる治療を行っている。
　英語でハンド・ヒーリング、ヒーリング・タッチとよばれる。

出口なお（でぐちなお）
［1837〜1918］
　出口王仁三郎と並ぶ、大本教二大開祖の一人。

出口王仁三郎（でぐちわにさぶろう）
［1871〜1948］
　新宗教の大本教の二大開祖の一人。肩書は教主輔、尊称は聖師。
　強いカリスマ性で昭和の前期、大本教を日本有数の宗教団体に拡大させた。

デジャ・ヴュ→既視感

デスペランス夫人
D'Esperance,Mme,Elizabeth
［1855〜1919］
　イギリスの著名な霊媒師。優れた霊視能力をもち、さまざまな霊能現象を起こした。

手相（てそう）
　掌に現れる筋の形状や長さ、肉付きによって運命や性質などを判断する占い。筋の位置により、運命線や頭脳線、感情線などがある。
　掌の細かな線は数カ月で変化するため、本人が意識して努力することで、手相もよいものに変化するという。

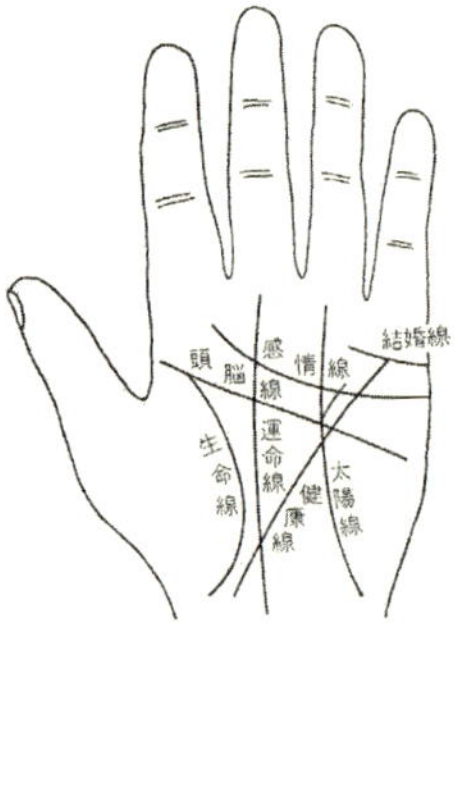

デビル *Devil*
　とくにキリスト教における悪魔のこと。神に敵対する悪の力の象徴的な存在である。

寺銭（てらせん）
　博打や花札などを行う場所の借り

代として、貸元や席主に支払う金。出来高の何割を払うかは事前に決めることが多い。

江戸時代、寺の境内が賭場となり、儲けの中から寄進したことでよばれるようになった。背景には境内が寺社奉行の管轄であり、町奉行による取り締まりから逃れられたという側面もある。

デルタ波（でるたは）

脳波の一つで、顕在意識がはたらいていない深い睡眠時（ノンレム睡眠）や無意識の状態にあるときに見られる。

脳波は、脳の神経細胞から出る弱い電流のことで、アルファ波、ベータ波、ガンマ波、シータ波と、このデルタ波に分類される。

デルフィの神託（でるふぃのしんたく）

古代ギリシアの神託。香気に導かれて入神状態になった巫女が神託を受けた。テセルフイ（デルフォイ）の地には、アポロンの神殿があった。当時の王政に、神託は重要な位置を占めていた。

デルモグラフィー *Dermography*

心霊現象の一つで、霊媒の腕などの皮膚に筆跡や絵文字の模様が現れること。

霊界からの通信といえる現象だが、催眠術や暗示によって起こることもあり、虚偽の場合もある。

現象が続くのは数分ないし数時間

Column

D. D. ホームの耐火現象

耐火現象を扱った心霊実験は、心霊研究の初期によく見られた。なかでも有名なのが、D. D. ホームの耐火現象である。

ダニエル・ダングラス・ホーム（1833～1886）はスコットランド生まれの著名な霊媒師で、彼の耐火現象は、イギリスの物理学者クルックスはじめ研究者たちにより報告されている。

例をあげると、降霊でトランス状態となったホームは、赤く燃えた暖炉の石炭を掌に載せ、息を吹きかけ火力を強めた。さらに燃えさかる石炭を素手でつかんで、シャツの中に入れたが、火傷もせずシャツも燃えなかった。ときには、薪が燃える暖炉に頭を入れ、頭部が炎に包まれた状態になることもあった。この場合もホームの髪は焦げた匂いすらしなかったという。驚くべきことに、傍にいた数名が一時的に耐火の力を得たことも報告されている。

心霊研究によると霊が霊媒の体からエクトプラズムを合成し、断熱効果を与えるという。

で、長期にわたる聖痕書記現象とは区別される。→皮膚書記、皮膚描画

テレパシー *Telepathy*

超常現象の一つで、遠隔精神反応と訳される。離れた場所にいる者の心の内が、他人に伝達されること。

C.G.ユングは時間や空間など物理的法則を越えた高い次元で起こる現象と考え、シンクロニシティ(同時同調性)と名づけた。ユングによれば、人間の心の深層部には、こうした高次元の現象を感じ取る能力があるという。

超心理学では、透視や予知と合わせてESPとよばれる。→遠隔精神感応

テレポーテイション→瞬間移動→トランスポーテイション

人体移動現象。人がドアや壁をすり抜け、瞬時に別の場所に運ばれる超常現象。トランスポーテイションともよぶ。

天界(てんかい)

地上のはるか上にあるとされる天使や神々が住む世界。

霊学的には霊界のさらに上の世界。生前の修行により、また人類への貢献によって、天界への道が開かれるとされる。

天界上げ(てんかいあげ)

霊界にさまよう霊を天界に上げること。

日本神霊学研究会初代会長隈本確教祖により、その秘儀が完成された。秘儀によって、霊魂が天界へ至る道を天界道という。

天灰上げ(てんかいあげ)

神力の込められた護符などには、歳月を経ても御力が鎮まっている。

日神会の浄火天灰上げの儀

日神会の用語で、御力が鎮まった天灰奉などの祈願を「聖の神(聖なる御魂親様)」へ直接お届けする儀式のこと。

天界道神技(てんかいどうしんぎ)

日本神霊学研究会 初代会長 隈本確教祖によって研究開発された自分一人でもできる浄化法の秘儀。

日本神霊学研究会の御守り本尊 聖地恩祖主本尊大神(聖なる御魂親様)をまっ白くキラーッと光る聖の文字で自己の胸中に描き、「いらっしゃる」と決定し、「お願いしまーす」の真心の想いで吸いの呼吸に合わせて体全身に超神霊エネルギーをいただく祈りの神技。

自身に取り憑いた霊を浄化し、体の不調の改善、自身の霊格を高めることや精神面の安定をはかることなど、いろいろなことに効果があるとされ、方法により先祖供養も行えるとされる。→自己浄霊

天灰箱（てんかいばこ）
日神会において、神にお返しする護符などを奉納する場所をいう。

天灰箱

天灰奉（てんかいぼく）
日神会で行われる、「聖心祈願浄火天灰上げの儀」にて「聖の神（聖なる御魂親様）」へ祈願を届けるために使用される木札のこと。

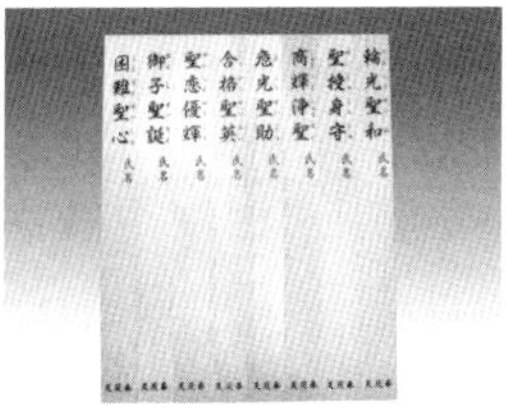
天灰奉

天狗（てんぐ）
深山に住むという想像上の妖怪。神通力があり、自在に飛翔する。中国古来の妖怪と日本古来の物の怪が習合したとされる。山岳信仰にも結びつき、山の神とよばれる。
中世以降、山伏姿の赤い顔で鼻が高く羽うちわをもち、自在に飛翔するという天狗のイメージが確立した。

天国（てんごく）
神や天使の住まう清らかな天上の理想世界。
キリスト教では、亡くなった信者が、神の前で永久の祝福を授かる場所としている。神の国。天の国。
神霊学的には、霊魂が向かうのは、幽界や霊界、神界が何層にも続く世界とされる。

天使（てんし） *Angel*
神の使者のはたらきをする存在。日本の宗教観では、八百万大神に相当する存在ともいえる。

天使ガブリエル *Gabrie*
キリスト教で、神の意思を伝える役目の天使長の一人。処女マリアに受胎告知を伝えたことで有名である。大天使ガブリエルとも。
最初はユダヤ教の天使であり、キリスト教やイスラム教へと伝えられた。

『受胎告知』（ダ・ヴィンチ画）に描かれた天使ガブリエル

天竺（てんじく）
インドの古称。中国から日本や朝鮮に広まった言葉である。七世紀になって、『西遊記』のモデルとなった玄奘三蔵が初めて、印度（インド）という呼称を使ったという。

天寿（てんじゅ）
生まれたときに天から授かった寿命。自然な寿命。天命。定命。

天杖（てんじょう）
脇長生と霊媒の萩原真によって考案された自動書記通信の道具。いろは48文字と数字が書き込まれた盤とT字形の棒（天杖）から成る。T字形の棒の両端を二人で支えもち、天杖が盤の上を動くのを読み取る。

天照皇大神宮（てんしょうこうたいじんぐう）
伊勢神宮の内宮の意。
福岡県糟屋郡久山蝶にある、天照大神などを主神とする神社。

天神（てんじん）
天界の神。あまつかみ。雷、雨、水と関連づけられる荒ぶる神。また農耕の神として信仰されている。
↔地神（ちじん）

転生（てんせい・てんしょう） *Reincarnation*
生まれ変わること。日本では、輪廻、輪廻転生などと同意義に扱われる。リインカーネーションの訳語が転生である。
生まれ変わりの思想は、インドのヒンドゥー教や仏教、古代ギリシアにも存在する。

天台宗（てんだいしゅう）
最澄によって中国からもたらされた大乗仏教の宗派。
最澄を祖とする日本の天台宗は法華経を中心として禅、戒、念仏、密教をも含み、比叡山延暦寺は四宗兼学の道場とされる。
空海が唐から帰国して伝えた真言宗の密教を東密とよぶのに対して、最澄の天台宗密教は台密とよばれている。

伝奏（てんそう）
取り次いで天子に奏上すること。天皇や上皇に、奏請を取り次ぐ役。
日本神霊学研究会においては、信徒からのさまざまな人生相談を受け、教祖の教えを信徒に伝え導くことを伝奏とよぶ。

伝奏師（でんそうし）
日神会で、信徒に対して教祖の教えを伝える役目の者。

天中殺（てんちゅうさつ）
算命学の運命論の一つ。十干と十二支の組み合わせで、十二支が2つ余分になるとき、天が味方しないとする考え方。物事が意に反して動き、トラブルが起きやすいとする。
四柱推命では空亡（くうぼう）、六星占星術では大殺界とよばれる。
↓大殺界

伝道（でんどう） *Mission*
とくにキリスト教において、教えを伝え広めること。
おもにプロテンタントで使われ、カソリックの場合は布教、宣教とよぶことが多い。
伝道師、宣教師は、それを務めと

する人。

天王星（てんのうせい）
太陽系7番目の惑星。ラテン語のウーラノスは、ギリシア神話の天の神の意。
発見が17世紀と新しいため、七曜や九曜には含まれない。西洋占星術では、水がめの支配星で凶星。改革、別れ、不安定など変化を表すとされる。

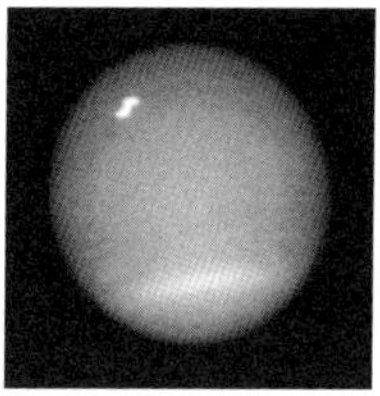

天満宮（てんまんぐう）
菅原道真の霊を祭神とする神社。京都・北野天満宮、福岡・大宰府天満宮のほか各地にあり、天神さま、天神さんの名で親しまれている。

京都・北野天満宮

本来、天神は原始神道において天上界に住む神々のこと。平安時代以降、道真を祀る天満宮をさすようになった。→菅原道真

天命（てんめい）
人間の力を超えた、天の命令による吉凶禍福。
また生まれたときに定められた天寿のこと。

天命線→運命線

天理教（てんりきょう）
１８３８年、中山みきが神がかって創唱した習合神道系の宗教。親神（おやがみ）天理王命の世界救済を目的に、祈念、奉仕、相互扶助による平和の実現をめざしている。
教派神道十三派の一つ。明治末期頃より大教団に発展した。

電話透視（でんわとうし）
電話の相手を透視する能力のこと。電話でつながった相手の様子以外にも、別の場所に置いた、相手がふだん身に付けもち歩いている物なども透視できるのが特徴という。
電話占いは、この透視能力を応用したものだが、むろん信頼性の高い場合と、偽物の場合と両方ある。→心霊（サイキック）テレビジョン

と

ドイル卿→コナン・ドイル

統一教会（とういつきょうかい）
韓国で１９５４年、文鮮明（ムン・ソンミョン）が創立した新宗教・世界基督教統一神霊協会（１９９４年に世界平和統一家庭連合と改名）の日本でのよび名。
世界各国に３００万人の信者がいるとされる。その一方で、霊感商法による布教活動や国際合同祝福結婚式が世間の注目を集めた。

トウェイン→マーク・トウェイン

道教（どうきょう）

中国古代の民間信仰を元に、不老長生や現世利益を求める伝統宗教。
陰陽五行説や道家思想、さらに仏教思想を加味して、5世紀頃に体系化され、民間習俗に影響を与えた。

水牛に乗る老子

道家は老子・荘子の説を進めた学者の総称で、道にのっとり恬淡・無為自然な行いをすれば国の乱れなしとする。儒教、仏教と並ぶ中国三大宗教の一つ。

同行二人（どうぎょうににん）

四国巡礼などで、遍路の笠に書かれる言葉。

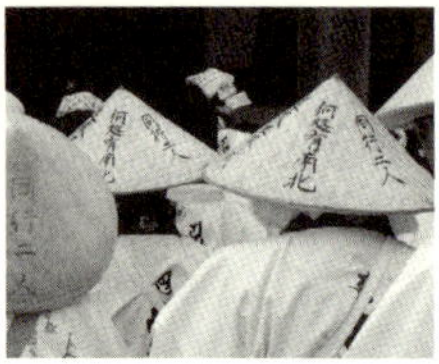
「同行二人」と書かれた編笠

巡礼は一人ではない。常に弘法大師がそばにいて、一緒に巡礼をしてくれるという意味。

統合失調症（とうごうしっちょう）

思考や行動、感情を、ある目的に沿ってまとめる能力が低下し、幻覚や妄想、まとまりのない行動をする症状。いわゆる健常者でも、強いストレスなどにより、こうした症状を引き起こすことがあり、投薬やリハビリを必要とするのが統合失調症である。２００２年、日本精神神経学会はそれまでの精神分裂病の名称を変更し、この名称が使われるようになった。

霊学的には、意識と無意識が交代して人格の統一が妨げられコントロールできなくなった状態として、トランス状態と区別している。

冬至（とうじ）

二十四気の一つ。黄道上の黄経２７０度の点が冬至点で、太陽がこの冬至点を通過するとき。北半球では夜が最も長く、昼が短い。

道祖神（どうそじん）

道端で悪霊や疫病をはね返し、通行人や村人を守る神。辻や村境、峠などに置かれる。

自然石の丸石や男女二体を彫り込んだ石像など、種類も多様である。

守護神でありながら、小正月の左義長の祭りでは、道祖神を悪霊として火中にくべることがある。賽（さえ）の神ともよばれる。

動物霊（どうぶつれい）

動物の霊魂や精霊。古来、自然界の不思議な現象が動物の霊魂と結びつけて考えられ、動物霊の祟りも伝えられている。

霊学的には、動物霊に霊的エネルギーはあるものの微弱なものであり、人に影響を及ぼすことはないとする。

人に霊障を及ぼす浮遊霊や地縛霊などの低級霊は、人間の霊魂だけのものである。

灯篭流し（とうろうながし）→**精霊流し**

遠野物語（とおのものがたり）

1910年、民俗学者の柳田國男が発表した説話集。岩手県遠野地方の伝承や伝説119話が収められている。日本の民俗学に大きな影響を与えた。

1935年には、299話を追加した『遠野物語増補版』が発表されている。

読経（どきょう）

経典を音読すること。大勢の僧侶が声を合わせて読むのは、諷経（ふうぎん）とよばれる。

本来は経典の内容を理解し実践するために読経が行われたが、大乗仏

Column

トランス状態とシャーマン

宗教的または感覚的なトランス状態は、エクスタシス（エクスタシー）ともよばれる。

霊界との交信ができるシャーマンは、自らをトランス状態にして、神や精霊、死者の霊魂などと交信し、託宣や予言、治療などを行うが、トランス状態への入り方はさまざまだ。たとえばイタコは祭壇で呪文を唱える。西アジアのシャーマンは火を起こし特殊な煙を吸ってトランス状態に入る。宗教儀礼の音楽によりトランス状態に陥る場合もある。シャーマン以外では、聖母マリアを目撃した多くの人々がトランス状態になったとされる。

こうした神秘体験は、2つのタイプに大別できる。まずシャーマンの魂が体から離れ霊界や異界へジャンプし、神や精霊、霊魂と交信する脱魂。そして、超自然な存在がシャーマンに入り込む憑依の2種類である。

トランス状態に陥ると通常の感覚はなくなり、忘我・恍惚状態となる。極端な場合は昏睡状態になることもある。

教の伝来とともに、読経そのものに修行や呪術の意味合いを含むようになった。

読心術（どくしんじゅつ）

顔の表情などにより、人の心を読み取ること。

また、何もない状態での読心の方法として、テレパシー、精神修行により得られる超常的能力、仏教の瞑想により得る他心通力、インド哲学のヨーガの修行書に記される他人の心を見通す力なども含まれる。

霊学的には、テレパシーや透視の力で、人の記憶や潜在意識を読み取る能力とされる。

得度（とくど）

本来は苦海を越えて、悟りの彼岸へ渡ること。度は、サンスクリット語の訳で、渡ることの意。

そこから転じて、出家して僧や尼になることをさすようになった。

とげぬき地蔵（じぞう）

東京豊島区巣鴨にある曹洞宗の寺院・高岩寺の通称。毛利家の女中が誤って針を飲みこみ、地蔵菩薩の姿を印した御影を飲み、無事に針を吐き出すことができたという言い伝えから、とげぬき地蔵の名がある。

歳神（としがみ）

その年の五穀豊穣や幸福を司る神。正月に家々に迎えて祀る。年神。歳徳神。年ごとの来臨の方角が恵方（えほう）である。

トシドン

シュロの皮の衣服をまとい、鬼のような顔をした歳神。天上界から子どもの行動を眺めており、大晦日になると山上へ降りてくる。夜、馬に乗って家々を回り、その年に悪さをした子を懲らしめる。

秋田のナマハゲに似ているが、こちらは南九州の各地に伝わる風習。

戸田城聖（とだじょうせい）

［1900〜1958］

宗教家、教育家、実業家。

創価教育学会の初代理事長。戦後、創価学会と改め会員を増やした。創価学会第二代会長。

寅（とら）

十二支の第三。方角はほぼ東北東。寅の時刻は、午前4時前後から2時間。寅は一日に千里走り千里戻るといわれることから、出戻りを忌み、寅の日には婚礼を避ける風習があった。

ドラキュラ→吸血鬼

ドラゴン→竜（たつ）

トランス状態（とらんすじょうたい）

→入神状態

普段とは違った変性意識状態にあること。入神状態、脱魂状態、恍惚状態ともよばれる。

催眠療法では深層の思考や感情が現れる状態。ヒステリーなどによる意識消失の状態。宗教的修行の瞑想による法悦状態などがある。

霊学的には、霊能者が霊と交信するときの状態や、いわゆる神がかりの状態である。霊媒がトランス状態になることで、霊は霊能者の体を使えるようになる。


トランスポーテイション→時間移動、テレポーテイション

トランプ占い（とらんぷうらない）
トランプカードの数や絵柄で、幸運度や恋愛運、願い事を判断する占い。

酉（とり）
十二支の第十。方角は西方。酉の時刻は、今の時間で午後6時ごろから2時間とされる。

鳥居（とりい）
神社などの神域と俗界の境に立て、神域の入り口とするもの。二本の柱の上に笠木を渡し、その下に柱をつなぐ貫を入れた形が一般的。
ただ、鳥居の形式は寄進者の好みが反映されることが多いため、さまざまな形式がある。

三囲神社（東京都墨田区）の三柱鳥居

Column

酉の市（とりのいち）の由来（ゆらい）

毎年11月の酉の日に、熊手を求める人で賑わう酉の市。だが全国的に見れば馴染みのない人もいる。そのはずで、酉の市は東京はじめ関東に多く見られる大鳥神社、鷲神社、酉の寺など酉にちなむ寺社で開かれる市である。

その由来は、日本武尊の故事にちなむ大酉祭を起源とする神道説。仏教の浅草・酉の寺の鷲妙見大菩薩開帳日に立つ市を起源とする説がある。ただ本当のところは、農民たちの収穫祭を起源とするのが正解のようだ。

東京足立区花畑（古くは花又）にある鷲大明神は別名を鶏大明神といい、氏子は鶏を食べず、収穫祭には生きた鶏を奉納して、祭りの後、浅草の浅草寺に放ったという。

祭りに立つ市には、農機具や古着に混じって熊手も売られた。この熊手を、わしづかみの鷲の爪に見立て、福を掻き込む縁起物として買い求めたのが江戸の商人だった。

その後、酉の市の人気は、現代まで賑わいの続く浅草の鷲神社へと移った。

三柱鳥居（みはしらとりい）は、鳥居三基を正三角形に組み合わせたもので、隣り合う鳥居が柱を共有し、三本の柱となる。京都の蚕の社（木嶋神社）や南禅寺大寧軒、東京の三囲神社などで見られる。

また稲荷神社に朱色の鳥居が見られるのは、朱色を、生命の躍動や災いを防ぐ色とする伝統からとされる。

とりなし *Intercessin*

とりなすとは、取り持つ、仲介するという意味。

キリスト教において、とりなしは気高い精神の現れとして大事にされ、キリスト者の義務として信徒はお互いにとりなし祈るよう勧められる。聖書には、モーセがイスラエルのために、サムエルが国民のためにとりなし祈ったことが記されている。

トロール *Troll*

北欧に伝わる妖精、または怪物。トロルド、トラウ、トゥローなどともよばれる。

本来は毛に覆われた怪物であったが、国ごとに、その姿はさまざまに変化しており、現在は、北欧の国々で愛される存在となっている。

ノルウェーでは、置いた物が見つからなくなると「トロールのいたずら」といい合う。

森のトロール
（T・キッテルセン画）

な

内卦（ないか）

占いの易の用語。易では六十四卦の基本図象が用いられる。内卦はそのなかで大成卦を形成する6本のうちの下の3本をいう。

内観（ないかん） *Introspection*

内省ともいう。心または精神の状態を知るため、自分自身でおのれの心または精神の働きを観察すること。

日本では、江戸時代の白隠禅師の著書『夜船閑話』（やせんかんわ）に紹介されている心身のリラックス法。「軟酥（なんそ）の法」が有名である。また、昭和期の実業家・僧侶、吉本伊信が浄土真宗系の信仰集団・諦観庵に伝わっていた自己反省法「身調べ」から発展させた。森田正馬が創始した森田療法もある。

海外では、心理学研究のために、自分自身の精神状態を観察する方法として、実験心理学の祖ヴィルヘルム・ヴントが考え出した。

しかし、1920年頃から客観的・科学的心理学者、とくにアメリカの行動主義者によって内観法は用いられなくなった。

内省（ないせい）↓内観

内房（ないぼう）↓キャビネット

長尾郁子（ながおいくこ）

［1871〜1911］

透視能力と念写能力をもつ超能力者として、東京帝国大学の福来友吉博士に紹介された。

裁判所の判事長尾与吉の妻で、一男二女の母親であり、観音信仰が篤かった。35歳の時に御船千鶴子に関する報道に刺激されて精神統一して修練を積み、透視ができるようになった。その後、福来友吉が、未現像の写真乾板を彼女に送って透視の結果を出してもらってから現像するという方法で実験を繰り返し、不正疑惑を避けようとした。実験は数回行われ、いずれも的中した。

透視結果を現像すると、次第に念写がはっきりし、また複雑な文字なども可能になり、「念写」(*Nengraphy*)と命名し数多くの実験結果が学会に発表された。

しかし明治44年1月に行われた実験で写真乾板を入

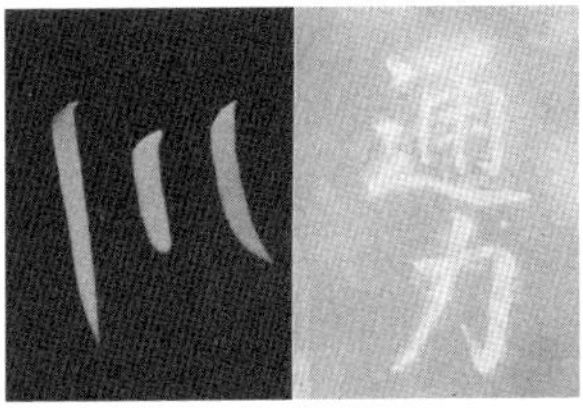

長尾郁子の念写

Column

中山みき（1798～1887）
――天理教教祖

幕末に現在の奈良県天理市に生まれたみきは、13歳で市内の中山家に嫁いだ。夫婦と長男の病気平癒の祈祷を修験者に依頼した折、みきは神がかりとなり、「この世の人を救うため、神の住む社（やしろ）としてみきを差し出せ」という神の言葉を伝えた。このとき、みきは41歳。天保9年(1838) 10月26日、みきを「神のやしろ」に、天理教が創設された。

神名は天理王命（てんりおうのみこと）、神の教えである平和な「陽気ぐらし」の世の実現をめざす。

神がかり以降、みきは夫の家の財産を貧しい人々に施し、富豪の婚家は没落するが、教団では、この行為を「心のもち方しだいで陽気ぐらしができるという手本」としている。

天理教はかなの教えともよばれ、民衆にもわかりやすいよう、かな文字を多用しているのが特徴。みきが和歌の形式で書いた「おふでさき」、おつとめの地歌「みかぐらうた」、みきにより語られた神の言葉を記録した「おさしづ」を教典としている。

れ忘れて念写を依頼する手違いがあり、長尾郁子の超能力を疑う学者らは一方的に「透視と念写は全くの詐欺である」見解を発表した。長尾郁子側は以後の実験を拒否し、２カ月後に急性肺炎で急逝した。

中つ国（なかつくに）

中間の国、中央の国を意味する。「つ」は現代の「の」に相当する言葉。中津国、中国とも書く。

日本神話における「葦原の中つ国」のことで、地上世界のこと。神々の住む高天原と死後の黄泉の国の間。転じて日本の国土。

長沼妙佼（ながぬまみょうこう）

［１８８９～１９５７］昭和時代の宗教家。立正佼成会脇祖。

埼玉県生まれ。16歳のとき姉の養女となり、姉の影響で天理教に入信。25歳で結婚、夫の不身持ちから11年目に離婚、上京して41歳のとき再婚、小売商を開店。商売は繁盛したが、子どもの死、病弱などに苦しむ。昭和11年庭野日敬（にっきょう）に先祖供養を勧められ霊友会に入会する。

信仰により病を快癒、庭野とコンビを組み、献身的布教活動に取り組んだが、１９３８年（昭和13）、『法華経』実践教団大日本立正交成会（現立正佼成会）を創立。１９４３年（昭和18年）に副会長となった。本名の政を妙佼と改め、後半生を布教に捧げ、慈悲の人と慕われた。昭和32年9月10日死去。67歳。

縄抜き・ジバン（襦袢）抜き現象（なわぬき・じばん（じゅばん）ぬきげんしょう）

霊媒の体が、縄で束縛されていて、詐術防止のために施した封印などに何の変化も与えずに、そこから抜け出してしまうこと。

に

ニールセン、アイナー

Einar Nielsen

［？～１９６５］デンマークの物質化霊媒。著しい浮揚現象やテレキネーションを起こした。その現象については、シュレンク・ノッチング男爵によって研究されている。１９２４年にはアイスランドＳＰＲにおいて数回実験会を行っているという。

ニール・ドナルド・ウォルシュ

Neale Donald Walsch

［１９４３～］アメリカ合衆国の作家。ウィスコンシン州ミルウォーキー生まれ。ローマ・カトリックの家で、精神世界の探索を奨励する家族のもとに育つ。『神との対話』シリーズの著者である。

肉体（にくたい） *Body*

人間は肉体と精神と魂の存在だという。
神秘学では、人間や植物や動物、生きているものはすべて、「物質的肉体」だけでなく、「エネルギー身体」が重なっていると考えている。エネルギー身体は、エーテル複体といわれ、人間は、エーテル体、アストラル体、メンタル体、コーザル体という目に見えない複体のエネルギーで構成されている。
一般に肉体というと、物質的身体ととらえがちであるが、スピリチュアルでは、エーテル複体が重なり合った状態をいう。

肉体脱離体験

Out of Body Experience

超心理学用語で対外遊離体験ともいう。自分の肉体から抜け出す感覚の体験のことである。自分が肉体から遊離し、肉体の外に出ている、あるいは自分の物理的な肉体を外から見ている、という印象をもつ一連の体験をいう。

ニクロタロープ→暗視能力者

ニクロ嬢→ガッピー夫人

二元論（にげんろん）

物事の根本を相反する二つの原理、要素で分けようという概念。精神と物体、善と悪などで物事を説明

Column

邇邇芸命
（ににぎのみこと）

『邇邇芸命』楊洲周延画

アマテラスの命を受け、三種の神器を携えて、多くの神々を率いて高天原（天界）から葦原中国（地上＝高千穂の峰）へ降り立った神のこと。皇室の祖先になったとされている神。
正式名は、天邇岐志国邇岐志天津日子番能邇邇芸尊（あめにぎしくににぎしあまつひこほのににぎのみこと）、日本書紀では天津日子火瓊瓊杵尊（あまつひこほのににぎのみこと）という。「ニギシ」は豊かなことを、「ヒコ」は日の神の御子が空高く照り輝くことを表している。つまり「天から日の神の御子によってこの地上にもたらされた神聖な稲穂が立派に成長してにぎにぎしく豊かに稔る」という意味。
父神の天忍穂耳神（あめのおしほみみのかみ）に代わって地上に降り立ったニニギは、そこで見そめた大山祇（オオヤマヅミ）神の娘の木花咲耶姫（このはなさくやびめ）と結婚し、海幸彦、山幸彦（ホオリノ命：初代天皇の神武天皇の祖父）など三柱の子をもうけた。

しようとする考え方。

宗教世界においての、光と暗黒、聖と俗、彼岸と此岸など、この概念はすべての宗教に見られる。

哲学では、理性と感覚、イデア世界と感覚的世界、愛と憎しみで分けようとした。中国の陰陽も二元論で説明できる。⟷一元論

二重人格（にじゅうじんかく）

Dual Personality

「二重人格」とは、自分が自分であるという感覚が失われている状態のことで、精神障害である。正式な病名は「解離性同一性障害」という。かつては多重人格障害（*Multiple Personality Disorder;MPD*）とよばれていた。

一人の人間が二つの人格をもつ「二重人格障害」、一人の人に複数の異なる人格が、入れ替わり立ち替わり現れる「多重人格障害」がある。生死にかかわるような危険で過酷な体験など、強いストレスやトラウマから起こる障害の一種である。本人は、解離症状に気がつかないことがあり、来た記憶のない場所にいたり、買った記憶のない品物をもっているなど、基本的に他の人格がしたことを記憶していないので、自分自身も周囲も混乱することが多い。約束を守れず、信用を失ったり、孤立感を高めるなど社会生活を続けていくことが難しい。

多重人格を題材とした作品として、スティーブンソンの『ジキル博士とハイド氏』やヒッチコックの『サイコ』などが有名である。

また、その時々で言動が極端に変わる人のことを「二重人格」などと揶揄したりもするが、これは精神障害における二重人格とはまったく異なる。

尼僧（にそう）

一般に、出家得度した女性。剃髪し染衣を着けて、尼寺にあって修行する女性をさす。比丘尼（びくに）ともよばれる。かつては尼入道、尼女房、尼御前（あまごぜ）、尼御台などとよばれた。

キリスト教の修道女も尼僧と称することがある。

日蓮宗（にちれんしゅう）

鎌倉中期に日蓮によって開かれた仏教の宗派の一つ。

1253年（建長5）4月28日、安房国（あわのくに）（千葉県）の清澄寺で初めて「南無妙法蓮華経」を日蓮が唱えたときを立教開宗の日としている。

もっぱら『法華経（ほけきょう）』を帰依（きえ）の対象にするので、法華宗（ほっけしゅう）と称していた。安土桃山（あづちももやま）時代の末期には天台法華宗（天台宗）と区別するため、日蓮法華宗、日蓮宗といわれるようになった。江戸時

代までは法華宗または日蓮法華宗といった。本尊はお釈迦様、大曼荼羅、日蓮聖人。

　総本山は身延山久遠寺。久遠寺住職は法主（ほっす）とよばれる。

新渡戸稲造（にとべいなぞう）

［1862〜1933］日本の教育者・思想家。農業経済学・農学博士。岩手県出身。日本銀行券の五千円券の肖像としても知られる。

　新渡戸は熱い硬骨漢であったが、札幌農学校に入学してキリスト教に入信してからは、その教えに深い感銘を受け、のめり込んでいった。1883年に東京大学へ進学するが、1884年、「太平洋のかけ橋」になりたいと私費でアメリカに留学、ジョンズ・ホプキンス大学に入学した。伝統的なキリスト教信仰に満足しなかった新渡戸は、クエーカー派の集会に通い始め、親交を通して後に妻になるメリー・エルキントンと出会う。

　その後、著書『武士道』（*Bushido: The Soul of Japan*）を著したり、国際連盟事務次長も務めるなど活躍した。また東京女子大学初代学長。東京女子経済専門学校（東京文化短期大学・現：新渡戸文化短期大学）初代校長を務めた。

　超能力にも多大な関心を寄せていて、世界的な哲学者ベルグソンや文学者ギルバート・マレー博士と交友があり、日本の東北の優れた霊能者佐藤法亮尼に教えを請うたりした。


日本心霊科学協会（にほんしんれいかがくきょうかい）

　公益財団法人日本心霊科学協会（こうえきざいだんほうじんにほんしんれいかがくきょうかい）は、スピリチュアリズムの思想哲学や心霊現象・超常現象など精神世界を科学的に研究する、1946年設立の学術的心霊研究団体。

　前身は心霊科学研究会及び東京心霊科学協会であり、浅野和三郎が設立。浅野和三郎の死後も活動を続けていたが、第二次世界大戦で活動を休止、終戦後1946年に関係者により日本心霊科学協会が設立される。1947年2月以来、機関誌『心霊研究』を毎月発行。1949年に財団法人の認可を取得し、東京都教育委員会所管となる。2012年（平成24年）4月1日より内閣府所管の公益財団法人となる。

　本協会は昭和21年（1946）に「心霊現象の科学的研究を行い、その成果を人類の福祉に貢献すること」を目的に創立された。


日本神霊学研究会（にほんしんれいがくけんきゅうかい）

　長崎（大村市）と東京（五反田）に拠点をもつ宗教法人。略称は日神会。

　初代会長『隈本確』により創設。

日神会の守護神・主宰神・教祖は、初代会長『隈本確』の魂であり、大霊界全生命体の守護神である『聖地恩祖主本尊大神』（お呼び名『聖の神』〈聖なる御魂親様〉）である。

　みずからの霊障を受けやすい体質に悩まされてきた隈本確が研究を重ね、健康と幸運がつかめるようになる方法を追求。科学や一般常識ではどうしても説明のつかない予知などの神霊現象を正しく理解し、霊障に悩む人のために治療を行うなどの活動を行っている。

①人に憑依して（取り憑き）救済を求めてくる先祖神霊・諸々の神霊の即座の救済と、同時に取り憑きによる痛み苦しみの即座の解消、救済。

②人の胸中（心の世界）に内在する、その方の魂の救済（魂の向上）。生前においてその方の魂に、神の資格とお力をもっていただく。

③その方の身体の救済（浄化）。活性化の力をお与えし、元気になっていただく若返っていただく。

　また、神霊治療と神霊学研究に一生かけて取り組み、得られた知識は、初代会長隈本確の著書『大霊界』シリーズ『大霊界1～16』、『超神霊』、『大霊界　神々と霊族と人類』（以上弘文出版）、『大霊界 天界道（天国への道）』（ブライト出版）により公開公表されている。

日々魂の救済が行われる霊験あらたかな聖地。右が日本神霊学研究会 長崎聖地。左が五反田にある東京聖地

　初代会長入滅後の2016年からは神主 聖師教 隈本正二郎により『新大霊界シリーズ1～5』、『大霊界真書』、『マンガでわかる大霊界』、初代教祖隈本確の旧著の現代的解釈に挑んだ三部作『隈本確全著作解題』（以上展望社）などが刊行されている。

日本スピリチュアリスト協会（にほんすぴりちゅありすときょうかい）

　日本心霊科学協会から分れた心霊研究団体。東京都品川区東大井に本部がある。

　日本心霊科学協会から、その実行機関として昭和24年（1949）に東京心霊科学協会が併設され、昭和34年（1959）に現在の名称、日本スピリチュアリスト協会に改められた。平成8年（1996）からは、法人化により、新たな活動をはじめている。

日本超心理学会（にほんちょうしんりがっかい）
心理学の同好の士の交流の中から昭和38年（1963）に「超心理学研究会」が発足。
当初は大谷宗司（防衛大学校教授、現会長）、恩田彰（東洋大学教授）、金沢元基（都立竹台高校教諭）が中心となり、活動していた。この会が発展的に解消し、昭和43年（1968）に「日本超心理学会」が設立され、現在に至る。
初代会長は小熊虎之助（明治大学教授）が務め、宮城音弥、南博、黒田正典らが大会開催に協力した。
この学会は、メンバーがお互いに

Column

日本三大妖怪　——鬼・天狗・河童

科学が発達していなかった時代、自然災害や、疫病など不可抗力の厄災を、人々は妖怪の仕業として恐れてきた。数多くの想像上の妖怪が民話や伝承として伝えられているが、その代表ともいえるのが鬼・天狗・河童であろう。

古来、人を食う怪物であった鬼は仏教伝来とともに、鬼神、餓鬼、閻魔大王の家来として認識されるようになった。

「鬼神に横道なし」とは、鬼神は邪なことをしないという意味。超人的な力を発揮する鬼を単なる悪とはみなさない捉え方をしている。

天狗は深山に住む妖怪で、自在に飛翔し神通力をもつ。中国古来の妖怪と日本の物の怪が習合したとされる。また「神隠し」の原因として、天狗がさらったとする言い伝えが残されている。

川や沼に住む河童は、水中に馬などの家畜を引き摺り込んで血を吸う妖怪である。子どもが溺れると河童が引きずり込んだとされた。

畏れられながらも、どこか憎めないキャラクターなのも共通している。

協力しつつ超心理学の研究を推進することによって、人間の心の基本事実を明らかにし、人間の科学ひいては広く人類・社会に貢献することを期している。学会論文誌の発行をはじめ、多くの先進的活動を行っている。

ニューエイジ *New Age*

神智学を淵源として、1960年代にアメリカ合衆国西海岸を中心地とした霊（霊性・スピリチュアリティ）的、宗教的思想の一つで、60年代の既存の、あるいは主流の体制的な文化に対抗する文化とその運動。一種のサブカルチャー運動で、その思想的影響は、社会に多大な影響と功績をもたらした。

とくに宇宙や生命の存在を考え、自己とのつながりや人間のもつ無限の潜在能力を強調し、個人の霊性・精神性を向上させることを目指す思想、及び実践活動は、ロックバンドのビートルズや、アップル創業者スティーブ・ジョブズなどにも影響を与え、ヒッピー・ムーブメントにコミットしている。「超越瞑想」を創始したインド人マハリシ・マヘーシュ・ヨーギーはアメリカで活躍し、ニューエイジの牽引者の一人となった。↓精神世界

入神状態（にゅうしんじょうたい） *Trance*

トランス状態ともいう。その状態にもよるが、脱魂状態や恍惚状態とよばれることもある通常とは異なった意識の状態、つまり変性意識状態の一種である。

シャーマンの入神状態には、霊魂が体から離れて神や霊と接触する *ecstasy*（エクスタシー、脱魂）型がある。反対に神や霊などの超自然的存在がシャーマンに憑依する *possession*（ポゼッション、憑依）型があるといわれている。

霊に憑依されたときの霊媒や、心霊現象を起こしているときの霊媒などにみられることもあり、また人々が聖母マリアを目撃している最中（↓聖母の出現など）やイエス・キリストを目撃している最中なども入神状態に陥ることがある。↓トランス状態

ニューソート（新思考） *New Thought*

19世紀アメリカで、禁欲的なプロテスタント系カルバン主義への反発から生まれた霊性運動。キリスト教の聖書を違った解釈でとらえ直そうとするもの。メスメリスト（催眠治療家）であるクインビーやクリスチャン・サイエンス運動のメアリー・エディー、哲学者エマーソンらによって広まった。

「そもそも原罪は存在せず、人はすべてキリストの力を内在する」、「人間の意識は宇宙とつながっている」

とし、禁欲的なキリスト教信仰に疑問をもつ思想家や労働者に支持された。日本では、生長の家創始者の谷口雅春も影響を受け、光明思想と訳している。

ニューソートの前向きに物事をとらえるという考え方は、自己啓発として現代社会にも伝わっている。

ニューブロー博士、ジョン・バロウ・ニューブロー） *Newbrough,Dr.John Balou*

［1828〜1891］歯科医。霊視（透視）、自動書記、自動絵画などを得意としたニューヨークの霊媒。

彼は、真っ暗な中で両手を使って、絵画を仕上げたり、目を閉じたまま本を読むことができたといわれている。代表作『オースピー *Oahspe* エホバとその使者たちの言葉による聖書（コスモン・バイブル *Kosmon*

Column

人間の霊的環境

スピリチュアリズムの霊魂論は、複数の高級霊たちによってもたらされた霊的知識の集積である。

①人間を取り巻く世界は、物質界と霊界に分けられる。
②“死”によって肉体は滅ぶが、霊的身体で霊界での生活を始めるようになる。
③永遠の生活場所である霊界には、無数の霊的存在がいる。人間の霊は、それぞれの「霊的成長度」に応じた界層で生活するようになる。
④霊界の存在者は、地上人に対してさまざまな働きかけをしており、何らかの霊的関係をもっている。
⑤地上人の中には、生まれつき「霊媒体質」をもった人間がいる。
⑥霊媒を通じてもたらされる霊界からのメッセージには、高級霊からの霊界通信などがあり、人類に真の霊的成長をもたらすものがある。
⑦人間は“神”によって霊的存在として創造されている。すべての人間は「神の分霊」を真の自我として内在させている。
⑧霊体にも霊的感覚（霊視力・霊聴力・霊触覚・霊臭覚）やその他の霊体能力が備わっている。
⑨霊界からの働きかけは、しばしば地上の霊能者・霊媒によってなされる。
⑩人間が地上世界に誕生してくる目的は、霊界での永遠の生活に備えるためである。
⑪地上人生における正しい霊的努力を通じて「霊的成長」がもたらされることになる。

Bible)』(1882)は、タイプライターによる自動作用で書かれた。

女人禁制（にょにんきんせい・にょにんきんぜい）

仏教において修行の妨げになるとして、女性が寺や山内に入ることを禁じること。明治初年まで、高野山や比叡山などに女性は立ち入ることがかなわなかった。

女人高野（にょにんこうや）

奈良県宇陀市にある室生寺（むろうじ）の別称。室生寺は平安時代に建てられ、真言宗室生寺派の大本山。女人禁制を守る真言宗の高野山に対して、女性の参詣を認めたことから女人高野とよばれた。

また、弘法大師空海の母がその晩年を過ごした高野山近くの和歌山県九度町にある慈尊院（じそんいん）も女人高野の別称がある。

女人堂（にょにんどう）

女人禁制を守る山内で、その境外につくられた女性のためのお堂。女性たちはここで読経をしたり念仏を唱えたりした。

とくに、高野山の女人堂は名高い。

庭野日敬（にわの にっきょう）

［1906〜1999］新潟県生まれ。16歳で上京。漬物店や牛乳店を営むかたわら、次女の病気をきっかけに信仰に目覚めた。易学や修験道などさまざまな信仰遍歴を重ねた末、法華経信仰の道に入る。

1935年（昭和10）に法華系新宗教教団の霊友会に入会。当時教団幹部であった新井助信より法華経の講義を受ける。1938年（昭和13）3月5日、師事する新井の強力な勧めもあり、庭野は長沼政（のちの長沼妙佼副会長、脇祖）とともに霊友会を脱退し、国柱会出身の村山日襄ら他約30人の信者で法華経をよりどころとする大日本立正交成会を創立。

この会創立と共に庭野は日敬に改名（改名前は庭野鹿蔵）。一時期は信者公称約170万世帯700万人以上を擁する大教団に育てた。また1979年（昭和54）「宗教界のノーベル賞」といわれるテンプルトン賞を日本人で初めて受賞した。他にも、アルベルト・シュヴァイツァー博士の生誕100年を記念したユニクェスト・シュバイツァー賞、ローマ教皇庁の大聖グレゴリウス勲章、キリスト教・ユダヤ教国際協議会のインターフェイス・メダリオン（宗教対話促進賞）など、数多の賞勲を受けている。1999年（平成11）老衰のため逝去。享年92。

認識論（にんしきろん）

Epistemology

認識の起源、知識や真理の性質・起源・範囲（人が理解できる限界など）などについて考察、研究するもの。哲学の一部門。

ぬ

鵺（ぬえ）

『鵺』鳥山石燕「今昔画図続百鬼」より

鵺の最も有名な話は、源頼政による鵺退治。頼政は酒呑童子討伐で有名な源頼光の子孫で、弓の達人であったため天皇の勅命により鵺を弓で射止めた。

「頭は猿、足手は虎、尾はくちなわのごとき異物を射おとせしに、なく声の鵼に似たればとて、ぬえと名づけしならん」

鵺の伝承は日本の各地に残り、地名になっている所もある（静岡県の三ヶ日町には鵺の各部位毎に因んだ、鵺代、胴崎、羽平、尾奈という地名がある）。いかに鵺が当時有名で恐れられていた妖怪かがよくわかる。

ぬらりひょん

水木しげるの『ゲゲゲの鬼太郎』に登場して有名となった。一般的には、瓢箪鯰（ひょうたんなまず）のように、掴まえどころがない化物とされている。家の者が忙しくしている夕方時などにどこからともなく

Column

眠気の霊的な意味

夜更かしをしたり睡眠不足ではないのに、眠気に襲われることがある。昼食後の２時ごろに眠くなるのは、体内時計ともいわれる生体リズムが影響しているという。

スピリチュアルな意味でいえば、疲れていないのに眠気が襲うのは、人生の節目などで体内の周波数が変化するとき、とする説がある。

また、人の魂は眠っている間、霊界へ帰っているともされる。このとき活動するのが意識下にある潜在意識、あるいは、さらに奥にある超意識帯である。

精神世界の奥底にある無意識の心の領域にはさまざまな感情やストレスが埋もれている。それらは少しずつ顕在意識下に吐きだされ浄化されているが、あまりに溜め込みすぎるとこの浄化作用が追いつかなくなる。こうしたとき、心と体のバランスが崩れ、ふいに眠気に襲われたりするのである。

たかが眠気、されど眠気。肉体のみならず魂にとっても眠ることは大切なことといえる。

やってきて家に入り、茶や煙草を飲んだり自分の家のようにふるまう。

家の者が目撃しても「この人はこの家の主だ」と思ってしまうため、追い出すことはできない、またはその存在に気づかないとされている。また「妖怪の総大将」であるともいい伝えられている。

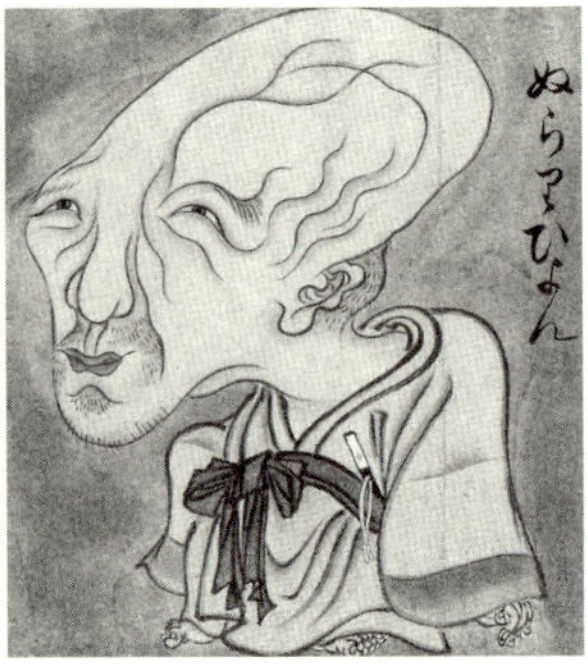

『ぬらりひょん』佐脇嵩之「百怪図巻」より

民間伝説や物語、風土記、妖怪画集などに出てくる。とくに江戸時代の妖怪絵巻などに描かれている。秋田県では、百鬼夜行の一員となっている。岡山県では、海坊主の一種とされ、瀬戸内海に浮かぶ人の頭ほどの大きさの球状の妖怪で、捕まえようとすると沈んだり浮かんだりして人をからかうという。「ぬらり」と手をすり抜け、「ひょん」と浮いてくることから、この名称がついたとされている。

ね

ネオプラトニズム　*Neoplatonism*

新プラトン主義ともいう。西洋古代哲学として一時盛んになった。古代ギリシアの哲学者であるプラトンのイデア論を継承し、万物は一者から流出したもの（流出説）と捉える思想。紀元3世紀頃にプロティノス（*Plotinos 205～270 CE*）によって始まったとみなされる哲学的潮流。プロティノスは、アリストテレス、ストア学派、新ピタゴラス派等、さらにアンモニオス・サッカスらエジプト神秘学からの思想をも摂取し、プラトン哲学のイデア論を一元論的に展開することで、従来のプラトン主義がもつ二元論的側面の克服を試みた。

ルネサンス期にイタリアで再び盛んになった思想である。

涅槃（ねはん）

仏教用語。智慧を磨き修行を積んで、迷いや煩悩や執着を断ち切り、悟りに到達する。そして、いっさいの苦・束縛・輪廻から解放されたその最高の境地のこと。サンスクリット語のニルバーナ。

風が炎を吹き消すように、自己の燃えている煩悩や執着の火が悟りによって消滅し、すべての苦悩のなくなった状態をさしている。そのときの寂静な最上の安楽の境地を「涅槃寂静」という。「永遠の平安」「完全な平和」「絶対の安らぎ」とも訳される。

なお、釈迦の入滅（肉体の死）は

とくに「完全な涅槃」（般涅槃）とよび、普通の人の死と区別して涅槃に入るという。

念返し（ねんがえし）

人の念はさまざまな作用をもたらす。人を恨んだり憎んだりすることなく、つねに何のわだかまりもなく、明るく清らかな気持ちでいれば、たとえ邪な念がきても性質が合わないため弾き返されてしまう。

ところが、時にはよろしくない念を受けることもある。なんとなくけだるい、肩が重いなどというときは、相手から強い念が送られてきているのかもしれない。

そんなときは、そのままそっくり相手に返すことが必要になる。これが念返しである。

受け手側が何かきていると感じるときは、見えなくても言葉に出して帰ってもらう。また、瞑想して、誰かの念がきていると感じられるときは、その相手をイメージし、「ごめんなさい、愛しています、許してください」などの言葉を投げかけるとよい。

その他、鏡を使う方法や、呪い返しの護符を身につけるなどの方法がある。

念写（ねんしゃ） *Thoughtgraphy*

物理的心霊現象、あるいは心理的物理現象といわれるものの一つである。露光をする必要もなく、心に

Column

念体（ねんたい）

想念によって作りだされるもの。幻の場合もあり、お化けや幽霊、種々の心霊現象などの形態を取ることもある。幽界の一画には、霊魂が生前から引きずってきた強烈な想念がヘドロやマグマのように集まっている。

念とは人間の激しい想いの感情である。さまざまな激しい想いの念が集まり、念体になるとされる。たとえば恨みつらみの念が集まり、般若や髑髏の形の念体になり、幽霊や心霊現象として、現界に現れるのである。

念体にも人間に厄災をもたらす悪の念体と、人間に害をなさない善の念体がある。悪念体とは邪悪な想念の固まりであり、また死して霊格向上の修行を放棄した地縛霊などの悪想念の固まりである。それらが念体となって、波長の合う人間に取り憑こうと待ち構えているのだ。

地上の私たちとしては、悪の念体に取り憑かれない心身を保つことが大切となる。

念じるだけで、思った内容が直接写真乾板やフィルムに写るとされる現象。また、レンズも必ずしも必要ではなく、特別な能力をもった霊媒によって、心霊像や絵画、書体などが厳封された乾板上に自由に表れる。霊媒は手をカメラに触れるだけにして、フィルムの装填、現像までを実験者が行うことで詐術防止への配慮がなされる。超心理学の研究対象である。

　心理学者の福来友吉博士は、ソートグラフィーとか、念グラフィーと名づけた。

　1893年には、イストラティ博士（*Dr. Istrati*）よって遠隔地間で成功し、1895年には、ロジャース（*Rogers,W.Inglis*）が、郵便切手を一分間凝視し、ついで暗室で20分ぐらい感光板を見つめて感光させたことが知られている。1996年には、フランスの物理学者アンリー・バラディック博士が、暗室で写真感光板の上に手を置いて思念させ、それを感光させることを実験し、人物や物体を想像させるような形のものを感光することに成功している。

　日本では、三田光一、高橋貞子、亀井三郎、長尾郁子などの霊媒が能力を発揮している。

念写実験（ねんしゃじっけん）

　心霊写真の一種で、心の中に思い浮かべている観念を印画紙などに画像として焼き付ける実験のこと。超心理学の研究対象として行われた。1910年12月に、福来友吉博士が御船千鶴子・長尾郁子の透視の実験・研究中に発見した現象といわれている。

　X線を通さない鉄の箱の中に密閉した写真用乾板を入れ、超能力者・三田光一が念写画像を焼き付ける実験を行い成功したとされるが、これらの研究内容を発表したものの当時の学者たちから実験の不備を非難され認められることはなかった。

　それ以降、超能力者とされる人物による念写実験は度々行われているが、今日まで科学的に解明されるには至っていない。

念動作用（ねんどうさよう）→サイコキネーシス

念仏（ねんぶつ）

　サンスクリット語では*"buddha-amusmRti"*で、仏教における行の一つ。念仏には次のようなものがある。①真理そのものとしての法身を感じて念じること。②仏の姿や功徳を心に思い描いて、その名号を口に出してよぶこと。③仏陀に対する帰敬、礼拝、讃嘆、憶念などの意。

　日本では一般的に、浄土教系の宗派において、「南無阿弥陀仏」と阿弥陀仏の名前を唱え、阿弥陀仏に帰依すると称え、合掌礼拝する「称名念仏」をさすことが多い。

念仏踊り（ねんぶつおどり）

踊り念仏、空也念仏ともいう。太鼓や鉦を打ち鳴らしながら念仏や和讃を喜び唱える様子が踊りに似ていることから、この名がある。

平安中期に、僧の空也が京の辻で始め、鎌倉時代に一遍上人が開いた浄土教の一宗派・時宗によって盛んになった。念仏は踊りとともに広まったともいわれる。↓念仏

念力（ねんりき）↓サイコキネーシス

の

ノイマン、テレーゼ

Therese Neumann

［1898〜1962］1800年代の終わりごろから1900年代にかけて、南ドイツのコンネルスロイトという村（当時）にテレーゼ・ノイマンという人がいた。

彼女の生家は、兄弟が多く、貧しいながらも敬虔なクリスチャンの一家であった。彼女は、1922年に咽頭腫瘍のため、固形食を止め、それから1年余りは、流動食で過ごしていた。1925年には水もほとんど飲めなくなり、1926年の4月になると聖痕が現れ、金曜日ごとに血がたくさん流れるようになったという。

その「聖痕現象」は、脇腹、額、肩にも表れ、彼女が他界する1962年まで続いた。テレーゼ・ノイマンの聖痕からは、1日に半リットルもの血が流れ出し、そのために彼女はしばしば失神した。傷(聖痕）を調査した研究者は、それが間違いなく自然発生したものではなく、イエスの十字架の処刑を思わせるものであったという。

テレーゼ・ノイマンは、他界する35年前から完全に飲食を断つ生活を送り、入神状態に入るとイエスが生前に使用していた言葉＝アラム語を発したといわれ、数々の不思議な心霊現象を引き起こしている。

脳波（のうは）

Electroencephalogram：EEG

ヒト・動物の脳から自発的に発生する電気活動を、頭皮上、蝶形骨底、鼓膜、脳表、脳深部などに置いた電極＝増幅器で記録したもの。脳波は、精神活動（覚醒度）、年齢、薬物等の感覚刺激、意識標準によって変化する。てんかん、脳腫瘍、頭部外傷、脳血管障害、脳炎などの診断に用いる。

脳波の基礎律動は、周波数帯域ご

とに、δ波（デルタ波）、θ波（シータ波）、α波（アルファ波）、β波（ベータ波）の4つに分類される。
成人の場合、安静にして目を開いているとベータ波が、目を閉じているとアルファ波が現れ、熟睡しているとデルタ波が出てくる。
もし、覚醒しているにもかかわらずデルタ波やシータ波が現れる場合は、脳の機能が低下していると考えられ、てんかん、脳腫瘍、脳挫傷などが疑われる。
また、覚醒と睡眠など脳の生理学的研究にも欠かせない。記録した曲線が波状を描くので、この名がある。

ノートンテイラー、ウィリアム
William Nortontaylor
生年不詳。ニュージーランドの霊媒。物質化現象や直接談話現象、また病気治療で知られる。

ノストラダムス、ミシェル
Michel Nostradamus
［1503〜1566］フランスの医師、占星術師、詩人。料理研究の著作も著している。日本では『ノストラダムスの大予言』の名で知られる詩集を著した。
四行詩形式の予言は非常に難解であり、後世さまざまに解釈された。また、その「的中例」が広く喧伝されてきた。彼の予言は、現在に至るまで多くの信奉者を生み出してきた。
1564年には、国王シャルル9世より「常任侍医兼顧問」に任命された。その2年後、病気により62歳で没した。
本名は、フランス語によるミシェル・ド・ノートルダム（*Michel de Nostredame*）。よく知られているノストラダムスの名は、姓をラテン語風に綴ったものである。

のっぺらぼう
野箆坊（のっぺらぼう）。顔に目・鼻・口のない日本の妖怪。古くから落語や講談などの怪談話や妖怪絵巻に登場する妖怪である。小泉八雲の『怪談』の「貉（ムジナ *Mujina*）」に登場して有名である。
また、本所七不思議の一つ『置行堀（おいてけぼり）』と組み合わされ、魚を置いて逃げた後に蕎麦屋へ入り、その恐怖を話すと、蕎麦屋の主人がのっぺらぼうだったというダブルで恐怖に襲われる話もある。

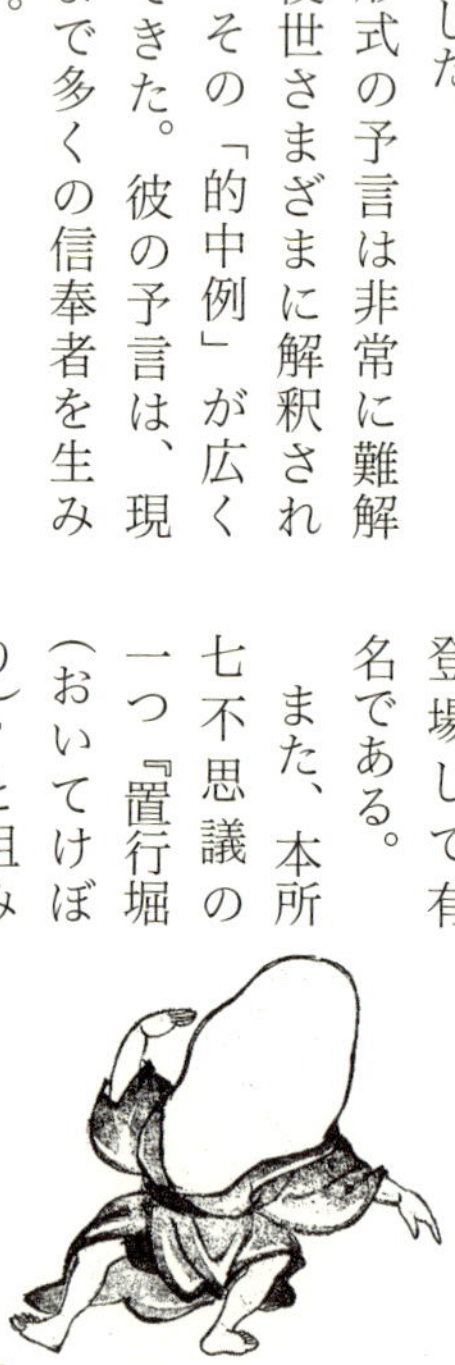
『のっぺらぼう』竜斎閑人正澄画「狂歌百物語」より

妖怪としての害は、人を驚かすことだけにとどまり、それ以上の危害を与えるようなことはない。

ノナ夫人（ノナふじん）
Lady Nona
ローズマリー霊媒のコントロー

ル。約3000年前のエジプト王妃であったという。

ノノムリ

昭和初期、日本人の実業家で庭師だった萩原真の守護霊。モンゴルのりんご園で働いていたとき、自動書記が突然起きてノノムリとの交信が始まったという。

この時、霊は「佐々次郎源良之」と名乗り、萩原氏の守り主（守護霊）だと告げた。ノノムリは生前は源義経の家臣で、頼朝の義経成敗の際に、義経は吉野から奥州に落ち延び、さらに北海道から蒙古に逃れてジンギス汗になった。

佐々次郎も、衣川の戦いから後、義経公の供をしてオノン河畔に入り、ジンギス汗の武将となったという。蒙古では「ののむり＝モンゴル語で速い馬の意」とよばれていたと萩原氏に説明した。

呪い（呪い殺し）

人間関係がうまくいかない。人生生きていくには周りの人とも合わせなくてはいけない。しかし、本当に嫌な奴には、呪いをかけたくなる。だから呪いをかけることで著名なスポットや、呪いの呪文、呪いの儀式などがある。

想念のエネルギーによって相手の人生を落し込んだり、病気を発症させてしまうことがある。「人を呪わば、穴二つ」といわれている。

Column

納骨の時期はいつでもよい

埋葬は亡くなった人の遺体を葬ること。納骨は遺体を荼毘にふし、遺骨を骨壺に入れることであり、お寺や霊園に納めることをさす。

現代では、遺骨をお墓に納める行為や儀式を納骨とよぶのが一般的である。

仏式の場合は、四十九日の法要に合わせて親族が集まり納骨が行われることが多い。神式では五十日祭、キリスト教式では追悼ミサや昇天記念日までに済ませたりする。

ただ最近、納骨も変化を見せている。遠方の先祖の墓地でなく、マンション型の永代供養墓を選ぶ人もいる。形あるお墓にこだわらず、遺骨や遺灰を自然に返そうと樹木葬や海への散骨を希望する人もいる。

納骨の時期については、「墓地埋葬法」での規定はない。愛する亡夫と一緒にいたいという想いから夫の骨壺を寝室に置き、本人が亡くなるまでお墓に納骨しなかった妻もいる。

亡くなった当人の想い、残された者の想いが優先されるのである。

これは他人を呪い殺せば、自分も相手の恨みの報いを受けて呪い殺され、相手と自分の分で墓穴が二つ必要になるという意味から。むやみに呪うと逆にとんでもない障害に見舞われるというわけである。
　日神会の初代会長隈本確は、この現象を「加念障害」と理論づけた。自分が発した憎しみとか怨みの念によって、相手が病気になったり事故を起こす。心身に不調をきたすようになる。同様に相手の念によって自分に障害が起こるということである。
　恐ろしいのは、必ずしも呪いや憎悪だけでなく、盲愛、思慕、未練、恋情というようなきわめて人間的な「過剰な執着」よっても引き起こされる。テレパシーを超えたあまりにも激しい「念」は相手の心身に不調を引き起こすのだという。

は

パーカッション　*Percussion*
　誰もいない場所に叩音（ラップ音）が、鳴ったり響いたりする心霊現象。霊魂が発する叩く音が、無人の部屋に聞こえること。

バーバネル、モーリス
Maurice Barbanell
［１９０２〜１９８１］イギリスのスピリチュアル誌『サイキック・ニュース』『ツー・ワーズ』の編集者であり、彼自身も入神霊媒で、英国スピリチュアル連合においても活躍した。海外においてもスピリチュアルリズムの公演や普及に励んだ。著書に『これが、スピリチュアルリズム』などがある。

背後霊
　人間の生活や人生にかかわって、善悪のさまざまな影響を与えている守護霊や憑依霊のこと。人間の背後で、動向を見守ったり助けたり、邪魔したりもする存在である。

灰写真
　燃えてしまった手紙などの文章類の灰を撮影して復元するという、一種の物質化現象。亀井三郎霊媒が行った特殊な霊能現象の一つ。

ハイズヴィル現象
　ニューヨーク州のロチェスタ近郊のハイズヴィルに住むフォックス家に起こった叩音騒音事件。
　１８４８年、家の中にラップ現象が起こり、霊との交信へと発展。やがて町中が大騒ぎとなる大事件になった。１９０４年になって家の地下室から行商人の男性の死体が発見され、ラップ現象はこの霊魂の仕業と判明された。この一連の事件をきっかけにハイズヴィルの名は、近代スピリチュアルリズムの誕生の地といわれることとなった。

廃仏毀釈（はいぶつきしゃく）

仏教を排し釈尊の教えを棄てること。1868年（明治元年）の神仏分離令に伴って起こった運動で、その背景には明治新政府による神道の国教化政策がある。

江戸末期まで日本は神仏習合で神道と仏教が共に信仰されていたが、廃仏毀釈により全国の寺院が影響を受け、仏堂や仏像、仏具、経文など数多くの貴重な文化財が壊され棄てられた。

バイブレーション *Vibration*

物体が定位置のまわりを周期的に触れ動き振動すること。また、人・場所・状況などを見て生じる雰囲気や気配などから沸き起こる感情のこと。

ハイヤーセルフ *Higher-Self*

自分の魂の高次元の側面のことをさす。

大いなる自己。高次の自己。「真我」などともいわれる。高次元の自分、素の自分、本来の光である自分のこと。

現在、多くの人が日常生活の中で、忘れてしまっているが、ハイヤーセルフは、何でも知っていて、常に自分を守り導き、多くのメッセージを与えてくれる存在である。魂の声といわれるのは、このハイヤーセルフの声である。

バイロケーション *Bilocation*

Column

八正道（はっしょうどう）を説いた釈迦

八聖道、八支正道ともよばれる。原始仏教以来、伝えられてきた涅槃に至る実践法をいう。

人生で味わう種々の苦しみの原因は妄執であり、それを断ち切って悟りを得る修行法とされる。八正道は、正しい見解「正見」、正しい思惟「正思」、正しい言語行為「正語」、正しい行為「正業」、正しい生活「正命」、正しい努力「正精進」、正しい想念「正念」、正しい精神統一「正定」の8つ。

紀元前6～5世紀頃の古代インドは、鉄器の普及で作物の収穫量が伸び、商工業も栄えて富裕層が増えつつあった。

そうした成熟した社会を背景に、古来のバラモン教に疑問をもつ思想家が多く現れた。こうした中にあって、伝統的な苦行主義ではなく、享楽的な快楽自由主義でもない生き方を説いたのが仏教を開いた釈迦である。

その具体的な内容が八正道であり、これを実践することにより、苦から抜け出し、さらには迷い苦しむ衆生を救うことを目指している。

同じ人物が同時に別の場所に現れること。または、そうした現象を起こすことができる能力。一身二カ所存在ともいう。

　霊学的には、肉体と幽体が分離して別々の場所に存在する体外離脱現象とされる。二カ所に現れたその一方の人物は存在が弱く、話しかけても無反応だったという目撃談もある。

　伝承に書かれる聖人や預言者には、二カ所存在の現象がよく見られる。

萩原真（はぎわらまこと）

［1910〜1981］直接談話現象を得意とする日本の霊媒。主君の義経とともに大陸に渡り、忠義を尽くした家臣・蒙古名ノノムリの霊をよび出したことで知られる。

魄（はく）

　精神を司る陽の気を魂（こん）というのに対し、肉体を司るという陰の霊気のこと。魂の本体を失った残留物のような存在で、幽霊の形状として現れることがある。

白蛇（はくじゃ、びゃくだ、しろへび）

　体が白く、目の赤い蛇。アオダイショウが白化現象を起こした蛇のこと。性質は温和。その希少性により縁起のいい動物として信仰の対象となっている。

　昔から、①白蛇を見ると縁起がいい②運気が上がる③金運が上がる④白蛇を見ると開運に繋がるなどといい伝えられ、弁才天の使いとされている。

白蛇弁財天（栃木県真岡市）

　また水神としても有名である。諏訪神社の神使など、多くの神社・仏閣で祀られている。

　山口県岩国市に生息するものは、遺伝によって白化が子孫の代にも受け継がれている。神の使いとしてとくに昔から保護されてきた天然記念物（1972年指定）。

白蔵主（はくぞうす）

白蔵主（『絵本百物語』より）

　日本の妖狐、稲荷神である。南北朝時代に、大阪の和泉国の少林寺に逸話が残っている。白蔵主という僧が拾った三本足の白狐が、実は霊狐で、占いをしたり泥棒を追い返したりしていた。

　白蔵主には狩猟が好きな甥がいたが、白狐はこの甥を恐れ、白蔵主に化けて狩りを止めさせようとしたけど、逆に狐だとバレて、鼠の天ぷらの罠で捕まえられてしまう。『絵本百物語』にも、これに似たものが残っている。

箱庭療法（はこにわりょうほう）

Miniature Garden Therapy,Sand Play Therapy

心理療法の一種。セラピストが見守る中で、クライエントが、砂の入った箱の中に自由にミニチュアのおもちゃを入れたり、砂で自由に表現する心理療法。

作られた作品を通して、意識していることだけでなく、気がついていなかった自分の心身の状態や動きが直接的に感じられ、自分の心の中との対話・対決へと通じ、言葉にならない葛藤、イメージを表現しやすい。自己理解と人格的変容が促される。

もともとは遊戯療法から派生したもので、現在では、子どもから高齢者まで、自己啓発の目的から神経症、心身症、パーソナリティ障害などにみられる心理的課題まで、幅広く用いられている。

八幡神（はちまんしん、やはたのかみ）

八幡神は、清和源氏、桓武平氏など全国の武家から武運の神（武神）「弓矢八幡」として崇敬を集めた神さまである。

僧形八幡神

誉田別命（ほんだわけのみこと）ともよばれ、応神天皇と同一とされる。欽明32年（５７１）に初めて宇佐の地に示顕したと伝わる。

八幡神を祭神とした八幡宮（はちまんぐう）は、八幡神社、八幡社、八幡さまとも呼称され、全国に約４４、０００社ある。大分県宇佐市の宇佐神宮を総本社とする。

波長（はちょう） *Wavelength*

音波や電波、光などの『波』をもっているもので、空間を伝わる波（波動）のもつ周期的な長さのこと。つまり『波の長さ』のことをいう。波長は一つの波から次の波までの『一波（ひとなみ）』分の長さのことをいう。空間は3次元と限る必要はない。

発火現象（はっかげんしょう）

ポルターガイスト現象の一つで、人間がいない場所で、発火する不思議な現象。テーブルの下にあったマッチと燭台のローソクが点火されテーブルの上へ置かれていたり、家具から火があがったなどの不審火が相次いだ、アメリカのフォルプス家の事件などに代表される現象（１８５１年）。フランス・パリの事件（１９０７年）では、パリのさまざまな場所で6日間30カ所も不審火が起きる火事騒動が起きた。同時期にロールパンがテーブルごと焼け焦げ、何も置いていない空の食器棚から出火が起きた例がある。

発狂（はっきょう）→精神錯乱

バックス *Bacchus*

バックス（カラヴァッジョ画）

ローマ神話の酒神。ギリシア神話では、酒神ディオニュソス。

発光現象（はっこうげんしょう）

心霊光、霊光ともいう。物理的心霊現象の一つで、霊媒の肉体（有機体）から発光される光のこと。

イギリス国教会牧師モーゼス師の入神状態の発光現象は有名である。この種の発光現象が、信仰復興や法悦の状態にある聖人の周辺に現れたという事例は数多く報告されている。

発光体（はっこうたい）

降霊会での発光現象

ピュタゴラスの用いた言葉で、アストラル体を意味している。幽界および霊界を構成している霊的粒子エネルギーのこと。人間が物質界を離れて幽界や霊界へと移行したとき、その肉体の外皮は、アストラル体によって形成されている。

八正道（はっしょうどう）

仏教において涅槃に至るための8つの実践徳目。一般人の生存は苦であり、その苦の原因は妄執によって起るのであるから、妄執を完全に断ち切れば完全な悟りを得ることができるとする考え、それに到るための修道法として説かれた8種の実践法。

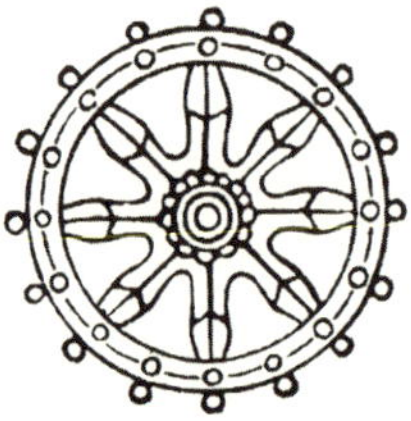
八正道のシンボル『法輪』

初詣（はつもうで）

年が明けてから初めて神社や寺院などに参拝すること。一年の感謝を捧げたり、新年の無事と平安を祈願したりする。このとき、お守り、破魔矢などを受けたり、絵馬に願いごとを書いたりして今年が良い年であるよう祈る。初参・初参り（はつまいり）ともいう。

寺社によっては、境内で甘酒やお神酒などが振舞われるところがある。

波動（はどう）→バイブレーション

Vibration

スピリチュアルの世界では、サイエンス・フィクション（SF）、伝統・代替医療、オカルト、疑似科学のラジオニクスなどで使われる生命力エネルギーの概念のこと。多くは、世界は単なる物質と、それと等価の既知のエネルギーの態様のみではなく、何らかの未知なるエネルギーの態様が存在していると捉えている。

波動修正（はどうしゅうせい）
Wave Correction

波動は、ほんのちょっとしたことがきっかけで、乱れたりずれたりする。

心身の状態、つまり魂と波動とは、常に連動している。そこで、感情の起伏が激しくなったり、本来の自分の能力を出せないと感じたり、体調不良が続いたりしたら、波動修正をして、乱れた波動を整え穏やかな状態に戻す必要がある。

波動修正は、霊能者によって、オーラの次元での波動修正、魂の次元での波動修正、霊体の次元の波動修正などがある。

流行り神（はやりがみ）

２００４年に㈱日本一ソフトウェアから発売されたＰＳⅡ用ゲームソフト。都市伝説を題材にしたホラー

Column

破魔矢（はまや）

正月の縁起物で、神社や寺院で授与される矢のこと。

魔を打ち破る、悪いものを破壊する魔除けとしての意味があり、時として破魔弓とよばれる弓とセットにされることもある。

「はま」とは、元々、年占いに使う競技の弓矢の的（まと）のことで、その昔、正月に地区ごとに弓矢の技を競い、勝った地区は、その年豊作に恵まれるといわれていた。

このような正月に行われる弓の行事を「射礼」（じゃらい）といい、射る矢を「はま矢（浜矢）」、弓を「はま弓（浜弓）」とよんだ。「はま」が、「破魔」に通じるとして、正月に男児のいる家に弓矢を組み合わせた玩具を送る風習が生まれ、後に一年の幸運を射止める縁起物として庶民に広まっていった。

一般的には、破魔矢のみが、よく流通しているが、正式には破魔弓で射て、初めて邪魔を破り浄化する効力をもつといわれる。

他に、男児の初節句に破魔矢を贈る習慣や、家屋を新築した際に上棟式に魔除けとして鬼門に向けて棟の上に弓矢を立てる風習などもある。

アドベンチャーゲーム。『流行り神 警視庁怪異事件ファイル』のこと。

主人公は警視庁の刑事として、「コックリさん」や「さとるくん」「赤マント」といった都市伝説を題材にした奇妙な事件を解決していく。

ナンバリングは1〜3、その後ナンバリングを外した『真 流行り神』が発売されている。

タイトルの『流行り神』とは、「一過性の流行で崇拝される神仏、偶像」を意味する。

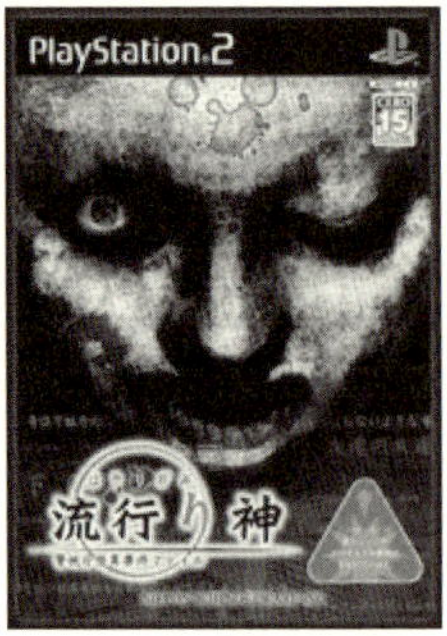

『流行り神〜 警視庁怪異事件ファイル』

パラキーネシス *Parakinesis*

非物理的な物体移動現象。動因と接触がないのにもかかわらず、物体の運動が起こること。

パラサイコロジー *Parapsychology*

超心理学。超能力や超常現象の存在、その仕組みを研究対象とする科学分野のこと。人間の未知の潜在的心理を扱う分野であるだけに研究は難解である。

その本格的な研究が開始されたのは、１８８２年、イギリスのロンドンにＳＰＲ「心霊現象研究会」が設立されたのが始まり。↓超心理学

パラデュックの生体測定器

フランスの精神科医イポリット・パラデュックは、Ｘ線で人間の感情や考えなどを写真に撮れるとした。その考えのもとに製作された生体計測器で、神経力や能力をその波動により測定しようとしたようだ。

パラノーマル *Para Nomal*

パラ（ｐａｒａ）は超えているという意味で、ノーマル（ｎｏｒｍａｌ）は常識。つまり常識を超えていることで、超常的と同義。人間界の科学や知識、経験では説明できない現象のこと。

パラフィン鋳型現象（いがたげんしょう） *Parafin Moulds*

霊媒がよび出した霊魂の許可のもとで行われる、交霊実験で起こる現象の一つ。

物質化した霊魂の生前の手首をパラフィン溶液に入れて、溶液から手首を抜き出す。すると、手首の物質化現象が消えても、薄いパラフィンの手袋状の膜ができて残されているというもの。

手袋状の手首だけでなく、霊魂の指の指紋も残されたという報告がある。↓モールド現象

パラムネジア *Paramuneija*

記憶の混乱や障害を意味し、一般的に幻覚とよばれる類いのもので、空想が追想の性質をもつこと。

たとえば、初めての経験でも、以前経験したような感覚を覚えるなど

記憶錯覚が起こる現象。

バラモン〈梵〉 *Brahman*

インドのカースト制度の頂点に位置する最高位の身分で、バラモン教やヒンドゥー教の司祭階級の総称。僧侶で、学問・祭祀（さいし）をつかさどり、インド社会の指導的地位にあった。

バラモン教（バラモンきょう） *Brahmanism*

古代インドの宗教。バラモンが司祭し指導したため、近代のイギリス人が便宜的につけた名称。仏教興起以前のヒンドゥー教をいい、そのうちの最古の段階を「ベーダの宗教」ということもある。アーリア人がインダス川上流地方に侵入し、先住民を征服してこの地方に定住、発展していく間に次第に形成されていった。彼らは自然現象を神々として畏敬し、供犠によって神を祭ることで災厄を免れ、幸福がもたらされると信じた。インドの哲学観念や社会制度の強固な基盤となった。

ハレー彗星（ハレーすいせい） *Halley's Comet*

海王星族の周期彗星。出現周期

Column

ハンムラビ法典
Code of Hammurabi

太陽神シャマシュとハンムラビ王のレリーフ

紀元前18世紀頃、バビロン第一王朝のハンムラビ王により制定された法典。国内に多数いた諸民族を支配するために制定したとされる。

バビロン王朝以前のシュメール王朝期のシュメール法典を土台に編纂されたものだが、現存する法典碑としては最古の法典である。

紀元前12世紀中頃、バビロンを征服したエラム人により戦利品として運び出され、20世紀初頭、フランス調査隊により、イランのペルシア帝国時代の古都スサで発見された。

パリのルーブル博物館に収蔵されている。

高さ2･25 mの玄武岩の石碑の上部に太陽神と並ぶハンムラビ王のレリーフ像、下部にアッカド語の序文や282条の条文、違反した者に神の呪いと懲罰が与えられるというあとがきの文が楔形文字で刻まれる。

有名な196条の「目には目を、歯には歯を」は同害報復法として名高い。しかし、加害者の地位の高さなどで刑罰の重さが変わることも定められている。

は76年。最古の出現記録は紀元前239年。最近の出現は1986年、次回の出現は2062年。巨大な尾を引くことで知られる。

1705年イギリスの天文学者E・ハレーがその周期性を立証し、発表した。

ハレルヤ *Hallelujah*

ヘブライ語由来の言葉で、「主をほめたたえよ」という意味。具体的には、旧約聖書の「詩編」で、神様「エホバ（*Jehovah*）（ヤハウェともいう）」をほめたたえよという意味。「ハレル（ほめたたえよ）」と、「ヤ（ヤハウェの略）」が繋がったもの。

ハレルヤはキリスト教の聖書や賛美歌で使われる。神様への感謝や素晴らしさを感じたときなどに使う感嘆詞である。

祈りの言葉の冒頭で使うほか、嬉しいときなどにも使う。ラテン語の読み方では「アレルヤ」という。

パワーストーン *Power Stone*

古来からさまざまな民族のあいだで、特殊な力が宿っていると考えられてきた貴石や宝石。そうした宝石（貴石・半貴石）を身に付けたりしていると良い結果がもたらされるといわれてきた。

とくにヒスイはマヤ文明やアステカ文明では呪術の道具として用いられたり、紫水晶は西洋では魔術や毒を防ぐ力をもっていると信じられていた。

近年は、その範囲が広がっており、べっこうや象牙、貴金属、銅のような卑金属、化石類、隕石、果ては岩塩までもがパワーストーンとなっている。

ちなみに「パワーストーン」という言葉は、和製英語で、英語圏では、鉱物結晶を意味する*"Crystal"*や、宝石を意味する*"Gemstone"*という。

半座（はんざ）

仏や菩薩など、極楽浄土に生まれ変わった人が座るといわれる蓮華の座（蓮の台）を分け合うということから、関係が深い相手と、良くも悪くも運命を共にするということ。一蓮托生。また、夫婦が、死後も同じ蓮の座に一緒に座って仲むつまじくする、というたとえ。

座席の半分。また、話などの途中。中座をさすこともある。

反射図（はんしゃず）→レフレクトグラフ

反証（はんしょう） *Rebutting Evidence*

主義、主張などが間違っていると、

証拠をあげて否定すること。また、ある推定をくつがえす事実を証明すること。これが霊的用語として使われる場合、霊の世界や霊の存在を否定するための証拠をさすことが多い。しかし、唯物的な科学思考で霊の存在を否定しても、真の反証とはなっていないという現実がある。であるから、今もって霊魂は存在する、しないの論争が続いている。つまり、霊魂は存在しないという証拠はいまだに発見されていないのである。

汎神論（はんしんろん）
Pantheism

汎神論とは、存在するすべてのものに神が内在するという宗教・哲学観。

神と宇宙（地球を含む）は一体であるとし、木や石や動物や太陽など、神は森羅万象に宿っていると考える。17世紀のオランダの哲学者スピノザの思想がこの代表であり、ゲーテやヘーゲルも同様である。なお、汎神論の反対語は無神論。

般若心経（はんにゃしんぎょう）

大乗仏典の一つ。正式名称『般若波羅蜜多心経』（はんにゃはらみったしんぎょう）。大乗仏教の空・般若思想を説いた経典で、『般若経』の一つとされる。

玄奘（げんじょう）訳では262字で、最も短い経典であるが、諸法皆空の『般若経』の要点を最もよく表現している。

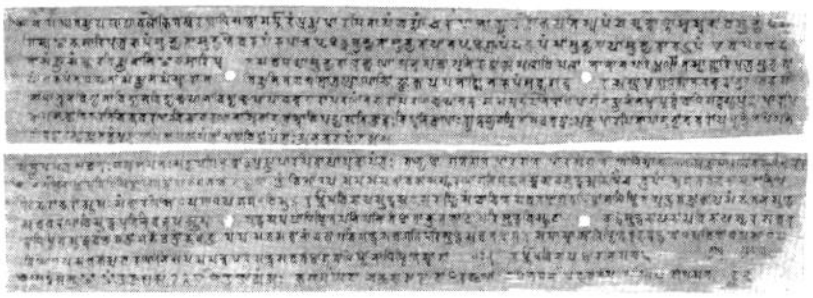

サンスクリット語で書かれた現存する最古の般若心経の写本（法隆寺献納宝物・東京国立博物館蔵）

「色即是空（しきそくぜくう）・空即是色（くうそくぜしき）」の句は、とくに有名であり、古くから信者だけでなく、一般の人々にも広く知られている。

反発作用（はんぱつさよう）
Repulsion

引力、牽引作用の対語。反発という意味で、たとえば、選択の自由を限定されたり、うるさく勧められると、人は精神的不和を感じて不愉快に思い、身を引いたり、抵抗したりして、反発（リアクト）し、心の自由を取り戻そうとする作用のこと。

半物質化現象（はんぶっしつかげんしょう） *Etherialization*

霊が起こせる現象には物質化現象というのがあるが、完成された物質化（完全物質化）に至らない状態をいう。

万物有性論（ばんぶつゆうせいろん）
Hylozoism

石や水など、生きものだけではなくすべての物には生命が宿るとの考え方。その考えに従えば、地球も宇宙も意識をもった生命体といえる。

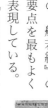

ハンムラビ法典（ハンムラビほうてん） *Code of Hammurabi*

紀元前18世紀にバビロニアを統治したハンムラビ（ハムラビ）王（紀元前１７９２〜１７５０年）が発布した法典。玄武岩製の背の高い碑に楔形文字のアッカド語で記されている。

聖書の律法以前に作られた最も完全な古代の歴史的著作と法令集といわれている。

有名な「目には目を、歯には歯を」は、１９６条に書かれている。

ひ

ＰＬ教団（パーフェクトリバティー教団） *Church of Perfect Liberty*

大正時代に立教された宗教団体。略して、ＰＬ教（ピーエルきょう）、ＰＬ教団（ピーエルきょうだん）と表記されることが多い。

教団本部は大阪府富田林市にあり、大本庁と称する。敷地内には、ＰＬ学園高等学校のほか、中学校、小学校、幼稚園、専門学校がある。「人生は芸術である」の真理のもと、各人の真の個性を世のため人のために最大限発揮し、ひいては世界人類永遠の平和と福祉のために貢献することを目標とする。教えの最も特徴的なものとして、「みしらせ」「みおしえ」の真理がある。

信者数94万２９６７人（『宗教年鑑』平成24年版）

ヒーラー *Healer*

心身の癒しを促す働きかけを行う人のこと。スピリチュアル・ヒーラーとは、「ヒーリング能力」という霊能力をもった霊能者のことをいう。こうした特殊な治療法は「心霊治療」、あるいは「スピリチュアル・ヒーリング」とよばれており、その種類は多岐にわたっている。

スピリチュアル・ヒーラーにとってもっとも大切なものは「無私無欲の奉仕精神」と「謙虚な道具意識」と「崇高な使命感」の三つである。

一般的なスピリチュアル・ヒーリングには、代表的なものに「手かざし療法・手当て療法」と「除霊治療」がある。そして特殊なスピリチュアル・ヒーリングとしては「遠隔ヒーリング」と「心霊手術」と「霊示ヒーリング」がある。

ヒーリング *Healing*

ヒーリングは、治療する、癒す、回復する、と訳される。日本ではヒーリングというと、手当て療法、エネルギー療法、霊能力による治療をさすことが多いが、また、ファンタジーやゲームでの魔法、呪文、スキルによる治療もあり、回復魔法といわれる。これは対象によっては攻撃となる場合がある。

心や体を人間にもともとある良い

バランスに戻すための癒しをヒーリングという場合もある。現代人の生活では、左脳を頻繁に使うため右脳とのバランスが取れていないことが研究で明らかになっていて、ヒーリングによる癒しが大きな役割を果たしている。

心理的な安心感を与えたり、気持ちをリラックスさせたりするために作られた音楽をヒーリング・ミュージックとよび、癒しに活用されている。

氷川神社（ひかわじんじゃ）

埼玉県さいたま市にある神社。氷川神社は、県内や東京都など近郊におよそ200社を数え、その総本社がさいたま市大宮区の氷川神社である。

氷川神社 拝殿

創建は第5代孝昭天皇の世と伝えられる歴史ある神社で、大宮の地名は、「大いなる宮居」と賛美されたことを由来とする。

彼岸（ひがん）

仏教用語。理想の境地をいう。生死輪廻する現世を此岸とし、煩悩を解脱した涅槃の境地を彼岸という。

また彼岸会のこと。春秋の2回、彼岸の7日間に行われる法会のこと。寺院に参詣し、墓参などの仏事を行う。

悲観主義（ひかんしゅぎ）

この世は悲惨と悪に満ち希望はないとする人生観。厭世観。ペシミズム。

本来は哲学で用いられ、最悪のものというラテン語からきた言葉である。↔楽観主義

彼岸花（学名：*Lycoris radiata*）

ヒガンバナ科ヒガンバナ属の多年草で、土手や田の畦に生える。秋の彼岸のころ、高さ約30センチの花茎を伸ばし、長い雄しべ・雌しべをもつ赤い6弁花を数個輪状につける。ピンクや白の花もある。

別名、曼珠沙華（マンジュシャゲまたはマンジュシャカ）、死人花（しびとばな）、捨て子花、石蒜（せきさん）、天蓋花（てんがいばな）、天涯花、幽霊花、かみそりばな、などがある。

ビザンツ様式（ビザンツようしき）

Byzantine Architecture

中世になってローマ帝国は、コンスタンティノープルを首都として、ビザンツ帝国といわれるようになり、そこを中心に、15世紀中ごろまでビザンチウムを中心に栄えたキリ

スト教建築様式。
ギリシア・ローマの古典文化を継承し、東方の文化も取り入れた様式で、中世のヨーロッパ教会建築に影響を与えた。

初期ビザンティン建築の代表作『ハギア・ソフィア大聖堂』

大ドーム（大円蓋）と、内部の大理石やモザイク画やフレスコ画による装飾が特色である。代表するものとして、ハギア・ソフィア大聖堂がある。

毘沙門天（びしゃもんてん）

別名・多聞天、梵名（サンスクリット語でヴァイシュラヴァナ）「すべてのことを一切聞きもらすことのない知恵者」を意味する。もともとは古代インドの財宝の神様クベーラとされ、仏教に帰依して毘沙門天となった。

多聞天像（東大寺金堂）

仏法と仏教徒を護る十二天、および帝釈天に仕え須弥山の四方を守護する四天王の一人で、須弥山第四層の北面で夜叉や羅刹など鬼神を率いて北倶盧洲（ほっくるしゅう）を守っている。

聖（ひじり） *Holiness*

宗教の基本的概念の一つ。
①その道でとくに技量にすぐれ世の模範と仰がれる、知徳の高い人。また、そのような理想的人物。聖人。②高徳の僧。また一般に、僧に対する敬称。③諸国をめぐって勧進・乞食（こつじき）などをして修行する僧。④その道にとくに秀でた人。

聖の神（ひじりのかみ）

聖の神とは、日本神霊学研究会の守護神・主宰神。教祖の初代会長「隈本確」の魂であり、大霊界全生命体の守護神のことをいう。

大霊界の守護神『聖の神（聖なる御魂親様）』の御真体『聖』の文字。日神会では、この『聖』の文字を胸に想い描き、超神霊のエネルギーをいただく

正式な御名を、『聖地恩祖主本尊大神（せいじおんそすほんぞんおおかみ）』とよぶ。
『聖地恩祖主本尊大神』のお呼び名が「聖の神」（正確には「聖なる御魂親様」）である。↓超神霊 ↓御真体

筆跡学（ひっせきがく） *Graphology*

筆跡観相学、書相学ともいう。手書き文字の大小、筆圧、字の書き方（は

ね・止めの仕方など）などを分析し、書いた人の性格や個々の心理的特性を推測することを目的とする。

筆跡観相学（ひっせきかんそうがく）
→筆跡学

人魂（ひとだま） *Spectral Flames*
火の玉ともいい、死者の霊をいう。人が死ぬときに人魂が出るといい、超常的光の玉で、昔から夜間に青白い色の光を発して空中を浮遊するとされた。外国でも教会や墓地の周辺で認められている。
人魂は霊魂が活動しているときの状態で、動的な姿を現している状態とされるが、反対に静的な状態であると主張する説もある。

火の玉（ひのたま） *Will-o'-The-Wisps*
自然現象で、怪火。心霊現象の類とされるものなどが考えられる。人魂、狐火、鬼火、ウィルオウィスプなどともいう。球形をしていて、空中を飛ぶもの、または、そのような光をさす。

江戸時代に現れたとされる火の玉「西播怪談実記」より

Column

ヒポクラテス
Hippocrates
（紀元前460頃～375頃）

古代ギリシア時代、コス島の医者の家に生まれた。国内や小アジアを旅行して哲学や医学を深め、故郷に戻り診察を続けた。迷信や呪術を退けて観察や経験を重んじ、自然治癒力を引き出すことを重視。予後（病後）の大切さや薬草ハーブを体系づけるなど科学的医学の基礎はヒポクラテスから始まったとされる。西洋医学の父ともよばれる。
『ヒポクラテス全集』は死後100年以上後に編纂され、ヒポクラテスを含めた医師集団コス派や他の学派による臨床記録、研究、予後論、養生論などを収めたものだが、ヒポクラテスの主張やその精神を見ることができる。
なかでも医師の倫理や任務をギリシア神に誓った宣誓文『ヒポクラテスの誓い』は、医師としての心得、患者のプライバシー保護や尊厳について述べたものとして名高い。
その倫理観や精神を現代医学に生かそうと、1948年の世界医師会総会で採択されたのがジュネーブ宣言である。

一方、球電（*Ball lightning*）を意味する場合もある。

これは、物理現象の類とされ、大気圏内で太陽放射線、電場、放電するときの火花、稲妻が空中を走る際に発生するといわれている。

微風現象（びふうげんしょう）
Psychic Breezes

いわゆる〝霊風（たまかぜ）〟〝神風（しんぷう）〟とよばれている現象。神社などの心霊スポットに行くと、周囲に風はないのに冷風が頬をなでたり、ブルッと身震いするような冷気を感じることがあるが、これも微風現象の一つ。

また、幽霊が出る前の〝生ぐさい風〟も微風現象の一種だ。交霊会においても、霊的現象が出現する前に、独特の冷風を感じることがしばしばある。霊に質量はないが、エネルギーが放射されており、周囲との気圧差が生じて風をよぶのが原因とされる。

皮膚書記（ひふしょき）→デルモグラフィー

秘仏（ひぶつ）

秘せられた仏像の意で、厨子などに納めて扉や蓋を閉じて拝観が許されていない仏像（仏画を含む）のこと。

法隆寺夢殿の救世観音（くせかんのん）像、東大寺二月堂の十一面観音像、善光寺の阿弥陀三尊像、石山寺の如意輪観音像、清凉寺の釈迦如来像、浅草寺の聖（しょう）観音像、江島神社の裸形の弁才天像などがよく知られている。これらは年1回、あるいは7年、33年、61年目などに開帳される。東大寺二月堂、善光寺、浅草寺の像のように絶対秘仏として開帳されないものもある。

清凉寺の釈迦如来像

法隆寺夢殿の救世観音像

非物質化現象（ひぶっしつかげんしょう）→物質解体現象

ヒプノセラピー *Hypnotherapy*

おもに催眠や暗示、またイメージを用いて、人の潜在意識にダイレクトにアクセスすることで、心にさまざまな肯定的な変化を与える方法のことをいう。

皮膚描画（ひふびょうが）→デルモグラフィー

卑弥呼（ひみこ）

生没年不詳。3世紀前半ごろ、北部九州または近畿（大和）にあった邪馬台国の女王。

当時、邪馬台国に都をおいていたとされる倭国の王（女王）であると、

『魏志倭人伝』等の中国の史書に記されている。

秘密結社（ひみつけっしゃ）

Secret Society

なんらかの秘儀性をそなえ、特定の目的遂行のため、その成員や組織の実態を世の中の表面に現すことを秘匿している団体。

その活動内容、少なくともその成員の氏名を隠蔽することに努めている。また、入会のための複雑な儀式を行う。

よく知られている秘密結社としては、アイルランドの統一アイルランド党、アメリカのクー・クラックス・クラン（ＫＫＫ）、シチリアのマフィア、中世ヨーロッパのバラ十字団、18世紀のフリーメーソンなどがある。中国では青幇（チンパン）や紅幇（ホンパン）などが知られている。

白虎（びゃっこ）

中国古代の想像上の動物で、玄武（げんぶ）、青竜（せいりゅう）、朱雀（すざく）とともに四神（しじん）の一つ。四神はそれぞれ天空の四方に輝く星宿（せいしゅく）に配当され、地上にあっては四方の土地を分担して守護する神獣と考えられている。そのなかで白虎は西方を管轄している。

高松塚古墳の内壁に描かれた『白虎』

四神の信仰は中国だけでなく、古代の朝鮮や日本にも伝播した。日本では、奈良の薬師寺金堂の本尊台座や、飛鳥の高松塚古墳の内壁に描かれていることで有名である。

白光真宏会（びゃっこうしんこうかい）

五井昌久［１９１６～１９８０］によって創始された新宗教である。病弱な五井は、29歳の時、腎臓を患っていたことがあり、そのとき世界救世教の著書を借りたことから、その教義の理論に共感した。

１９４９年のある朝、釈迦から金色の珠と榊のような葉を5枚貰い、イエス・キリストが五井の体に入り、「汝は今日より自由自在なり、天命をまっとうすべし」という声を聞き、霊覚者になった。１９５１年、五井先生鑽仰会を発足。１９５６年、白光真宏会に改称。１９６８年、五井は宇宙人との調和を訴え、「宇宙子波動生命物理学研究所」を設立した。

本部は、静岡県富士宮市にあり、現継承者は西園寺昌美、信者数約50万人。

町でよく見かける「世界人類が平和でありますように」というステッカーやポールは、同会の関連団体、五井平和財団によるものである。

憑依現象（ひょういげんしょう） *Possession / Obsession*

憑霊現象ともいう。憑依とは、低級霊が地上人に取り憑き、部分的に、時には全面的に支配して異常な言動を引き起こさせる現象のこと。「憑依」は、霊媒現象の異常な形態である。正常な霊媒現象では、あの世の霊を一時的に地上によび寄せ、霊媒に乗り移らせて語らせたり、メッセージを筆記させ、用事が済めばまた霊媒から離れる。これが「霊界通信」といわれるものである。スピリチュアリズムの貴重な霊的知識は、こうした形で地上にもたらされた。

憑依現象は低級霊のオーラと地上人のオーラが同調し、地上人の潜在意識が支配されることによって引き起こされる。低級霊が霊媒体質者の体の一部分のみを支配しコントロールする場合もあれば、憑依が身体機能全体にまで及ぶケースもある。憑依霊のパワーやコントロールの強さも、いろいろである。↓ポゼッション

憑依霊（ひょういれい） *Possessing / Obsessing*

本来、霊は人間が死ぬと肉体を離れ、魂だけになって霊界へと旅立ち、その悠久世界で永遠の修行生活に入る。しかし、そうした道からはずれると、再び現界（この世、人間界）に舞い戻り、人間に取り憑いてくる。

これが憑依霊であり、そのほぼすべては悪想念にまみれた低級霊（浮遊霊、悪霊、邪霊、因縁霊など）である。そのため、憑依されると心身に病気や痛みなどの障害を引き起こし、不慮の事故、災難に遭い、対人・仕事・家庭生活の不運などの霊障に悩まされる。憑依霊から完全に逃れる方法は、高級神霊能力者による浄化が最善である。

病気（びょうき） *Illnesses*

一般的に、病気の発生原因は日常の食生活、運動、喫煙・飲酒など生活習慣が約半分を占め、以下、地球環境やストレスといった外部環境、遺伝などが挙げられる。

神霊学から見た病気というのは、その約80パーセントは霊障により発生するというのが定説。その証拠に、浄化治療によって憑依霊を浄化して体内から外し、霊界へと送ると、そのほぼ70パーセントは治癒するという結果が得られているからである。

残り30パーセントのほとんどは、霊障をはずしても長期間の病気煩いや重症化による体力低下、臓器の衰えによって回復が難しい場合である。

現代科学は霊の存在を否定し、従って医学は霊障があることを認めない。これでは、いくら医学が進歩しても人間を苦しめる病気はなくならない。それどころか、未知の難病

も増え続けるだろう。

憑霊現象（ひょうれいげんしょう）
→憑依現象

ピレット・リーディング
Pillet Reading

ピレット（*Pellet*）は小さな塊、小球のことで、ここでは紙を丸めた紙玉のこと。リーディング(*Reading*)は読書、朗読のほか、判断、解釈の意味もある。

スピリチュアル用語においては、「紙玉判断術」「紙玉解釈術」で、ビレット・リーディング（*Billet*＝小片・破片）と同義。主に教会で行われていた透視術の一種で、参加者が用紙に質問やメッセージを書いて折り畳んで丸め（紙玉）、その内容を霊媒が判読するというもの。木や石、金属などの小片に書く場合、霊媒は目隠しをして当てる。

敏感者（びんかんしゃ）

心霊力のある人のこと。超能力者。

意識レベルや身体的、また目には見えないスピリチュアルな点において、一般の人よりも敏感なため、より多くのことに気づく敏感資質である。そのため波動や見えないものを感じ取って、相手に同調し波動共鳴を起こし、いらないもの（邪気や霊など）をもらってしまったり、感情が共鳴して、（わけもなくイライラ……。悲しいなど）突然体調がおかしくなることもある。

貧者の一灯（ひんじゃのいっとう）

金持ちが見栄で行う多額の寄進より、本当に尊く功徳があるのは、貧しい人の心のこもった寄進という意味。貧女の一灯とも。

仏教の『賢愚（けんぐ）経』『阿闍世王受決（あじゃせおうじゅけつ）経』にある故事にちなむ。

ことわざに「長者の万燈より貧者の一灯」。単に「貧者の一灯」ともいう。

ヒンズー教、ヒンドゥー教（ヒンドゥーきょう） *Hinduism*

インドやネパールで多数派を占める民族宗教、またはインド的伝統をさす。

インド古来の民俗的な宗教を総括して、西欧人が名づけたもの。狭い意味では、バラモン教から聖典やカースト制度を引き継ぎ、土着の神々や崇拝様式、たとえば、儀礼・儀式の方法や規則、制度、風習の一切を吸収しながら、徐々に形成されてきた多神教のことである。

ふ

ファンダーモイレン霊魂表示器
Vandermeulen Spiri Indicator

ウイジア盤を使った交霊会で、霊魂が近づくと呼び鈴が鳴って知らせる装置。これが鳴ると霊界からの通信が始まる前触れということで、参加者はウイジア盤の周りに集まる。

風水（ふうすい）

古代中国の思想。家に繁栄をもたらす吉相の家や墓の建て方といった占いの技術が、五行説にもとづきつつ総合されて成立したもの。都市、住居、建物、墓などの位置の吉凶禍福を気の流れとの関係で決定するために用いられてきた思想。

扶乩（ふうち）

飛鸞、扶鸞ともいう。古くから道教で神託を得るために、台湾や香港の寺廟で行われる。二股の木（乩木）の棒の下に筆の役割をするものをつけ、それを砂盤の上に置いて神降しを行い、砂の上に書かれたしるしで神意を知る方法。

フェアリー　*Fairy*

主に西洋の神話や伝説に登場する、超自然的な存在、人間と神の中間的な存在の総称。妖精と訳され、人とも神とも違う性格と行動をとることがあり、しばしば気まぐれと形容される。名前はラテン語で運命を意味する「*Fata*」という言葉に由来する。説によっては元々は神の使いであったともされている。

不可知論者（ふかちろんじゃ）　*Agnostic*

超経験的なものの存在や本質は認識不可能であるとする哲学上の立場をとる人のこと。

たとえば神の存在について、神様がいるかいないかわからないので、確かな知識をもつことができないと主張し、結論を出さないとする人（しかし、神が存在するかもしれないことを否定しない）。

つまり、未知の出来事や物事に対して懐疑的な人である。

複写現象（ふくしゃげんしょう）　*Facsimile Writing*

口寄せが生前の人の声色そっくりに語るように、オートマティズム（自動書記）の霊媒が、故人の文体や書体そっくりに文章を霊的能力で再現する現象。絵画においても、この現象は見られる。

複体→ダブル

福来心理学研究所（ふくらいしんりがくけんきゅうしょ）

福来友吉博士の変態心理学（異常心理学）と念写に関する研究の世界的業績を記念して、仙台市に、昭和35年（1960）6月9日創立された。

福来友吉（福來友吉　ふくらいともきち）

［1869～1952］心理学者、超心理学者。東京帝国大学助教授、高野山大学教授。文学博士。念写の

発見者とされる。
日本における心霊研究の草分けの一人。明治43年より、御船千鶴子、長尾郁子らの透視、念写能力を研究した。
この際の不手際などにより、大正4年、東京帝大を追

われ、高野山で修行する。大正15年、高野山大学の教授になったが、すぐに辞して念写の研究に専念する。昭和20年、東北心霊科学研究会の顧問となる。

腹話術（ふくわじゅつ）
Ventriloquism

見ている人に唇を閉じていると思わせるくらい口を閉じ、口唇を動かさないで声を出すこと。他のものが喋ったり音を出したりしているように聞こえさせる芸。直接談話現象を否定する証として霊研究に採用された。だが実際は、視覚を惑わす範囲のみで成立するものである。

普賢菩薩（ふげんぼさつ）

理知・慈悲をつかさどり、また延命の徳を備える菩薩。仏の悟り、瞑

Column

フォックス姉妹
（フォックスしまい）
Fox Sisters

1848年3月、アメリカ・ニューヨーク州ハイズヴィルにあるフォックス家で、夜中に「コツ、コツ」と不気味なラップ音が鳴り響いた。フォックス家の3人姉妹のうち、次女・マーガレット（*Margaret Fox*）と、三女・キャサリーン・フォックス（*Catherine Fox* 愛称は、ケイト、ケティー）の2人が謎のラップ音との交信を試みた。彼女らは、死者の霊といわれる目に見えない存在と、音を介して対話や交信できることで有名になり、当時のマスコミ関係者や大学の研究者を巻き込んでの、騒動や論議となった。
この出来事は、のちにハイズヴィル事件とよばれるようになる。この後、長姉のリアも霊能を発揮するようになり、数多くの交霊会を開くようになった。
このハイズヴィル事件がきっかけとなり、19世紀後半から20世紀初頭にかけて、交霊会や心霊主義による心霊現象研究が盛んとなった。とくに、アメリカやイギリスで研究やイベントが盛んとなり、ヨーロッパ各国や日本にも、研究目的、好奇を問わずに広まってゆくこととなる。近代スピリチュアリズムのきっかけを作った事件として注目される。

想、修行を象徴する。人々を教化し救済することから、「行の菩薩」ともよばれる。

文殊菩薩とともに諸菩薩の上位にあって、釈迦如来の右に立つ脇侍（きょうじ）として祀られる。また白象にのった姿であらわされる。『華厳経』や『法華経』などに登場する。

不死（ふし） *Immortality*

文字通り、永遠に死なないこと。しかし、生きとし生けるものは死をまぬがれることは不可能である。ただし、人間の場合は肉体は死んで無になっても、その霊魂は不滅である。よって、人間は不死の存在なのである。

富士山本宮浅間大社（ふじさんほんぐうせんげんたいしゃ）

静岡県富士宮市にある、ご神体を富士山とする神社。富士権現、浅間大宮の名もある。

主祭神は木花開耶姫命（このはなさくやびめのみこと）。古来より崇敬を集め、全国に広まった富士山信仰は浅間神社として各地に祀られ、その数およそ１３００社に及ぶ。それら浅間神社の総本山でもある。

富士信仰が盛んになった江戸時代には多くの富士塚がつくられたが、浅間神社境内に富士塚をつくることもあった。

不邪淫戒（ふじゃいんかい）

人の道に外れた不倫や浮気を戒める仏教の言葉。仏教は心の有りようを重んじるため、伴侶以外の他人を心で想ってもいけない。

在家信者が守るべき五戒の一つ。

五戒にはほかに、生き物を殺してはいけない不殺生戒、他人の物を盗むのを戒める不偸盗戒、嘘をつくことを戒める不妄語戒、酒を飲むことを戒める不飲酒戒がある。

布施（ふせ）

梵語で「檀那（旦那）（ダーナ *dāna*）」という。他人に施し与えること。財物などを施したり、相手の利益になるよう教えを説くことなど、「与えること」をさす。また、恐れ・不安を取り除いてやること。すべての仏教における主要な実践項目の一つである。

仏縁（ぶつえん）

仏との間に結ばれる縁。仏の引きあわせ。仏が引きあわせてくださったように思える良縁のこと。

復活（ふっかつ） *Resurrection*

生き返ること。キリスト教では、イエスの復活と肉体の復活を意味している。スピリチュアリズムでは、信仰によってではなく、死後個性の存続という点で、復活を認めている。

仏教（ぶっきょう）

仏教は2500年ほど前に、仏陀を開祖として説かれた教えであり、その教えに従い、悟りと解脱を求めようとする宗教。江戸末期までは仏法、仏道とよばれた。インドでは古くから今日まで、創始者であるブッダ *Buddha*（釈迦）にちなんで、バウッダ *Bauddha* の語が慣用され、それは「ブッダに属する」「ブッダの信奉者」を表している。

仏具（ぶつぐ）

仏前に供える器具、仏事を営むのに必要な器物の総称。さらには仏教を修行するときの修法用の法具、僧侶の持物としての僧具などもある。

↓密教法具

仏師（ぶっし）

日本における、仏像などの制作を担当する者に対する名称である。飛鳥時代においては、仏像制作技術をもった血縁集団が存在しており、その長たる者を仏師と称していた。その大多数は、渡来系に属する技術者たちである。

物質（ぶっしつ） *Matererial*

生命や精神（心）と対比される概念。一定の質量をもつ客観的存在。

物質解体・暫消現象、非物質化現象（ぶっしつかいたいげんしょう） *Dematerialization*

Column

富士講（ふじこう）

富士山信仰の講社。富士山を遠く仰ぎ見て宗教的な感慨を抱く人々によって、中世には修験道を中心に、関東・東海地方に富士信仰が形成されていた。近世初期に長谷川角行が教義を整え、富士山登拝と寄進を主な目的として信徒組織をつくった。

その後、食行身禄（じきぎょうみろく）が講社の発展を図り、江戸を中心に町人や農民に広くよびかけた。先達が霊験を説いて信徒を集め、先達に引率されて富士山に登拝する。白衣を着て鈴と金剛杖をもち、「六根清浄お山は晴天」などと唱えながら、行者として修行のために富士山に集団登拝する。実際に登山できない人のためには、村内に富士塚などの遙拝所を設けた。

いまも、富士塚や、登拝記念の石塔が数多くあり、地名に残っているものが多い。江戸時代には江戸八百八講といわれるほどに栄えた。

物質が消えたように見えなくなる現象のこと。物質がエーテルの状態にまで分解されるためという。
　交霊会の実験などで、霊媒の全身もしくは一部が消えてしまうことがある。優れた霊能者として著名なデスペラント夫人は、霊能実験の際、腰から下の部分が消えたことが知られている。↔物質化現象

物質化現象（ぶっしつかげんしょう）
Materialization
　心霊現象の一つで、物理的に形として見える現象。死者の霊魂が生前の姿や、腕や頭部など、一部または全体像として現れる現象をいう。多くは霊媒のつくり出すエクトプラズム、また煙などの物質を媒体とした。
　19世紀後半から20世紀初頭にかけて、交霊会が頻繁に行われた当時、霊能者たちが物質化現象を起こし話題となった。↔物質解体現象

物質化体（ぶっしつかたい）
Materialized Body
　物質化現象により、エクトプラズムから作製された霊魂の像。触れると感触がある。

物質主義（ぶっしつしゅぎ）
Materialism
　精神的あるいは霊的なものを認めようとせず、物質的なものごとを、他のものごとよりも優先して重視する態度のこと。

物質復元現象（ぶっしつふくげんげんしょう）　*Rematerialization*
　物質解体現象により、肉眼的に消失したものが、元の見える状態に戻ること。
　アメリカの霊媒ヘンリー・スレイドがテーブルの下に置いた本を消し、彼は静止したまま、天井からその本を落とすという事例が報告されている。この現象を四次元の考え方で解明できるとする説もある。

物体移動現象（ぶったいいどうげんしょう）　*Movement of Objects*
　物品移動現象ともいう。人間が手を触れていないのに物体が動いたり倒れたりする、不思議な心霊現象のこと。これは、科学的には説明できない特殊な力によって発生する。

物体貫通現象（ぶったいかんつうげんしょう）
Matter (Passing Through Matter;inter Penetrationt of Matter)
　物品貫通現象、物体通り抜け現象ともいう。
　ある物体を別の物体が突き抜けて通過すること。ポルターガイスト現象では、屋根に細工も認められず、また密室であるのにもかかわらず、石や物が投げ込まれるなどの異変があったという報告がある。

物体通り抜け現象（ぶったいとおりぬけげんしょう）↓物体貫通現象

物品移動現象（ぶっぴんいどうげんしょう）↓物体移動現象

物品貫通現象（ぶっぴんかんつうげんしょう）→物体貫通現象

仏舎利（ぶっしゃり）

入滅した釈迦が、荼毘に付された際の遺骨および棺、荼毘祭壇の灰燼のこと。

「舎利」は遺骨または遺体を意味する梵語シャリーラ（*śarīra*）の音写である。つまり、仏舎利は釈迦の遺骨をさす。

仏像（ぶつぞう）

仏教の信仰対象である仏の姿を表現した像のこと。本来は、仏、すなわち、釈迦如来、阿弥陀如来などの如来像をさす。

一般的には、広義の意味で、菩薩像、天部像、明王像、祖師像などの仏教関連の像を総称して「仏像」といい、立体的に表現した丸彫りの彫像をさすことが多い。

さらに画像、版画なども含む場合がある。彫像の材質として、金属、石、木、塑造、乾漆造などがある。

Column

振り子は心の声を聞く

ペンジュラム *Pendulum*。魔法の振り子ともよばれる。道具を用いて地下水脈や金などの鉱脈を探す方法をダウジングとよぶが、その道具の種類がＬ字形やＹ字形の棒（ロッド）であり、振り子（ペンジュラム）である。

振り子の原理は、無意識の心のはたらきによって、潜在意識下にある情報をくみ上げる、その方法にある。金属や水晶などの天然石を糸につるし、上下や左右の揺れ、また右回りや左回りの動きによって、質問に対するイエス・ノーの判断を見るほか、何かを発見したり選択したりする際にも用いられた。

古代ローマ時代は、振り子の揺れや動きで神の意志を知ることもあったという。

現在は、自身の深い心の声を聞くことに重きが置かれ、迷ったときの判断の指針として活用されることが多い。

またパワーストーン同様、部屋に飾ったりもち歩くなど、身近に置くことでペンジュラムの天然石のエネルギー効果を期待する人たちもいる。

ふ

仏陀（ぶつだ、ブッダ） *Buddha*

悟りの境地に達した最高の位「仏の悟り」を開いた人のことをさす。覚者。そこから、釈迦の尊称となった。*Buddha* はサンスクリットで「真理に目覚めた人」「悟った者」などの意味で、普通名詞である。

仏壇（ぶつだん）

家庭で仏様にお参りをするため、また先祖代々をお祀りする祭壇で、仏像・位牌を安置し、礼拝するための厨子（ずし）。

仏道（ぶつどう）

仏教と同じ。仏教は、インドの釈迦（しゃか・ゴータマ・シッダルータ）を開祖とする宗教で、飛鳥時代（552年）に日本に伝来したと『日本書紀』に記されている。

仏が教えた悟りへ到る道。つまり仏教の実践面についていう。

江戸の末期まで、仏道として日本になじみ、広く普及した。幕末まで、日本は仏と神を一体で不可分とする神仏習合の時代であった。

「仏道をならふといふは、自己をならふなり。」（『正法眼蔵（しょうほうげんぞう）』の現成公案の巻。

仏法（ぶっぽう、ぶっぽう）

仏に成る方法。法門の元。如来法ともいう。また、仏教そのものをさす場合もある。

対義語は世間法（せけんぼう）。略して世法（せほう）。

仏滅（ぶつめつ）

仏・如来の入滅・滅度、すなわち死のこと。とくに釈迦仏の滅度（悟りの境地）をさしていわれる。

「仏滅日」の略。陰陽（おんよう）道で、万事に凶だとする日。本来は、釈迦仏の入滅とは無関係である。

物理学（ぶつりがく） *Physics*

自然科学の一分野。自然界のあらゆる現象とその性質を、物質とその間に働く相互作用によって理解すること（力学的理解）、および物質をより基本的な要素に還元して理解すること（原子論的理解）を目的とする。

物理的心霊現象（ぶつりてきしんれいげんしょう）

物質次元での変化（物理的変化）をともなう心霊現象。

物質次元で変化が現れるため、居合わせたすべての人々が、その現象を目で見、耳で聞いて確認することができる。そこで、人々が物理的心霊現象の証人となる。時には現象が写真などに収められ、物証となることもある。このように「物理的心霊現象」は、交霊会の同席者全員に共通して認識されることが最大の特色となる。

物理的霊能養成サークル（ぶつりてきれいのうようせいさーくる）

Physical Circle

物理的心霊現象を生起させるために経験や知識を身につけるサーク

ル。エクトプラズムは光に極めて敏感なため、光の届かない暗い場所で行わなければならない。また、コントロールの許可なく、エクトプラズムに触れないなど、注意するべき点がある。

物理霊媒（ぶつりれいばい）

物理的心霊現象を起こすことができる霊媒。霊媒がつくりだすエクトプラズムは光に弱いため、光を遮断する必要があるが、なかには白昼に物理的心霊現象を起こせる者もいる。

不動明王（ふどうみょうおう）

サンスクリット語では、アチャラ・ナータで、密教特有の尊格である明王の一尊。大日如来の化身ともいわれる。大火炎の中に座し、剣と縄をもっている。大日如来が、悪魔・煩悩の調伏のため、怒りの相を表したもの。

真言宗をはじめ、天台宗、禅宗、日蓮宗等の日本仏教の諸派および修験道で幅広く信仰されている。

普遍救済説（ふへんきゅうさいせつ）

Universalism

キリスト教の神学思想の一つ。神の普遍的な父性と愛を強調し、すべ

Column

不老不死の夢が育んだもの

いつまでも年を取らず生きていたいという不老不死の願望は、伝承や伝説として世界各地にあり、また宗教においても浄土や天国といった大事な要素となっている。そして、栄華を極めた権力者たちの究極の願いでもあった。

中世ヨーロッパの錬金術は鉛などの鉱物を金に変える試みであったが、その際の触媒となる霊薬が不老不死の薬と考えられた。

中国の秦の始皇帝は、徐福に不死身の霊薬探しを命じた。日本に渡来した徐福は探せぬまま熊野（または富士山）にとどまったという。

不老不死のテーマはまた仙人思想を育み、仙人になるための呼吸法や鍛錬法が研究された。道家の養生説には、服用すれば不老不死になる、あるいは仙人になれる霊薬を作るための錬丹術が伝えられている。

永遠の若さと生命を得る不老不死の願いはかなえられていない。けれども、そのかなわぬ願いが西洋の化学を発達させ、中国では漢方薬や気功術などに結実したといえる。

ての魂の救済を信じる教説。

浮遊霊（ふゆうれい）

自分が死んだことを理解できなかったり、自分の死を受け入れることができず、成仏できない霊で、現世を彷徨っている霊のことをいう。これは、突然死んだ場合などで、自分が死んだことを理解できず、心理的に受け入れられない場合などがあるという。

また、肉体から離れて浮遊している霊全般をいうこともある。

浮遊霊の中でも、特定の場所や建物への思い入れがあり、居付いてしまっているものは、地縛霊とよばれる。

浮揚現象（ふようげんしょう）

物体移動現象（テレキネシス）と同じ心霊現象である。エクトプラズムの作用で物体が移動するのであるが、物体が空中に浮き上がる（もち上がる）と浮揚現象になる。このとき〝物体〟が空中に浮き上がるのを物体浮揚現象といい、〝人間〟が浮き上がるのを人体浮揚現象という。

プラーナ

サンスクリット語で呼吸、息吹などを意味する。日本語では気息と訳される。

インド哲学では、同時に人間存在の構成要素の一つである風の元素をも意味している。そして生き物（すなわち息物）の生命力そのものとされ、「生命の力」とか「活力」の意味。生命の源と考えられている宇宙のエネルギー、生きる力（エネルギー）。

プラナ *Prana*

宇宙に遍満するエネルギー、生気体ともよばれる。あらゆる生命体は呼吸することで、プラナを取り込むとされる。

このため、ヨガではとくに呼吸法が重視されている。↓生気体

フラワーエッセンス

イギリスの医師で細菌学者であったエドワードバッチ博士が、花のエネルギーが否定的な感情や精神に働きかけ、心の不安や傷を癒し、バランスの乱れを調整し、癒して、肯定的な感情へおきかえていくことを発見した。

このエッセンスを使って、自分で自身を癒すことのできる療法（セラピー）を開発。それを１９３６年にバッチフラワーレメディ（*Bach Flower Remedies*）として完成させた。

扶鸞（ふらん）↓扶乩（ふうち）

プランシェット *Planchette*

自動書記現象に使われる装置で、19世紀半ばにフランスで発明された。小さなハート形の板に、2個の小さな輪と1本の鉛筆が付属。霊媒が装置に軽く指を乗せると、鉛筆が紙の上を自動的に動いて文字を書く。日本のコックリさんに類似している。

振り子（ふりこ） *Pendulum*
魔法の振り子。ペンジュラム。占杖術者や放射線探知術者が使用する。小さな玉か指輪状のものを、20センチほどの細い糸で下げると、やがて振り子のように振れ出す。その振幅や回転方向によって、当面の問題の回答を得るというもの。
振り子の魔術は、無意識の心の働きを利用して潜在意識の情報をくみ上げる方法。古代ローマ時代からあり、神の意志をこの方法で伺ったという。また「ダウジング」とよばれ、プロの職業としても定着している。
運命予知法だけでなく、患者の病状を探る医療方面にも応用されているという。

不老不死（ふろうふし）
不老不死の人間は、かならず若くて健康であり、永久に死なないイメージである。「不死身(いかなる傷、打撃、病気、苦痛にも耐えられる状態)」の類義語。中国人の伝統的な生命観の一つとされている。
始皇帝は実際に不老不死の薬を求め、かえって死期を早めた。その他にも不老不死を求める話は、世界各地にある。西洋では「*elixir of life*」(エリクサー）という錬金術の霊薬がある。
古今東西の賢人は、不老不死を求める行為の愚かさについて指摘している。

浮浪霊（ふろうれい）
この世に彷徨っている幽霊のこと。肉体と魂は別のモノであり、肉体が亡くなった後、肉体から離れた魂が成仏できずに、この世を彷徨うのが、浮浪霊。魂には階級があり、低いものから高いものまで存在するが、生きているときに、身勝手な考えで過ごし、霊界に行けずに、低級霊となって、中有界、冥界にとどまっている。「何とかしてほしい」という依存的な考えで、この世を彷徨い、波長の合う人に取り憑いたり、土地に憑いたりする。

プロシーディング *Proceedings*
一般には学術分野の出版物の中で、学会などの講演要旨集のこと。
霊学では、各心霊研究会から公式に発行される会報や定期刊行物のことをプロシーディングとよぶ。

雰囲気（ふんいき） *Atmosphere*
「霊的雰囲気」の意味で使われる言葉。霊媒をとりまく場所や事物、人物から察知される光、音、匂い、気配、独特の霊的雰囲気をいう。

分離（ぶんり） *Dissociation*
精神医学用語。心の機能が妨げられてしまうこと。そのため忘却が生じたり、自動的に手足が動いたり、一部の観念が人格ないし意識から遊離したりする。催眠時のトランス、自動書記、精神分析の抑圧の現象も分離の一つである。その著しい例として、多重人格がある。

へ

併立現象（へいりつげんしょう）→**バイロケーション**

ヴェーダ　*Veda*

インド最古の宗教文献の総称。ヴェーダ聖典。紀元前１０００年頃から紀元前５００年頃にかけてインドで編纂された一連の宗教文書で、「ヴェーダ」は「知識」の意である。

ヴェルサイユの幽霊　*Visins at Versailles*

トリアノンの幽霊ともいう。イギリスのシャーロット・アン・モーバリー［１８４６〜１９３７］とエレノア・ジュールダン［１８６３〜１９２４］が１９０１年8月10日にフランスのヴェルサイユ宮殿の離宮、小トリアノン宮殿を訪問した際にタイムスリップを体験し、マリー・アントワネットやその他の同時代の宮殿関係者を見かけたとされる。

幽霊が目撃された小トリアノン宮殿

その体験は１９１１年にエリザベス・モリソンとフランシス・ラモントのペンネームで、著書『アン・アドベンチャー』の中で詳しく明かしている。

ペシミスト　*Pessimist*

先行きを悲観的に考える人をいう。悲観論者、厭世主義者と訳される。ものごとをつきつめて考える深遠な思索者のイメージがある。

語源は、ラテン語で最悪のものを意味する *pessimum* に由来する。

元来は哲学の分野で用いられる語で、この世界は悪と悲惨に満ちたものだという人生観をさす。反対語は楽観主義者（オプティミスト）。

ヘミシンク　*Hemi Sync®*

アメリカのモンロー研究所の特許技術で、ステレオ・ヘッドフォンを使って、左右の耳に振動数の若干異なる音を聞かせることで、左右の脳半球を同調させ、聴く人の意識を、さまざまな状態へと安全に誘導することができるというもの。これにより、超常現象体験が可能になる。

研究所公認のアウトリーチ・ファシリテーターが、日本をはじめ各国でワークショップを開催している。

ヘリオス　*Hēlios*

ギリシア神話の太陽の神。毎日、四頭立ての黄金の戦車を引かせ、天空を東から西に横切り、日没時に大洋オケアノスに入り、夜の間に巨大な黄金の盃に乗ってオケアノスを航海して、東に戻ると考えられていた。

ベルクソン、アンリ＝ルイ　*Henri Bergson*

［1859〜1941］フランスの哲学者。近代の自然科学的・機械的思考方法を克服、内的認識・哲学的直観の優位を説き、生命の流動性を重視する生の哲学を主張。1928年ノーベル文学賞受賞。主な著作『創造的進化』『道徳と宗教の二源泉』。

ベルクソンの哲学は、当時の人々にはもちろん、サルトル、西田幾多郎といった哲学者、批評家の小林秀雄、作家のプルーストなどにも影響を与えた。

ヘルパー→補助霊

ペレット・リーディング→ピレット・リーディング

ベロー→エヴァ・シー

変幻自在（へんげんじざい）

現れたり消えたり、変化したりが自由自在なこと。思いのままに変化するさま。また、変わり身が早いさまにも用いる。

弁財天（べんざいてん）

貧困を救い財物を与える天女で、七福神の一人。仏教では弁才天と書

Column

遍路
——橋の上では杖はつかない

祈願のため四国八十八カ所、その他の霊場を巡拝、またその巡礼者を遍路という。都から遠い四国は昔から辺地巡りの修行の地であり、これが弘法大師信仰と結びつき、空海の旧跡をたどる巡礼として広まった。

道中の巡礼者に軽食などを振舞う「お接待」の慣習は広く知られているが、お遍路は橋の上で金剛杖をつかないという約束事もある。番外霊場の一つ、愛媛県大洲の永徳寺そばの十夜ヶ橋（とよがはし）が、その由来を伝える橋である。

この辺りを旅した空海が一夜の宿を見つけられず、橋の下に野宿をしたが、闇の中で一夜が十夜にも長く感じられたという。この伝説から十夜ヶ橋とよばれ、境外仏堂が建てられた。そしてお遍路たちは、空海が安眠できるようにと、道中すべての橋を渡る際は杖をつかないようになったという。

空海が詠んだ和歌も伝えられている。

「行き悩む 浮世の人を渡さずば
一夜も十夜の橋とおもほゆ」

き、吉祥天の異名とされるが、この二者はしばしば同一視され、ともに弁天とよばれる。頭上に白蛇をのせ、鳥居をつけた宝冠をかぶった八臂の女神で、持物は、弓・箭・刀・さく・斧・長杵・鉄輪・羂索（けんじゃく）。
密教に入ってからは二臂で琵琶をもった姿で胎蔵界曼荼羅外金剛部院にある。善財童子を加えた十六童子を従えている。

偏執症（へんしゅうしょう）
Paranoia, PPD

自己中心的で、被害妄想や猜疑心が異常なほど強い。自らを特殊な人間であると信じたり、不安や恐怖の影響を強く受けて、隣人に攻撃を受けているとか、他人が常に自分を批判しているという妄想を抱いたりする。妄想性パーソナリティ障害の一種。偏執病。
人格や職業能力面においては、常人と変わらない点もある。

ペンジュラム　*Pendulum*

天然石でできた振り子のこと。天然石をひもで吊るして、イエスかノーかを知るもの。ダウジング・ペンデュラム（ペンジュラム）は、潜在意識の声を聞くためのツールといえる。
過去には、水脈や金を探すためによく使われていた。野生の動物が潜在意識で危険を回避したり、水や食物のありかを潜在意識で感じ取るように、人間も潜在意識下ではさまざまな情報をとらえている。それを引き出していくためのツールがペンジュラムである。↓振り子

変性意識状態（へんせいいしきじょうたい）　*Altered State of Consciousness, ASC*

超心理学用語で、通常の精神機能とは異なって経験される意識状態であり、夢を見ている状態、催眠、瞑想、幻覚剤などによって引き起こされる状態。また、霊媒の入神（トランス）状態などを包括して用いる。

辯天宗（べんてんしゅう）

奈良、吉野生まれの大森智弁［１９０９〜１９６７］によって開かれた新宗教。高野山真言宗の住職の妻であった大森智弁が、１９３３年、弁財天の霊示を受けて病から救われた体験をもとに開いた。教義の中心はあらゆる生命をはぐくむ「水の心」にあり、信者にその遵守を説く一方、漢方薬と祈りによる治病が行われている。公称信者数は約30万人。
なお、教育事業として１９６５年に設立した智辯学園高等学校、智辯学園和歌山高等学校は、高校野球の強豪として、全国的に有名である。

変貌現象（へんぼうげんしょう）

物理的心霊現象の一つ。故人を特定できるような肉体的特徴を、霊媒の肉体上に見せる現象である。これ

は、エクトプラズム自体が固体に変化して、他界した人間の生前の姿を再現するもので、「物質化現象」とか「幽霊形成現象」という。この「物質化現象」では、交霊会の参加者は全員、他界者の生前の姿を目撃することになる。〝死者が生き返った〟という話を信じる人はいないが、物質化現象ではそうした信じられないようなことが実際に起きる。

遍歴的霊視現象（へんれきてきれいしげんしょう） *Travelling Clairvoyance*

遍歴的透視現象、移動透視現象ともよぶ。霊視の一型。霊視者の幽体が遠隔地に移動し、あたかもそこにいるかのように語り伝える現象のこと。スウェーデンボリが1759年に約400キロ離れたところから、スットクホルムの火災を目撃した例のように、いくつかの例が報告されている。

遍路（へんろ）

祈願のために、四国の弘法大師修行の跡とされる霊場八十八ヵ所などを巡り歩くこと。また、その巡礼者のこと。

巡礼のスタイルは、菅笠（すげがさ）をかぶり、わらじばきで、手甲（てっこう）、脚絆（きゃはん）をつけ、笈摺（おいずる）を背負い、首から山谷袋をかけ、手に数珠と鈴（れい）をもち、金剛杖をつく。

ほ

方位・方角（ほうい・ほうがく）

方位は子午線（北極と南極を結ぶ線）を基準に東西南北を示したものであり、方角は観測した地点を基準にして示したものである。

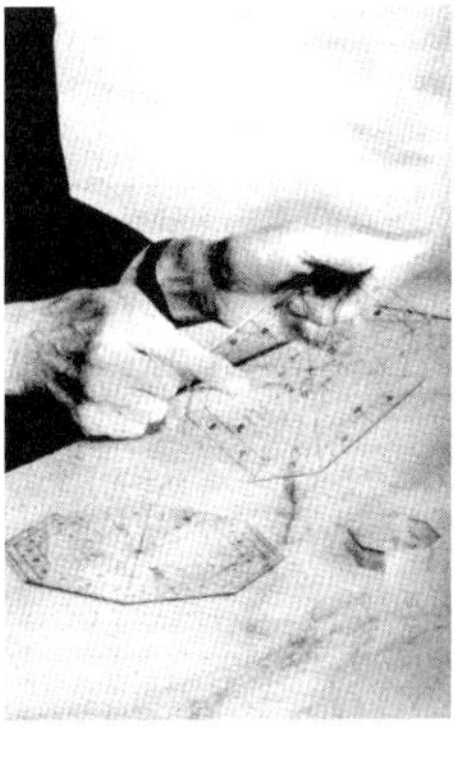

占いでは、方位方角は、出生年（本命卦）にもとづいて吉凶に影響すると考えられていて、重要な要素となっている。短期間の旅行などでは影響は少なくても、長期間滞在する場合や引っ越し（転居）、転職、結婚などの際に調べる人は多い。

棒占い（ぼううらない） *Rhabdomancy*

小枝や棒を用いて行う占い。占杖術。

ヨーロッパでは、ハシバミの枝が占い棒に適していると考えられていて、水脈や鉱脈を探り当てるのに使われた。泥棒、殺人犯人、いなくなった家畜を探すためにも使われたり、旅人が道に迷ったときに使ったりしたという。もともとハシバミの枝は魔法の杖とされ、神話では、ヘルメスがアポロから授かったハシバミの杖で、人々の心や体の病を癒したといわれている。

望遠透視（ぼうえんとうし）

Telescopic Vision

透視には2種類あり、一つは密閉された箱の中身を当てるなど物体を透視する能力であり、もう一つは通常では見えない遠方の物体を見たり、出来事を感知する能力のことで、この後者をいう。

望遠鏡で覗かなくては見えないような森の中の小鳥の姿が見えるなどがそれ。ただし、透視と霊視は似ているようで異なる。霊視は、時空間を超越して過去や未来、場合によっては霊界も見ることができる。

放射線探知術（ほうしゃせんたんちじゅつ）→ラディエステーシア

法事（ほうじ）

亡くなった人の冥福を祈って、供養をする仏教の儀式。もとは仏教に関する事柄、仏の教えを宣揚することを意味したが、のちに死者の追善供養のために行う仏事の意となり、転じてもっぱら死者の年忌に営む仏事をさす。

四十九日目まで7日ごとに法要が行われたが、近年は、初七日と四十九日を行うことが多い。逝去してから四十九日の間を「中陰」といい、この間は、閻魔大王による裁きが七日おきに実施され、極楽浄土へ旅立てるか否かの判定が下されるのが四十九日目にあるという。通常はこの四十九日をもって忌明けとする。

百日目は百か日忌、満1年目一周忌となり、満2年目三回忌と年忌法要になる。

宝珠（ほうじゅ）

宝物であるたまの意。仏教において、五重塔や五輪塔など仏塔の先端部につけられるもので、先端がとがり下方に丸みを帯びた形をしている。また、地蔵菩薩などの仏像が掌に乗せている珠を宝珠とよぶ。

釈迦の骨壺（舎利壺）の形、または龍神の頭部から出てきた珠ともいわれる。

擬宝珠（ぎぼし）は、この宝珠に形が似ていることからその名があるもので、伝統的造りの橋や寺院の階段の柱、高欄などにつけられる飾りのこと。

左手に如意宝珠をもつ吉祥天立像（浄瑠璃寺）

法然（ほうねん）

［1133～1212］平安時代末期から鎌倉時代初期の日本の僧。はじめ比叡山で天台宗の教学を学び、承安5年（1175）、専ら阿弥陀仏の誓いを信じ「南無阿弥陀仏」と念仏を唱えれば、死後は平等に往生できるという専修念仏の教えを説いた。のちに浄土宗の開祖と仰がれた。

浄土真宗の親鸞は、法然に師事できたことを生涯の喜びとした。

奉納相撲（ほうのうずもう）

神仏に奉納するために、社寺の境内で催す相撲のこと。

元々、弥生時代に稲作にともなう農耕儀礼として、庶民の間で相撲の原始的な形式が発達し、奈良朝の頃に天皇によって、年中行事による七夕の余興として行われるようになった。また、第11代垂仁天皇のとき、当麻蹶速（たいまのけはや）と野見宿禰（のみのすくね）が相撲をとったという伝承があり、この勝負に勝った野見宿禰が相撲の祖神とされている。

ホ・オポノポノ *Ho'oponopono*

古代からハワイで信じられ、行われてきた実践方法で、祈り・議論・告白・後悔・互いの補償と許しを各々

Column

ホメオパシー
Homeopathy

代替え医療、民間医療の一つ。ドイツ人医師ザムエル・ハーネマン（1755～1843）が発表した治療法。似た症状を起こさせる物質から作る薬を与えて、症状を軽くし治癒させるというもので、根拠としたのがヒポクラテスの時代に遡る「同種のものが同種のものを治す」という同種の法則である。19世紀、瀉血や下剤、薬の大量投与といった治療の代替え医療として、多くの患者に受け入れられた。

植物や鉱物などの成分を抽出し、さらに極限まで薄めることで、症状の軽減と自己治癒力を喚起するとされる。日本の薬事法では医薬品でないことから、ホメオパシーを行う者は医療従事者でなくともよい。しかし2010年、日本学術会議がホメオパシーの治療効果を科学的に立証できないとして、医療従事者は使用しないよう求める談話を発表した。

一方で、ドイツをはじめとする欧米やインド、中南米などでは、医療行為の一つとして浸透しており、治療現場での信頼も厚い。

が実行するもの。

最初に著したのは、1958年、マリー・カウェナ・プクイ（*Mary Kawena Pukui*）である。自己浄霊、自分の心を洗い流すためのトレーニング法（メソッド）として、ホ・オポノポノの実践はとてもシンプルで、基本は、自分自身に「ありがとう」「ごめんなさい」「許してください」「愛しています」というだけである。4つの言葉を唱えるだけでいつの間にか、心の奥底で、浄化のプロセスが働いているという。簡単に取り入れられるので、潜在意識のクリーニングを心がける人に人気である。

ヴォロメーター *Volometer*

ウィル・ボード（意志板）ともよばれる意志力測定装置。スウェーデンのウプサラ大学のアルルッツ博士（*Alrutz,Dr.Sydney*）が考案した。人間の意志の力を動態エネルギーとして測定するという。

菩薩（ぼさつ）

サンスクリット語 *bodhisattva* の音写「菩提薩埵（ぼだいさった）」の略。悟りを求める人の意。仏語。

仏の位の次にあり、悟りを求め、衆生を救うために多くの修行を重ねる者。文殊・観音・弥勒・勢至・普賢・日光・月光・地蔵、虚空蔵などがある。元来は釈迦の前生時代の姿で、自力で悟る人、将来仏になる者の意で用いられるようになった。

中国、日本では高徳の僧への称号としても用いられた。日本では聖武天皇が行基に菩薩の号を賜わった。

墓参（ぼさん）

墓にお参りすること。墓参り。

命日・法要・お盆・お彼岸などに行われる。

星祭り（ほしまつり）

旧暦の元旦や、立春、冬至などに行われる仏教の儀式。主として密教で行われ、護摩を焚き、国家に起こる各種の除災招福や個人の無病息災を祈祷するためのものである。「星供養」、「星供（ほしく）」、あるいは「北斗法（ほくとほう）」ともいう。→七夕祭り

補助霊 *Spirit Helper*

支配霊の補助をする霊魂。ヘルパーともよばれる。

支配霊の力だけで物事が解決できない場合、支配霊は補助霊に応援を頼むことがあるという。補助霊は、もちろん悪霊から選ばれることはありえないが、人霊以外の動物霊や自然霊がその任務にあたることがある。

ボストン心霊研究協会（ぼすとんしんれいけんきゅうきょうかい）

ボストンSPR。1925年5月、

アメリカのボストンに設立された心霊研究の団体。

墓石（ぼせき、はかいし）

墓碑（ぼひ）ともいう。墓のしるしに建てる石材製品。墓石をさして墓ということもある。かつての支配階級が造った、五輪塔、宝篋印塔、宝塔、多宝塔、層塔、板碑も含まれる。

墓石はその形状、色、表面の加工、石材、彫刻、碑文、付属品など、多くの要素があり、故人への思いを表現することができる。

ポゼッション→憑依現象

墓相（ぼそう）

手相や人相があるように、お墓にも「墓相」がある。お墓の建て方やおく位置、方位、またお墓の形や石の色によって運命が変わるというもの。「墓」の漢字の由来は、土の上に人が横たわり、人の上から日が当たり草が生い茂っていると書く。そのことから、日の光を一番に浴びる東南の向きがとても良いとされている。墓相では、お墓によって家運が決まるといわれている。根底には子々孫々まで繁栄し、幸福であってほしいという願いが込められている。

本来は先祖に気持ち良く眠っていただく場所としてお墓があるので、手入れがしやすく、墓参りをしやすいお墓が、一番良いお墓といえるだろう。

菩提寺（ぼだいじ）

Column

盆踊り―祖霊とともに過ごすひととき

仏教で盆は盂蘭盆会のこと。祖霊を死後の苦しみから救う供養の行事で、日本古来の布を供えて精霊を迎える棚機津女の祖霊信仰と融合したものとされる。旧暦の7月13日の夕刻、戸口で迎え火を焚いて故人や祖霊を迎え、16日の送り火で帰ってゆく祖霊を送る。

お盆の時期、寺社の境内で故人や祖霊を慰めるために踊られるのが盆踊りだ。その起源は、平安期に空也上人が始めた踊り念仏が民間の習俗と混ざったなど諸説あるが、無縁の精霊にもこの世の人と一緒に楽しく踊って、あの世へ帰ってもらいたいという、日本古来の死生観が混じり合っている。

秋田県の西馬音内（にしもない）盆踊りに頭巾（覆面）を被るのは、亡者の姿を模したという。

提灯の明かりで踊る人々の輪の中に、喜び踊る亡き人々の姿を偲んだのであろう。お面や頬被り姿で踊るのも、死者が気兼ねなく踊りの輪に入れるようにという生者の思いがあるのかもしれない。

先祖代々、その寺の宗旨に帰依して、先祖の位牌を収め、お墓のあるお寺のこと。菩提所ともよばれる。つまり、「死後の冥福」をさし、菩提を弔う寺院という意味である。徳川家の寛永寺や増上寺が有名。古代・中世では一般的に氏寺とよばれていた。

仏（ほとけ）

佛。本来、「仏」とは、狭義には、仏教における最高の存在であり、悟りを開いた者である仏陀（如来）のこと。

しかし、のちに、仏陀に準ずる存在で悟りを開こうと修行している菩薩、密教の明王、天部の護法善神などを含めた、仏教の信仰、造像の対象となる尊格を、広義の解釈として「仏」と総称するようになった。

補永茂助（ほながしげすけ）

［1881〜1932］東京帝大卒。明治・大正・昭和初期に活動した神道学者。

ドイツやイギリスへ留学し、当時西欧で盛況だったスピリチュアリズムに覚醒。「多くの実験に参加した経験から、死後の世界、霊的世界の存在を確信。東京帝大神道研究室に在籍時、心霊研究の必要性を訴えたことで知られる。東京文理大、国学院大講師を務めた。『日本思想の研究』『欧米人の神道観』『神道概説』などの著書がある。

墓標（ぼひょう／はかじるし）

①墓石の裏などに、死者の俗名・没年、墓を建立した人などを記した文のこと。②遺骨はあるが何らかの事情で墓石の建立が何年も先になる場合に、代わりに埋葬箇所に立てておく目印の石や木の柱のこと。

ホメオパシー　*Homeopathy*

ドイツ人医師ザムエル・ハーネマン［1755〜1843］が創始した独特の医療体系。代替医療、民間医療に属する。病気の症状および患者・患畜の状態に応じて、その症状と類似した症状を引き起こす物質からできたレメディとよばれる薬を使って治療を行うことを特徴とする。

レメディは、自然の物質（植物、鉱石、蜂の針等の動物質）をアルコールで抽出したチンキ（マザーチンキ）を、蒸留水で希釈を繰り返して分子が残らないレベルにまで薄め、さらに容器を激しく振り、手に打ち当てるなどして衝撃を与えて作られる。

ポルターガイスト現象（ポルターガイストげんしょう）

Poltergeist Phenomena

アルジェリアの家政婦の少女が体験したポルターガイスト現象（1911 年）

騒霊現象ともいう。そこにいる誰一人として手を触れていないのに、物体の移動、物を叩く音の発生、発光、発火などが繰り返し起こる、通常では説明のつかない現象。いわゆる心霊現象の一種とされている。西洋では古くから知られている現象として、テッドワースで起きた現象（1661年）、ウェズレイ牧師の家で起こった現象（1716年）、フォックス姉妹によるハイズヴィル事件（1848年）などが報告されている。日本でも、多くの事例が知られている。

ホロスコープ *Horoscope*

西洋の占星術。また、それに用いる十二宮図。生まれた年、月、日、時、生まれた場所の緯度・経度により12の星

座に分けて、ある特定の瞬間の太陽、月、惑星、黄道十二宮および地表の位置関係を表す天体配置図で運勢を占う。ホロスコープはギリシア語に由来し、「時の見張り人」の意味があり、占星家により他の資料とともに個人の性格や未来の予言に使われる。

盆（ぼん）

仏教用語の「盂蘭盆会」のこと。一般に「お盆」ともよばれる。盆と

Column

煩悩即菩提

煩悩は仏教において、人の苦の原因とされる。除夜の鐘は108つの煩悩を打ち払うことで知られるが、煩悩の根本を、欲を貪る貪欲（とんよく）、逆らうものを怒り恨む瞋恚（しんに）、道理を知らぬ愚痴（ぐち）の三毒とする。ただ、人生の煩悩を突き詰めれば無数であり、煩悩を数えあげれば森林のように多いともいわれる。

仏教が煩悩を克服する解脱の道を求めるなか、煩悩を否定しない思想も生まれた。

つまり、自己中心に考える心の働きから、他者や社会を中心に考える心の働きになれば、煩悩と悟りとは本質的に変わるものではないとする「煩悩即菩提」の思想である。

大乗経典『維摩経』に、汚泥の中からこそ蓮は咲くとある。泥を煩悩に、悟りを蓮花と見て、悟りは煩悩と茎でしっかりつながっていることを意味している。煩悩の中に清らかな花を咲かせる養分がある。煩悩は煩悩として、光によって明るく変えられるという信仰心を表す言葉でもある。

は文字どおり、本来は、霊への供物を置く容器を意味していたため、供物を供え祀られる精霊の呼称となり、盂蘭盆と混同されて習合した、ともいう説もある。

伝統的には旧暦7月15日にあたる中元節の日に祝われた。新暦8月15日（月遅れの盆。地方では旧盆ともいう）13日夕刻の野火を迎え火（むかえび）とよび、迎えた故人のために精霊棚にいろいろなお供え物をする。

16日の野火を送り火（おくりび）とよび、故人が帰るといわれている。京都の五山送り火が有名である。15日に送り火を行うところも多い。また、川や海へ送る風習もあり、灯籠流しが行われる。

京都 五山送り火

15日の盆の翌日、16日の晩に寺社の境内で盆踊りが行われ、老若男女が集まって踊る。地獄での受苦を免れた亡者たちが、喜んで踊る状態を模したといわれるが、近年は、寺社の境内とは限らなくなっており、宗教性を帯びない行事となっている。

梵語（ぼんご）

サンスクリット語ともいわれる。その起源は造物神ブラフマン（梵天）にあるというインドの伝承にもとづいている。古代インド・アーリア語に属する言語。インドなど南アジアおよび東南アジアにおいて用いられた古代語で、文学、哲学、学術、宗教などの分野で広く用いられた。ヒンドゥー教、仏教、シーク教、ジャイナ教の礼拝用言語でもあり、現在もその権威は大きく、現代インドの22の公用語の一つである。

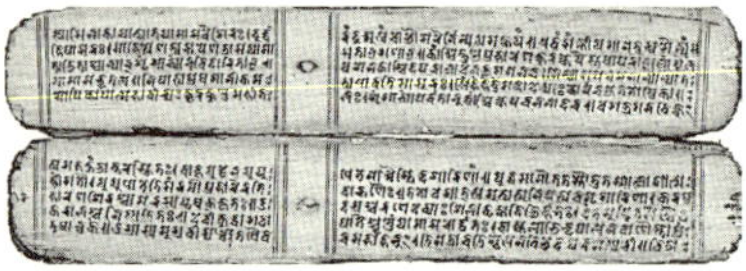
11 世紀にネパールで描かれたサンスクリット語の写本

サンスクリットは「完成された・洗練された（言語、雅語）」を意味する。

本山（ほんざん）

仏教の一宗一派を統轄する寺院。上方本寺ともいう。宗派によっては中枢機能を有する寺院も多い。対義語は末寺。

位置づけによって、総本山、大本山、別格本山、本山などの区別があるほか、宗派によってそれぞれの用法が異なり、使用されないこともある。

梵鐘（ぼんしょう）

仏教で時を知らせるため、朝夕に

撞いたり、また儀式の合図に打鳴らす鐘のこと。大きなものは堂外の鐘楼につるす。一般に釣鐘、撞鐘（つきがね）という。重く余韻のある響きがある。一般には除夜の鐘で知られる。
　純日本式の和鐘と、外国製である朝鮮鐘と中国鐘に大別される。和鐘は、吊り手である竜の頭をかたどった竜頭と、下方は丸く口を開いた中空の鐘身から成り、その外面の下部に蓮華形の撞座を鋳出してあり、そこを撞木で打つようになっている。

本尊（ほんぞん）
　仏教系の寺院の本堂や信徒の仏壇などに安置され、信仰の対象として最も尊重されている中心的な仏像のこと。
　宗旨宗派により対象となるものは異なるが、代表的なものでは仏像や宗教的絵画・掛け軸（仏絵や曼荼羅など）・書などがあり、如来・菩薩・観音などが本尊として安置されている場合が多い。

本体（ほんたい）
　第三エーテル体ともいう。スピリチュアリズムでは、人間の実体は、霊（魂）であると考える。霊的な側面から見た人の体は、4つの体から成り立っているとされる。波動の低いほうから順に、肉体→幽体→霊体→魂本体となる。本体のみの存在とは、体／ヒト型はもたず、光（エネルギー）そのものになることである。
　日本の心霊研究の草分け、浅野和三郎博士は、「本体はあくまでも透き通っており、色もなく、香りもなく、形もなく、人間が行う心霊実験の領域を完全に超脱してしまっている」と述べている。

本田親徳（ほんだちかあつ）
［1822～1889］江戸末期、明治時代の国学者・神道家。40年にわたって『古事記』の研究に没頭し、古代に存在したとされる帰神（人に神を降ろす法）の復元を図り、鎮魂帰神を中核とする本田霊学を日本に確立した。神道霊学中興の祖といわれる。
　その霊学理論は長沢雄楯、副島種臣らに継承されたほか、本田神霊学は出口王仁三郎が開いた大本、友清歓真や荒深道斉などの著名な神道系新宗教家に多大な影響を与えた。

本地垂迹説（ほんちすいじゃくせつ）
　日本の仏教と神道の関係を、仏や菩薩が衆生を救うために、神という仮の姿であらわれたとする考え方のこと。
　仏や菩薩が本来の姿（本地）ではなく、神という仮のすがた（垂迹身）となって人々を救うという神仏同体説で、平安時代のはじめから広まった。たとえば熊野権現の本地は阿弥陀如来というように、中世にはすべての神社に本地仏が定められた。

明治初年の神仏分離令によって、本地垂迹説などの神仏混淆の状況はなくなった。↓神仏混淆

本能（ほんのう）

人間を含む動物が生まれつきもっていると想定されている、ある行動へと駆り立てる性質のこと。

現在、この用語は専門的にはほとんど用いられなくなっている。類似した概念として情動、進化した心理メカニズム、認知的適応、生得的モジュールなどの用語が用いられる。

煩悩（ぼんのう）

仏教の教義の一つで、身心を乱し、悩ませ、智慧を妨げる心の働き（汚れ）のことをいう。

煩悩の根源（人間の諸悪の根源）は、①貪欲（とんよく）②瞋恚（しんに・しんい）③愚痴（ぐち）の3つとされ、これをあわせて三毒（さんどく）とよぶ。

本能主義（ほんのうしゅぎ）

本能を満足させることが、人生の目的であるとする考え方。

ま

マーキュリー *Mercury*

水星。水銀の英語名。ローマ神話に出てくる商業の神メルクリウスの英語名。ギリシア神話のヘルメスと混同される。

マーク・トウェイン *Mark Twain*

［1835〜1910］『トム・ソーヤの冒険』で知られるアメリカの小説家。心霊現象を信じ、死後も個性は生き続けると説いた。彼の死後、霊媒師の交叉通信実験でトウェインとの通信が確認されたという。

マース *Mars*

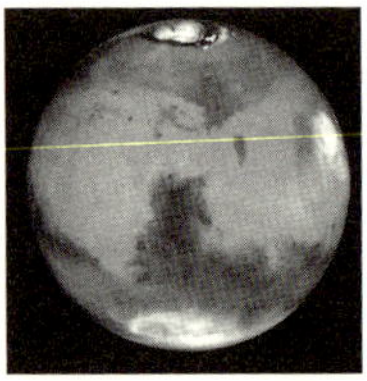

火星。ローマ神話のマルスの英語名。マース（マールス）は3月の神であり、戦と農耕の神。勇敢な戦士で青年の理想像とされ、慕われ崇拝された。

マータンギー

インド神話に出てくる十大女神の総称マハーヴィディヤーの9番目の女神。福徳をつかさどる。マハーヴィディヤーはサンスクリット語で、広大で輝かしい知識をもつ者の意味。

マーフィー教授 *Gardner Murphy*

［1895〜1979］テレパシー実験で知られるアメリカの社会心理学者。ニューヨーク市立大学で教鞭をとった。

マーフィーの法則（ほうそく） *Murphy's Law*

失敗する可能性があるものは必ず失敗するという経験測を、法則としたジョーク。

マーフィーはアメリカ軍のエンジニアで、「複数の方法があって、その一つが悲惨な結果に終わる場合、

人は必ずそちらを選ぶ」という。出版化された法則は、ユーモア集である半面、「最悪の状況を想定すべし」という示唆に富み、防災や危機管理の分野で重要視されている。

マイトレーヤ

インドの仏教哲学者。弥勒と音訳される。仏教の瑜伽行派（ゆたぎょうは）の始祖とされる。瑜伽行派は、一切は唯だ識の表れにすぎないという唯識説を説く。↓ヨガ（ヨーガ）

魔界（まかい・まがい）

悪魔が支配する世界。仏界の反対の概念。

怨霊や妖怪などにまつわる伝説の町や場所を、比喩的に魔界と表現することもある。

魔界転生（まかいてんしょう）

山田風太郎の伝奇小説。『おぼろ忍法帖』の題で大阪新聞に連載され、１９６７年に単行本化された。１９８１年の映画化に当たり、山田風太郎自身が『魔界転生』と改題した。

映画のほか、演劇やビデオ、漫画、ゲーム化もされている人気作品。

牧口常三郎（まきぐちつねさぶろう）

［１８７１〜１９４４］思想家、教育者、宗教家。

１９３０年、創価学会の前身である創価教育学会を創立。戦時下、軍部により治安維持法違反と不敬罪容疑で逮捕され、栄養失調と老衰のため獄中で亡くなった。

マクロビオティック（マクロバイオテック） *Macrobiotic*

マクロとビオティックを合わせた合成語。長寿法を意味する食事法、または思想。食育を唱えた明治期の医師・石塚左玄の陰陽論を従来の日本食に取り入れ、昭和初期に思想家の桜沢如一（さくらざわゆきかず）が提唱した。玄米や全粒粉を主食として、豆類、野菜、海藻などを組み合わせた食事。

桜沢如一は、万物を陰と陽に分ける食生活の思想を海外に広め、海外ではジョージ・オーサワの名で知られる。

魔群（まぐん）

霊界の下層にいる未発達の低級霊のこと。現界の人間に害を与える悪霊集団。統率する邪悪霊が悪知恵にたけているため、害をなすのも巧妙で、人の機嫌を伺いながらとり入り悪戯をすることもある。

魔術（まじゅつ）

超常的な力をもって行う不思議な術。呪術。良い目的のために行うものを白魔術、悪意をもって行うものを黒魔術という。

魔術師は、魔術を使う者。

魔女（まじょ）
特殊な能力を使って、人々や社会に害をなすと考えられていた女性たち。中世から近世にかけ、ヨーロッパで広くその存在が信じられた。

魔性（ましょう）
人をとりこにし、惑わす性質。とくに異性を惑わすような危険な魅力をもっていること。小悪魔。

魔女狩り
魔女や妖術使いとされたものに対する裁判や刑罰、私刑など。とくにキリスト教が社会規範であった15世紀から17世紀のヨーロッパにおいて、魔女は悪魔と手を結んで社会を壊す背教者とみなされ、大規模な魔女裁判が行われた。現代、魔女狩りは無知からくる集団ヒステリー現象と説明されている。

魔女の火刑を描いた中世ヨーロッパの挿絵

末期の水（まつごのみず）
臨終を迎えた人の唇を脱脂綿などを使って水で湿らす行為。「末期の水をとる」という。菩提樹の下で釈迦が入滅したさい、弟子が水を差し上げたことに由来する。
末期の水には、死者があの世で渇きに苦しまぬようにとの願いが込められている。喪主から血縁の深い順番に行うのが礼儀である。
「死に水をとる」も同義。末期の水をとるまで世話をするという意味が含まれる。↓湯灌

末法（まっぽう）
仏教において、滅亡へと向かう三時（さんじ）の最後の一つ。仏の教えは存在するが、悟りの修行をする者がなく、正しい行いもない時期。
三時とは、釈迦の死後、世が堕落し衰退へと向かう三段階で、正法、像法、末法の三つ。
像法の後、1万年が末法とされる。末法思想は仏教や思想に大きな影響を与えた。

魔都（まと）
不思議な魔力で人を惑わせる都市。享楽的な都市。華麗な文化が花開き、犯罪や暴力に満ち人間の欲望が渦巻く、１９３０年代の上海を形容する言葉として生まれたとされる。

間部詮信（まなべあきのぶ）
［１８７８～１９６１］
１９３２年、大阪心霊相談所を創設。同所長と大阪心霊科学協会理事長を兼任。科学的な視野をそなえた心霊研究の普及に尽力した。

魔法（まほう）
明治期に導入された西洋由来の言葉で、神秘的で常人には不可能な力のこと。この魔法には正邪の前提はない。仏教においては、仏法に対す

る魔の法が魔法である。江戸時代には、天狗が使う術を魔法とよぶこともあった。

魔法使い（まほうつかい）
魔法、妖術、幻術、呪術が使える者。民話や伝承の時代から存在し、現在も童話や小説、映画、ゲームなどに登場するキャラクターとなっている。

魔民（まみん）
邪悪なものである魔の仲間。仏道を歩もうとする人々の前に現れて迷わせる。非難や誘惑など外部からの魔のほか、自分自身の邪悪な思いなど内なる魔がある。

丸山教（まるやまきょう）
教派神道十三派の一つ。冨士講の丸山講を前身として、明治初期に伊藤六郎兵衛を教祖に教団化された。山岳信仰に世直し思想を加え、関東地方を中心に信者を増やした。

慢性憑依（まんせいひょうい）
低級霊や悪霊による霊障が、急激な痛みや苦しみを伴わず、じわじわと長く作用すること。
ひどい場合、幻覚や幻聴の症状を伴い、日常生活においても気持ちが落ち込むなど、精神面でもダメージを受ける。⟷急性憑依

曼荼羅（まんだら）
仏教の世界観・宇宙観を現した絵画。主尊を中心に諸仏諸尊が集会する。マンダラはサンスクリット語で

Column

曼荼羅の寺・東寺

密教の経典や思想を表する曼荼羅は、種類も多く数百にのぼる。諸仏を像でなく文字で表したもの、円形や方形の幾何学的文様、諸仏を金剛杵や蓮華、剣、鈴などシンボルで表したものもある。一見、二次元の平面的な絵画に見えるが、曼荼羅に表される主尊と諸仏諸尊は楼閣においての集会であり、つまり空間も描かれる三次元世界である。

空海・弘法大師が建立した京都の東寺には、日本最古の彩色曼荼羅はじめ、胎蔵界、金剛界など6種類もが伝えられ、まんだらの寺ともよばれている。

圧倒されるのは、講堂の立体曼荼羅であろう。主尊や諸仏を鋳物や塑像で造り、密教の教えを人々によりわかりやすく、目に見える立体として表したものである。白亜の壇上の中央には、主尊の大日如来。この主尊を中心に、五智如来、五大明王、四天王、梵天、帝釈天の合わせて21体の仏像が配されている。

空海が説く大日如来の密厳浄土（みつごんじょうど）の世界である。

円、全体、集合の意。チベット密教で発展を遂げ、日本に渡来した。
元々は密教のものであるが、他の仏教宗派にも広く使われる。

ヴィシュヌ神の曼荼羅

マントラ

密教において、仏や菩薩の教えや、力の賦与を願うために唱える呪文。本来はインドのバラモン教の聖典『ヴェーダ』を成す4部門の一つという。

み

ミイラ化現象

物質が腐っていくのを霊媒が手をかざし、また触れることで腐らせないまま保存するというもの。心霊現象でも希少な現象とされる。
心霊調査では、物質に付いた細菌の破壊や、植物や動物の腐敗を防ぐ流体放射が報告されている。

ミカエル *Michael*

聖ミカエルの奇跡（15世紀）

ユダヤ教、キリスト教の大天使。旧約聖書ではイスラエルの民の守護者。新約聖書では、天使の大群を率いてサタンと戦うと記される。
とくにローマカトリックやギリシア正教で崇拝されている。イスラム教においても信仰を庇護する大天使とされる。

御木徳近（みきとくちか）

［1900〜1983］宗教家。ひとのみち教団第2代教祖。1946年、パーフェクト リバティー教団（PL教団）の初代教祖になった。

御木徳一（みきとくはる）

［1871〜1938］宗教家。金田徳光の徳光教の教師となり、彼の死後に人道徳光教会（ひとみちとくみつきょうかい）を開設。1931年、ひとのみち教団と改称し、教祖になる。ひとのみち教団はPL教団の前身。

巫女（みこ）

神に仕える女性。神の子を意味する神子（みこ）の漢字も当てられる。古来は口寄せによって神託を伝える

者をさした。近世以降は、神社で神事の補助をしたり神楽などの奉仕をするのが主な仕事となった。かんなぎ。ふじょ。霊学では、女性の霊媒の意味合いもある。

神輿（みこし）

神道の祭事で、御神体や神霊が本社から出て氏子町内や御旅所を回るのに乗る輿。山車や鉾などの屋台を伴うこともある。

御神体が本社から出て、御旅所を経て、再び本社に戻ることを神幸という。

命（みこと）

神や天皇などの名につける尊称。神（かみ）、尊（みこと）も同義語。接頭語の「み」に「言（こと）」で、命令を下す者からきた言葉とされる。

水木しげる（みずきしげる）

［1955～2015］漫画家。紙芝居作家を経て貸本漫画家としてスタート。63年に『悪魔くん』を出版後、貸本時代に描いていた『ゲゲゲの鬼太郎』などを少年漫画雑誌に掲載して、妖怪漫画の人気作家になった。

代表作は他に『河童の三平』など。

水子供養（みずこくよう）

水子とは生まれて日のたたない赤子、または流産や人工妊娠中絶で堕胎した胎児のこと。

水子を供養するブームは1970年代頃より見られる。その実態は、水子の霊障を売り物に供養を迫る霊感商法が多い。

神霊学的には、水子の霊のエネルギーは弱く、霊障となるほどの影響はない。水子の浄化は、水子をつくってしまった依頼者の罪の意識を軽くし、水子霊を安らかに天界入りさせる道筋をつけるためのものである。

水垢離（みずごり）

江戸時代の水垢離

神仏に祈願するとき、冷水を浴びて心身の汚れを流し去り清めること。単に垢離ともよばれる。禊。垢離場とは、山中の滝壺、川や海など修験者が冷水を浴びる場所をいう。

瑞穂国（みずほのくに）

稲穂が瑞々しくたわわに実る国の

意味で、日本国の美称。日本のスピリチュアリズムの解釈によると、日本を含めた全世界をさしているという。

禊（みそぎ）

神道で神事に入る前、または神事の最中に、心身についた穢れを冷水や、滝、川、海などに入って洗い清めること。

禊祓（みそぎはらえ、みそぎはらい）

神道で、禊（みそぎ）と祓（はらえ）を合わせた言葉。大祓（おおはらえ）に同じ。6月と12月の晦日、半年に一度、万民のために行う儀式という意味で大祓という。

民間行事にも取り入れられ、6月のものを夏越（なごし）の祓とよび、盛夏を健康に過ごすことを願い茅の輪くぐりなどが行われる。12月のものは年越の祓とよばれる。↓お祓い

三田光一（みたこういち）

［1885～1943］透視能力で知られる霊能者。裁判官や警察官を立会人にしての公開実験を行い、さまざまな透視を成功させた。

未知言語現象（みちげんごげんしょう）↓異種言語発話現象

密教（みっきょう）

インドの大乗仏教発展の中に生まれた秘密の教え。中国、ネパール、チベットなどに広まった。日本では、中国密教をもとにした真言宗や天台宗の秘密教をさし、根本の仏陀を大日如来として、その法身の身、口、意を三密と説く。

真言宗系の密教は東密、天台宗系の密教は台密ともよばれる。

密教法具（みっきょうほうぐ）

密教において用いられる仏具。金剛杵（こんごうしょ）や鈴、錫杖など。

金剛杵は、元々は古代インドの神がもっていた武器で、密教に取り入れられた。煩悩を祓い、魔を打ち砕くとされる。両端の形から独鈷杵（とっこしょ）、三鈷杵（さんこしょ）、五鈷杵（ごこしょ）がある。

御寺泉涌寺（みてらせんにゅうじ）

京都の東部に南北12キロにわたって連なる東山三十六峰の南端、月輪山ふもとにある真言宗の寺院。鎌倉時代より歴代の天皇の陵墓があり、皇室との関連の深いことから、御寺の名をつけてよばれている。

南方熊楠（みなかたくまぐす）

［1867～1941］植物学や民俗学、博物学に関する論文を多く残した研究者。大英博物館に勤め、帰国後は山に暮らし菌類の研究を続けた。さまざまな逸話を残したことでも知られる。

心霊への関心も高く、何度も幽体離脱を行ったという。

御船千鶴子（みふねちづこ）

［1886〜1911］明治期の著名な霊媒。霊視・透視（千里眼）で知られる。

明治43年（1910）、福来友吉博士、今村新吉博士らと行った心霊研究で、優れた心霊力を発揮。しかし、その半年ほど後の実験会で、練習では透視に成功したものの、実験本番で失敗してしまう。あげくに、彼女は詐術の疑いをもたれ自殺に追い込まれた。

身元証明（みもとしょうめい）
亡くなった人の魂が個性をもって、霊界で生き続けることを証明すること。
霊界通信では、通信者である霊魂に身元証明を求めることがある。この場合は、故人のニックネームや家族しか知り得ぬ事柄が証明の有効なキーワードとなる。

宮地堅磐（みやぢかきわ）
［1852〜1904］土佐潮江天満宮神主。宮地常磐の子。
この世にあるうちから神霊界に出入りしていたといわれ、『異境備忘録』を著した。

宮地常磐（みやぢときわ）
［1819〜1890］土佐潮江天満宮神主。在世中から神霊界へ出入りしていたという。

Column

三田光一の透視実験

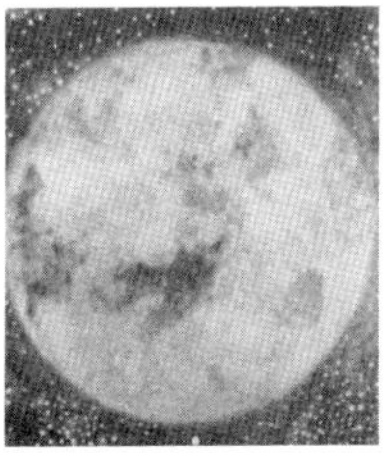
三田光一が念写した月の裏側の写真

天性の霊能力者といわれる三田光一（みたこういち）だが、その透視能力は、福来友吉（ふくらいともきち）博士との出会いによって花開いたとされる。

福来博士は日本における心霊研究の草分け的存在で、とくに念写の研究で知られる。

三田は博士の研究のために、度重なる実験に参加した。

福来博士が開いた大正8年の公開実験では、神戸にいる三田に、博士から二つの注文が出された。

一つが、浅草観音堂裏手にある扁額に書かれた山岡鉄舟の筆なる文字を透視すること、もう一つが、その透視した文字を、包装された写真乾板に念写することである。

実験の結果、三田は鉄舟の文字を透視し、それを包装されたままの乾板に念写することに成功した。扁額に彫刻を施す際にできたと思われる彫刻刀の刀傷までも、正確に念写したという。

昭和8年には月面の裏側の念写も行い、三田光一の名と月面の姿は当時の多くの人々の知るところとなった。

妙智会（みょうちかい）

1950年に設立された法華経系の新宗教。会主の宮本ミツが、霊友会より離脱し、妙智会教団と称して始まった。法華経の先祖供養と困難を耐え善を行う「忍善」を信仰の基本精神としている。

妙法（みょうほう）

もっとも優れた不可思議な教えの意。『法華径（ほけきょう）』、『妙法蓮華径』を略したもの。

いずれもサンスクリット語の、正しい教えである白い花の経典を意味するサッダルマ・プンダリーカ・スートラの経典の漢訳からきた言葉である。

妙法蓮華経（みょうほうれんげきょう）

大乗経典の一つで、天台宗や日蓮宗のよりどころとなる教え。8巻28品の章節から成る。『南無妙法蓮華経』ともいう。「南無」とは、私は帰依しますの意味。

ミレシモ城

イタリアの地中海に面したサヴォナ県にある城。20世紀初頭より多くの心霊実験や心霊研究の場となった。

弥勒の浄土（みろくのじょうど）

欲界六天の第四位である兜率天（とそってん）。弥勒菩薩の住む浄土。西方十万億の仏の国々を過ぎた所に阿弥陀仏がつくったという西方極楽浄土とともに、浄土への往生を願うものとして信仰を集めた。

弥勒の浄土信仰は、平安時代に盛んになり、修験道にも取り入れられている。

弥勒菩薩（みろくぼさつ）

仏教で、兜率天に住む菩薩。釈迦入滅から56億7千万年後の未来に、仏となってこの世に来て、人々を救済するという。慈しみの菩薩とされる。兜率天で修行中は弥勒菩薩であり、未来は弥勒如来となる。

民間療法（みんかんりょうほう）

伝承されてきた知識や方法で行う病気や怪我の治療法。薬草などの民間薬、温泉浴、指圧、瀉血などのほか、広義では祈祷やまじないも含まれる。

民衆宗教（みんしゅうしゅうきょう）

教義や教団などの組織とは別に、共同体の庶民の間に信仰される宗教。民間宗教。

中世ヨーロッパにおいては権力側の宗教世界とは別に、民衆宗教としてのキリスト教が根づいていった。例として、のちに十字軍遠征へとつながる大衆の聖地エルサレム巡礼やイエス・キリストと信者との間をとりなす存在として受け止められた聖母マリア信仰などが挙げられる。
　一方、日本古来の民衆宗教とよべる自然崇拝や祖先崇拝は、神道と習合し、産土神や鎮守神へと変容した。

民話（みんわ）
　民衆の暮らしの中から生まれ、伝承されてきた説話。昔話や伝説。さまざまな話から権力に対する民衆の怒りや不安、また希望などを読み取ることができる。

む

無為（むい）
　中国の道家思想で、人間や政治の理想的あり方をさす言葉。無為はなすがままに何もしないということではなく、不自然な作為をしないことを意味する。無為の思想は中国の人々に大きな影響を与えたとされる。

ムーンストーン　*Moonstone*
　パワーストーンとして人気の石。月長石。
　ムーンストーンの名は、透明度の高い長石類にカットをつけることで生まれる青や白色の光沢を月の光に見立てたことによる。西洋では古くから、月明かりで見ると大きさが変わる石として知られていた。

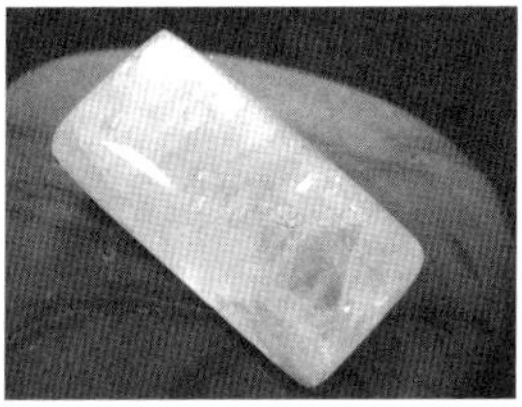

無依（むえ）
　仏教用語で、自由自在な悟りの境地にあり、物事に執着せず、また頼らないこと。

無縁（むえん）
　血縁を含め、関係する縁がないこと。仏教用語では、仏や菩薩と人間の関係において救済の因縁が結ばれていないことを意味する。
　反対に、区別なくすべてが平等であること、絶対的慈悲の境地という意味もある。

無縁仏（むえんぼとけ）
　過去世において、仏との因縁が結ばれていないこと。むえんぶつ。転じて、弔ってくれる縁者がいない死者をさすようになった。

無我（むが）
　執着をもたず、我欲や私心のないこと。
　仏教用語の無我は、万物は現象としてあるだけで、不変的な本質は存在しないという仏教思想を表す言葉。諸法無我、諸行無常、涅槃寂静に一切皆苦を加えたものは、仏教教理の基本で四法印とよばれる。

霊学的には、トランス状態、恍惚状態、入神状態をさす。

無感知性憑依（むかんちせいひょうい）

周囲の人たちは変化を感じても、本人には苦痛や不安、普通ではないという自覚がほとんどない霊障。霊が人間の肉体ではなく人間の幽体あるいは魂に憑依した場合、こうした霊障が起きるが、重度になると神霊治療が困難とされる。

無垢（むく）

仏教用語で、欲望や執着など煩悩の穢れがなく清らかなさま。

一般には、精神や肉体が穢れなく純粋な様子をさす。うぶ。

虫の知らせ

悪いことが起きそうだと何となく心に感じること。社会的な出来事より、私事や近い間柄の人にかかわる出来事をさすことが多い。

霊学的には、人間を含めた霊体がもっている能力の一つで、守護神や守護霊の霊示、警告という説もある。

虫封じ（むしふうじ）

子どもに虫気（むしけ）が起こったときに、これを静める呪法や、そのための護符。

昔、子どもが夜泣き、癇癪、ひきつけなどを起こすのを疳（かん）の虫とよび、体内に虫気が現れたためと考えられた。今も虫封じの寺社は各地にあり、信仰されている。

無常（むじょう）

この世の一切のものは生滅流転をくり返して、永久不変なものはないとする仏教用語。

諸行無常は、諸法無我、涅槃寂静とともに、仏教の根本思想を表す三法印の一つ。

無常観（むじょうかん）

一切のものは移り変わり無常であるとするものの見方。仏教では、虚無的なとらえ方ではなく、四苦八苦の世を受け入れ、なお前向きに生きていく考え方を無常観とよぶ。

虚無的に受け止めがちだが、情緒的にとらえるのは無常観ではなく無常感である。

無生法忍（むしょうほうにん）

仏教において、すべてのものは生じることも滅することもないという真理を悟って、心が安らいだ状態。無生忍ともいう。

無心（むしん）

無邪気なこと。仏教においては、一切の妄念から離れた心そのものが無心である。また仏道に無念無想で向き合う修行僧を無心道人とよぶ。

霊学的には、無我と同様に、トランス状態、恍惚状態、入神状態をさす。

無神論（むしんろん）

神の存在を否定する考え方。神の存在を必要なしとする哲学的思想。スピリチュアリズムとは相対する立場である。

産霊（むすび）

天地すべてのものを生みだす霊力を秘めた神霊。「むす」は生・産、「ひ」は霊力の意。むすびのかみ。産霊神。

結び切り（むすびきり）

慶事、弔事の水引の結び方。二度とくり返さないようにという意味で、固くこま結びにし、先端を切った形にする。

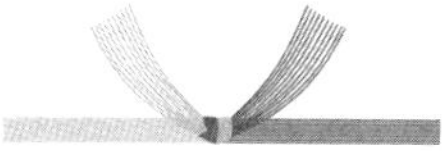

結び目形成試験（むすびめけいせいしけん）

2本の皮ひもの端を結んで輪にし、これを封印。叩音現象の後に輪を調べると、皮ひもそれぞれに2つずつ結び目ができていたという実験。

1877年にライプチヒ大学のツェルナー教授が霊媒のスレイドに対して行った実験で確認できたという。

夢想家（むそうか）

夢物語のような実現しそうもないことばかり考える人。

スピリチュアル的には、心像が浮かぶのに任せて物事を積極的にとらえない人をさす。

夢窓国師（むそうこくし）

夢窓疎石（むそうそせき）。鎌倉末期から室町初期にかけての臨済宗の僧。京都の天竜寺や西芳寺

Column

無常観を詠む「いろは歌」

古くは手習い、またカルタ遊びで親しまれる「いろは歌」は、47の仮名を1字も重複させずに作られた歌である。

諸説ある解釈でよくいわれるのが、仏教の無常観を詠み込んだというもの。12世紀の新義真言宗の祖である興教大師・覚鑁（かくばん）が、涅槃経の教えとしたのが始まりという。仏教の根本思想「いろは歌」である。

「色は匂へど散りぬるを」(諸行無常)、「我が世たれぞ常ならむ」(是生滅法)、「有為の奥山今日越えて」(生滅滅已)、「浅き夢見じ、酔ひもせず」(寂滅為楽)。

「いろは歌」の作者を空海とする説もある。47の仮名を重複させずに、しかも仏教の根本思想を詠みこんだ内容の歌に仕上げるのは、空海のような天才にしかできない、というのが理由だ。

内容の解釈や作者について、確証されたものはないのが現実。けれど、口ずさみ、かるた遊びや手習いを通して、日本人の情感に影響を与えてきたことは確かである。

などの禅宗寺院の庭園を造ったことで知られる。夢窓国師は諡号。

夢体（むたい）

スピリチュアル用語でアストラル体を意味する言葉。霊学的には幽体をさす。

無体（むたい）

無法なこと。ないがしろにすること。

無二無三（むにむさん）

わき目もふらず懸命になること。二つとなく、唯一であること。

仏教用語では、仏に至る道はただ一つ、一乗にあり、二乗、三乗にあらずという意味。

乗（じょう）とは乗り物の意。転じて理想の世界へ至る手段や道を表す言葉である。

ムハンマド

イスラム教の開祖。ヒラー山上で修行中にアッラーの啓示を受け、人々に伝え始めた。

コーランは、ムハンマドが最後の預言者として伝えた神の啓示をまとめたものである。

無病息災（むびょうそくさい）

健康ですごせること。息災は仏教用語で、厄災や病などの不幸を仏の力で防ぐという意味である。

夢魔（むま）

夢に現れる悪魔。不安や恐怖を抱かせる夢。

キリスト教では、睡眠中に現れて人間に淫夢を見せ、精気を吸い取るという下級の悪魔を夢魔とよぶ。男性を誘惑するサッキュバスと、女性を誘惑するインキュバスの2種類がある。

無明（むみょう）

仏教において、真理を悟らない無知。欲望や物事へ執着する心が邪魔をして悟れない状態で、煩悩の根本とされる。

夢遊病（むゆうびょう）

眠っている間に起き上がって、歩き回ったり話したり行動したことを、目覚めてから記憶していない症状。睡眠時遊行症、夢中遊行症。

霊学的には、潜在意識が顕在意識にとって代わって、体を操作する現象である。

無量義経（むりょうぎきょう）

大乗仏教の経典。『無量義経』『妙蓮法華経』『仏説観普賢菩薩行法経』を法華三部経とよぶ。

無量光（むりょうこう）

無量とは、測ることが不可能なほど多いこと。

無量光は阿弥陀仏から発せられる12光の一つで、人々に限りない恵みをもたらす光明。無量無辺光。

阿弥陀仏を無量光仏（むりょうこうぶつ）ともよぶ。

無量大数（むりょうたいすう）

漢字圏の数の単位の一つ。最大の数だが、それがどれほどの数になるかについては、時代や地域、また解釈により変化してきた。10の68乗とも、10の88乗ともいわれる。

め

明治神宮（めいじじんぐう）
東京渋谷区代々木にある明治天皇を祀る神社。
新年には初詣の参拝客でにぎわいを見せる。一帯は神宮の森として、都民に親しまれている。

明治神宮

迷信（めいしん）
道理に合わない言い伝えなどを信じて、かたくなに守ること。

迷信調査（めいしんちょうさ）
昭和21年に、文部省科学教育局長の名で、国民生活の科学化を図る目的で実施された、日本各地に残る習慣などの調査。これは、「心霊現象は迷信である」という結論ありきの調査だったとされている。

瞑想（めいそう）
一般に座して目を閉じ心を静め、神仏を体感したり無心になること。仏教の修行やヨーガなどに取り入れ

Column

瞑想と座禅

瞑想も座禅も心静めるという意味では共通のものだが、座禅が宗教用語なのに比べ、幅広く使われるのが瞑想であろう。

座禅は仏教における修行法で、古代インドの修行法を取り入れたもの。とくに禅宗において重んじられる修行である。

普通、座禅は結跏趺坐（けっかふざ）あるいは半跏趺坐（はんかふざ）で、手に法界定印を結ぶ。瞑想と違って目は閉じず、半眼になって行う。

この姿勢で、無念無想の境地になり、悟りを求める。日常から離れ無心になる場として、寺院の座禅体験は静かなブームとなっている。

瞑想の場合は、目は閉じられ心を静める。

ヨガのポーズの中には、心を集中させて、瞑想状態に入ったり、イメージトレーニングにつなげる場合もある。自分の心の奥底を、客観的に眺めることともいえる。

チャネリングは、瞑想によって霊や宇宙人などと交信することだが、安易な瞑想状態で行うと危険とされている。

られてきたが、他の多くの宗教でも行われている。

霊学でいわれる瞑想とは霊能力を高めるためではなく、霊の質的向上を祈り願う一つの手段とされている。

瞑想音楽（めいそうおんがく）

いわゆる心を静める瞑想やリラクゼーションに効果のある音楽。深い瞑想状態の脳波は、眠りに入る直前と同じシータ波といわれ、同じ周波数の音楽を聞くことで、瞑想に入りやすいという。

瞑想サークル

霊的知識を得るために、欧米で見られる集まり。グループになって座り、東洋の瞑想に倣って心を静め、

その日のテーマに集中する。

こうした瞑想によって、より高い霊界の霊たちと波長を合わせられるとされる。

冥土（めいど）

仏教用語で、死後に霊魂が行く世界。冥界。黄泉。よみじ。

命日（めいにち）

亡くなった日に該当する毎月または年ごとの日。亡くなった月を表す祥月に該当する命日を祥月命日とよび、月ごとの命日は月命日とよばれる。一般には、命日は一周忌以降の祥月命日をさす。↓月忌

冥府（めいふ）

死後に霊魂が行く世界。とくに地獄の役所や、閻魔の庁をいう。

スピリチュアルの世界では、死後に新たに始まる霊界での生活の準備期間である中間境を意味する。

冥福（めいふく）

あの世での幸せ。供養や法事を行って願う、亡くなった人の冥界での幸福。

メスメリズム *Mesmerism*

18世紀のオーストリアの医師メスマーが唱えた学説。

メスマーは宇宙に満ちたガスの一種の流動体を動物磁気とよび、病気の原因となり、また治療の手段になると考えた。実際に手を患者の頭の上に当てる按手法で、多くの患者を治したという。

催眠術の原型、暗示療法とされる。

メソジスト *Methodism*

キリスト教のプロテスタントの一派。1730年代にイギリスのウェスリーが起こした敬虔主義運動に始まり、アメリカに広まった。

霊感による宗教体験を重要視して、禁欲的生活が求められる。

メタノーム *Metagnome*

霊媒師、霊能者。霊的な存在を幅広くとらえるスピリチュアリズムに

対して、狭義の心霊研究分野に限定した言葉。
ティジョン・アカデミーの学長を務めたフランスのボアラックが命名した。

瑪瑙（めのう）
オパール、石英、玉髄が混合してできた鉱石。美しい縞模様があり、パワーストーンの一つ。赤メノウや青メノウがある。

メルヘン
ドイツ語で昔ばなしや童話のこと。小さな物語の意。広義には伝説や神話、寓話を含む。
空想と現実が混じり合い、民衆に伝承されて広まった短い文学。

メンタルヘルス
心の健康のこと。職場の人間関係や長時間労働によるストレスなど、現代社会において心の健康が重要視されるようになり、そのためのケアが求められている。

も

妄想（もうそう）
根拠のない主観的な想像や信念。

モーセ *Moses*
紀元前14世紀頃のイスラエルの指導者。同胞を率いてエジプトを逃れ、シナイ山でイスラエルの民に十戒を伝えた。

十戒はモーセが神から与えられた、2枚の石板に刻まれた10の掟である。

モーゼス師 *William Stainton Moses*
［1839〜1892］ウィリアム・ステイントン・モーゼス。イギリスの有名なスピリチュアリスト。
英国国教会牧師、著述家。高い心霊能力の持ち主としても知られる。

モールド現象→パラフィン鋳型現象

模擬喉頭（もぎこうとう）
直接談話現象において、人の声として聞かせるためにエクトプラズムによって人間の口、舌、喉頭に模して作られたもの。霊媒の耳や鼻に通じる管がついていることもある。

喪中（もちゅう）
家人が亡くなり家族が喪に服す期間。期間の幅はまちまちだが、一般に結婚式などの祝い事や、正月飾り、正月料理、年賀状、初詣などを避ける。

仏教では死を穢れとはみなしていない。このことから喪中は、仏教からきた風習ではないといえる。

本吉嶺山（もとよしれいざん）

［1883〜1958］霊視能力者。魚群の情報を霊視によって行ったほか、さまざまな物理的霊能力を現したことで知られる。

物忌（ものいみ）

災いから逃れるために、一定期間、飲食や行為を慎み、不浄を避けること。

陰陽道の思想の一つで、平安時代の貴族階級に流行した。

現代でも、一部の神社では神事や祭りの前などに行われている。

物臭道心（ものぐさどうしん）

心底から仏教の修行をするのではなく、働きたくない、現実生活の苦労をしたくないという理由で、出家の道に逃げる僧のこと。

道心は仏教を信仰する心の意味。

物狂い（ものぐるい）

精神的な打撃などで正常な判断ができなくなること。乱心。または、神がかりした者の意味もある。

物の怪（もののけ）

人間に取り憑いて祟る怨霊や死霊、生霊。妖怪をさす場合もある。医術が発達していなかった時代は病気や死に至らしめるものとして信じられ、とくに平安時代は物の怪についての記述が多く残されている。

歌川豊国画『於杉於玉二身之仇討』

物真似（ものまね）

霊魂が亡くなった他人の霊魂になりすまして演技すること。性格やしゃべり方など真似たり、有名人になりすまして振る舞うことも多い。

交霊会においては、よび出した霊が本当のことをいっているか、悪ふざけで真似をしているのかを見極めなければならない。

喪服（もふく）

葬儀や法事に参加する際に着る礼服。西洋では黒を基調にすることが多いが、ハンガリーの地方によっては白の礼服を着用する風習も見受けられる。江戸時代まで日本の関西地方でも白を基調としていた。

近代以降、黒や薄墨色が一般的となっている。

桃の酒（もものさけ）

3月3日の桃の節句に供える、桃の花をひたした酒。飲むと百病を避けるとされた。

モルモン教　*Mormonism*

正式名称は末日聖徒イエス・キリスト教会。

1830年、アメリカ人のジョセフ・スミスが興したキリスト教の新宗教。モルモン教の名は、経典である『モルモン書』にちなむ。

モルモン書

門外漢（もんがいかん）

その道の専門家ではない人。その分野に関係のない人。畑違いの人。

門外不出（もんがいふしゅつ）

書籍や仏像、美術品など貴重なものを、たやすく見せたりせず秘蔵すること。それらをもち出すことを禁じること。

モンク師 *Monck*

フランシス・ワード・モンク。イギリスの牧師であったが、教会を去り霊能力者としての道を選んだ。多くの人の治療を行い、ドクター・モンクともよばれた。

門主（もんしゅ）

門跡寺院の住職。また教団や教派の長のこと。

浄土宗の知恩院、浄土真宗本願寺派の住職も、このよび名である。

文殊菩薩（もんじゅぼさつ）

大乗仏教の菩薩の一つ。文殊師利（もんじゅしり）の略。普賢菩薩（ふ

Column

物の怪を御霊（みたま）から見ると

物の怪についての記述が多く見られる平安時代。『源氏物語』9帖の葵の巻では、源氏の正妻の葵の上に六条御息所の生霊が取り憑く。

怨霊や生霊を退散させるには、祈祷師や修験者の加持祈祷によって、よりましに霊を乗り移らせ、調伏させる。その修験者について、『枕草紙』には怨霊調伏に来た評判の修験者が延々と続く加持祈祷の最中、疲れて居眠りをし、非難される様子が書かれている。このほかに『今昔物語』『伊勢物語』『大鏡』にも物の怪は登場する。

古代を御霊（みたま）の世界から見ると、徳が備わった和魂（にぎみたま）と猛々しい荒魂（あらみたま）が対立する世界であったという。

そのバランスが崩れ、強大な霊力の中から現れるのが、すなわち物の怪。その結果として祟りをもたらすとされた。

こうした御霊に対する概念の流れが、平安時代に引き継がれ、人々の怨霊や生霊に対する畏怖へとつながったともいえる。

げんぼさつ）とともに釈迦如来の脇侍として、左脇に侍している。一般には、智慧をつかさどる菩薩として知られ、信仰を集めている。

文珠の智慧とは、大層すぐれたよい智慧という意味。

モンスター　*Monster*

化け物や怪物。ラテン語のモンストゥルムからきた言葉で、正体はわからないが存在は感じられるものや出来事という意味。

門跡寺院（もんぜきじいん）

皇族や公家が出家して住職を務める寺院。

平安時代、宇多天皇が僧侶となって京都御室（みむろ）の仁和寺（にんなじ）に住み、これを御門跡とよんだのが始まりとされる。明治に入り、寺の称号としては廃止されたが、一般的なよび名として続いている。

悶絶（もんぜつ）

もだえ苦しみ、気絶すること。

門徒（もんと）

本来は門下に連なる人という意味で門人と同じ扱いであったが、やがて末寺の僧徒をさす言葉になった。さらに一向宗の広がりとともに、真宗（しんしゅう）の信者を門徒とよぶようになった。

このため浄土真宗は門徒宗ともよばれる。

問答法（もんどうほう）

議論を続けながら相手の矛盾点を指摘、無知を自覚させて真理を知る方向へ導くやり方。

古代ギリシアの哲学者ソクラテスが、鋭い質問を次々と浴びせて相手を自己矛盾に陥らせた方法で、ソクラテス問答法ともよばれる。

や

八百万神（やおよろずのかみ）

森羅万象に神が宿るとする考え方。日本古来の自然に対する畏怖や信仰の概念を表す言葉である。八百万は数が非常に多いこと。八十諸神（やそもろかみたち）、八十万神、八十万群神（もろがみ）も同様の意味をもつ。

薬師三尊（やくしさんぞん）

薬師如来を中尊として、左脇侍に日光菩薩（にっこうぼさつ）、右脇侍に月光菩薩（がっこうぼさつ）を配したもの。

三尊は本尊と二体の脇侍、また主尊と二体の脇侍を配したものをいう。

脇侍である日光菩薩や月光菩薩だけの信仰や造仏はない。

薬師如来（やくしにょらい）

東方瑠璃光世界を浄土とする如来。菩薩として修行中、病を治し苦しむ人々を救いたいという12の本願を立て、如来となった。

日光菩薩と月光菩薩の脇侍のほか、眷属として十二神将がいる。仏教の伝来以来、広く信仰を集めてきた。一般的に、左手に薬の壺をもつ姿で現される。

厄除け（やくよけ）

災厄を祓うこと。厄払い、厄落とし。

日々を送る中で知らずについていく穢れや厄を祓い、また人生の節目を、穢れを取り去り身を浄めて迎えるために行う。

靖国神社（やすくにじんじゃ）

千代田区九段北にある神社。

1869年、明治維新の戊辰戦争で亡くなった官軍の死者を祀るため招魂社（しょうこんしゃ）が創建され、10年後の1879年に靖国神社と改称された。国に殉じた者、日清、日露、太平洋戦争の戦没者およそ

Column

文珠の知恵

ことわざ「三人寄れば文殊の知恵」は、文字どおり智慧をつかさどる文珠菩薩から来ている。

「天才でもない凡人であっても三人集まって考えを出しあえば、文珠菩薩と同じような優れた知恵が湧いてくるものだ」という意味である。

仏教用語の「智慧」は、物事の真理を理解して悟りへ至る能力。本来、人間に備わったものだが、怒りや愚痴が智慧を曇らせるという。

大乗仏教の教えにある六波羅蜜の波羅蜜とは、悟り（彼岸）に至ること。この世にありながら仏の境地に至るための6つの修行が六波羅蜜で、「布施」「持戒」「忍辱（にんにく）」「精進」「禅定」、そして、6つめの修行が「智慧」である。

その「智慧」が、いつしか一般的な頭の良さや知識の深さを表す「知恵」となり、ことわざが生まれたとされる。

凡人が一人で頑張っても、なかなかよい考えが浮かんでくるものではない。「三人寄れば文殊の知恵」は、揉めながらも協力しあって生きる、そんな普通の私たちへのエールといえる。

246万人を神として祀る。国家神道のシンボルであったが、戦後に一宗教法人となった。

八咫烏（やたがらす）

熊野大神に仕え、熊野のシンボルとされる三本足の烏。伝説では東征に向かった神武天皇が熊野の山中に迷ったとき、天照大神が八咫烏を遣わして、東征軍を導いたという。八咫は大きいの意。

神武天皇と八咫烏

中国の伝説では太陽の化身である三本足の霊鳥を八咫烏といい、日本の神の使いの烏と混同されて三本足になったという説がある。

柳田國男（やなぎだくにお）

［1875〜1962］民俗学者。

農商務省の官僚時代、東北地方の農村の実態調査を行う中で民俗への関心を深め、岩手県遠野の作家・佐々木喜善が語る伝説をまとめた『遠野物語』を著した。

日本民俗学の草分け的存在。「日本人とは何か」をテーマに多くの著作を残した。↓遠野物語

山伏（やまぶし）

山野に寝起きして修行をする修験道の行者。

精霊に満ち、また厳しい山での修行を続けることで超自然的な力を得て、現界に暮らす人々に授ける。民衆にとって、身近な存在でもあった。

ゆ

幽界（ゆうかい）

第一エーテル界、アストラル界ともよばれる。死後に魂がいくという世界。多くの区域に分かれ、精神修行の場である。↓霊界↓現界

幽姿現象（ゆうしげんしょう）

霊魂が人間などの姿形を借りて現れること。

怪談話の多くが幽姿現象を扱っている。

幽体（ゆうたい）

第一エーテル体、ダブルともよばれる。霊魂を包んでいるもの。

霊魂が死者の肉体を抜け出るときは、幽体が肉体を離れ、やがて幽体から抜け出した霊魂が霊界へ向かうというプロセスをたどる。霊魂がいなくなった幽体は役目を失い、自然に消滅する。

幽体離脱

霊魂とともに幽体が肉体から離れていく現象。

幽体離脱でよく聞くのは、死の宣

告をされた後、体から幽体が抜け出して自分の死んだ体を見下ろしていたという体験である。幽体が再び肉体へ戻って蘇生した例は多く、幽体離脱の体験者も多く存在する。↓近似死体験

UFO（ゆーふぉー）

未確認飛行物体。航空・軍事用語のほかに、超常現象の用語としても使われる。空飛ぶ円盤。

後者では、文明をもつ地球外生命体が乗る宇宙船などの憶測がされている。↓空飛ぶ円盤

幽霊（ゆうれい）

霊魂が人間の姿を借りて現れたもの。実際には、音や光、冷気として現れたり、物を動かすなどの心霊現象の方が多い。いずれも霊が何かを訴えようと生じる現象である。

霊学的には、簡単な通信手段でなく、あえて人間の姿になって訴えることはまれとする。

また霊が復讐することもほとんどない。

湯灌（ゆかん）

仏式葬で、納棺の前に亡くなった人の体を水で清めること。本来はた

Column

山伏あれこれ

山伏といえば、頭巾をつけ法螺貝を鳴らす姿が思い浮かぶ。想像上の天狗や烏天狗もこの姿が好きなのか身にまとっている。

これらの衣装は、頭布（ときん）、篠懸（すずかけ）、結袈裟、最多角（いらたか）念珠、法螺、檜笠、錫杖、笈、肩箱、金剛杖、引敷、脚絆、八目の草鞋、檜扇、柴打、走縄、かんまん着を加えて修験（山伏）十六道具とよばれる。それぞれ不二、十界、母胎などの象徴とされる。

断食などの苦行で霊力を求める修行は、霊が母胎に宿り、苦行を通して神の霊威を授かり生まれ変わるという死と再生の行でもある。

時の権力の規制に遭いながら、修験道は民衆に支持され生き長らえてきた。それは霊山という異界と地上（現界）を結ぶ山伏への畏敬の念、とりもなおさず日本人の底流に流れる山に対する思いからかもしれない。

現在、出羽三山、吉野山の金峰山はじめ修験道の霊山では、一般人向けに山伏体験を開いており、多くの男女が参加している。

らいに湯をはり、近親者が亡くなった人の全身を洗った。このときの湯を逆さ水といい、水の中に湯を注いで適温にした湯を使う。洗った後の湯は日光に当てないようにして床下などに捨てた。

近年は、アルコールや濡れ手拭いなどで顔と手足を拭くだけに簡略化されている。

人の一生には、生まれて産湯をつかってからさまざまな通過儀礼があり、湯灌を次の段階への通過儀礼の一つと見ることができる。↓末期の水

ユダヤ教（ゆだやきょう）

古代イスラエルに発生した、ヤハウェを唯一絶対神とするユダヤ民族の宗教。ユダヤ人を選民とした神と契約を結び、モーセの律法を重んじる。世界に、1500万人の信徒がいるとされる。

ユニコーン *Unicorn*

ヨーロッパの伝説上の動物。馬に似た姿でライオンの尾をもち、額にらせん状の角が生えている。一角獣。獰猛だが、処女の懐に抱かれるとおとなしくなるとされ、処女と一角獣をテーマに多くの絵画が描かれている。

夢（ゆめ）

眠っている間に見る幻覚。

古代より、肉体から抜け出した魂が体験したこと、また、神霊による知らせなど、夢は不思議な現象としてとらえられてきた。

現代の脳科学では、夢はおもに脳の記憶をつかさどる領域が覚醒時に近いレム睡眠時に起こり、脳の記憶から映像が再生され、ストーリーが作られるとしている。

夢占い（ゆめうらない）

夢に現れた事柄を元に、現在抱えている悩みや未来の出来事などを判断する占い。

同じ内容の夢でも東洋西洋で判断が異なる場合もある。また、ことわざに見られるように俗信も多く、地方によって吉凶が逆になることもある。

夢のお告げ（ゆめのおつげ）

夢が神や精霊、悪霊からの知らせとする考え方は、古来より世の東西に見られる。山で遭難した人が、夢に現れた亡き祖父の言葉に従って行動して助かったという例もある。

霊学では、このように守護神や守護霊のお告げが夢や幻覚として現れる場合があるとする。霊がどうしても何かを訴えたいとき、夢を利用するのである。

ユリウス暦（ゆりうすれき） *Julian Calendar*

紀元前45年、共和制ローマのユリ

ウス・カエサルにより実施された太陽暦。1年を365・25日と計算、365日の年と4年に一度366日の閏(うるう)年を設ける。ヨーロッパを中心に広く使用された。

だが時代を経て、実際との誤差が大きくなり、1582年、ローマ教皇グレゴリウス13世により、1年を365・2425日と計算するグレゴリオ暦に代わる。

現在、世界の多くの国でこのグレゴリオ暦が採用されている。

ユング（カール・グスタフ・ユング）
Carl Gustav Jung
［1875〜1961］スイスの精神科医、心理学者。
夢分析で知られるフロイトの精神分析学理論に当初は共通性を認めていたが、のちに方向性の違いから離れ、ユング心理学とよばれる独自の分析心理学を確立。心理学の分野に大きな影響を与えた。

よ

陽（よう）
易学で積極的、能動的とされること。天、昼、前、男、動、強などが陽である。陽↔陰

妖怪（ようかい）

Column

ユングの夢分析

無意識のはたらきを科学的に分析する夢分析は神経症治療の臨床に始まり、フロイトの研究で知られるようになった。

当初はフロイトに共通点を見いだしながら、方向性の違いから離れていったのがユングである。

神や人間への洞察を深めたユングは、夢には知恵の能力があり、古代から人類に受け継がれた元型が、宗教や神話や夢などに象徴的に現れるとする。また精神分析の言葉「リビドー（欲望の意）」を性的本能を発動させる力としたフロイトに対し、すべての本能のエネルギーの本体と定義した。

ユング心理学では、個人の意識や無意識を分析しながらも、個人に固定されず、人類に共通した集合的無意識の分析に発展させる。

夢分析も重視しており、その特徴は一方的に型に押し込める解釈ではなく、患者とセラピストが対等に夢について語り合い、その意味を思考し、心の中に起こっていることを治療に生かそうとする点にある。

よ

化け物、もののけ、異様なもの。人知を超えた怪しいもの。

妖精（ようせい） *Fairy*

西洋の伝説などに見られる自然界の精霊の一種。神と人間との中間にある存在で、性格はいたずら好き、気まぐれで、人に害をなすもの、反対に人に好意的なものなど多様。

日本では1948年、物理霊媒の萩原真（はぎわらまこと）が東京の世田谷で、妖精の写真を撮ることに成功している。↓萩原真

ヨガ（ヨーガ）

古代インドから伝わる宗教的な修練。ヨガはサンスクリット語で統一の意。瑜伽（ゆが）。

雑念を静めて精神統一をし、物質的な束縛からの解放解脱をはかる。そのための身体的な修練法が、健康法ヨガとして広まった。

予感（よかん） *Premonition*

事が起こる以前に暗示的に感じ取ること。具体的な事柄は感じ取れず、低レベルの予言とされる。

予見（よけん） *Prevision*

事がまだ現れない前に、知ること。予知。

霊学の実験では、水晶球凝視によって予見を映像的に導き出したことが報告されている。

予言（よげん） *Prophecy*

国の行く末や世界にかかわるような事柄を予測すること。また予告した言葉。

霊能力者は、心（体内にやどる霊）を肉体の束縛から離し、霊界へと飛翔させる。そこで人知を超えた宇宙的な記憶の本体に触れ、未知なる未来を見るという。

預言（よげん）

キリスト教の言葉で、神秘的に霊感に打たれて神の言葉を聞き、それを人々に伝えること。

古代オリエントでは楽器を鳴らし恍惚状態となって多くの預言が語られたが、イスラエルにおいては神から知らされた言葉を伝えることとされた。とくに旧約聖書では神の使命を受けた預言者の存在が大きな役割を占めている。

四次元（よじげん）

空間の三次元に時間の一次元を加えたもの。

相対性理論の考え方では、これが連続した状態を時空世界とよぶ。

予知（よち）

超心理学の言葉。ある出来事が起こる前に、その情報を知ること。
↔過去知

予知的テレパシー

超心理学の言葉。時間を同じくし

て心のうちが別の人に伝達されるのがテレパシー。その時間的な制約を超え、未来の精神的な動きが伝達される、超感覚的な通信をさす。

予知的透視（よちてきとうし）

超心理学の言葉。未来に起こる事柄または、その当事者の精神的な動きを、時間を超えて受け取る超感覚的な通信のこと。

四谷怪談（よつやかいだん）

日本の怪談。江戸時代の元禄期に起きたとされる事件を元に、江戸・雑司ヶ谷四谷町を舞台に作られた。とくに鶴屋南北の歌舞伎、三遊亭圓

四谷怪談の主人公お岩が祀られている於岩稲荷田宮神社

Column

妖精写真の真偽
──コティングリー妖精論争

妖精を撮った写真はその存在を証明する力になるが、正否を分けるのは写真の真偽である。

1916年、イギリス北部のコティングリー村に住む2人の少女が森の妖精の姿を撮った。

写真は小説家コナン・ドイルを経て鑑定家にもち込まれた。二重写しも認められず、結果は本物。計5枚の写真は雑誌に掲載された。ここから真偽をめぐり国内外で論争が巻き起こる。だが1930年にドイルが亡くなると、真偽論争も次第に忘れ去られていった。

ところが1965年、老夫人となった少女が写真は捏造と告白。森で遊ぶ口実が欲しくて、妖精の絵を使って撮影したもので、騒ぎになった後は、妖精の存在を信じるドイルの名誉のため沈黙を通したという。しかし最後の1枚は本物で、妖精を見たのも事実と主張。

この最後の1枚に関しては、いまだ真偽が明らかにされていない。ただ論争以来、小説や絵画に登場する妖精は、彼女たちが撮った羽をつけた小さな姿が定番となっている。

朝の落語で知られる。

黄泉（よみ）

死後に魂がいくという所。黄泉の国、冥土、あの世、霊界。

よみがえり

キリスト教では、単に霊魂の不滅を信じる思想とは異なり、霊肉が一体となった体の復活を信じる。聖書には、イエスの復活の話とともに、イエスが死者を生き返らせたことが記されている。

よりしろ

依代、憑代。神や霊が乗り移った人間以外のもの。樹木や岩石、人が作った造形物など。

神や精霊の代わりに祀られる。

よりまし

憑坐。神や霊が乗り移った霊媒。ある人に悪霊がついたとき、僧や祈祷師の祈祷によってよりましに悪霊を憑依させ、退散させる。よりましになるのは女性の場合が多い。

ら

羅漢（らかん）

阿羅漢（あらかん）の略。サンスクリット語のアルハットからきた言葉で、尊敬されるべき修行者の意。中国や日本の仏教では、仏法を護ることを誓った16人の弟子を十六羅漢とよぶ。

また、仏陀にいつも付き従った５００人の弟子、または第一回の仏典の編集に結集した５００人を五百羅漢とよび、尊崇を集めている。

羅漢講は、禅宗などで十六羅漢や五百羅漢を供養する法要。

楽観主義（らっかんしゅぎ）

ラテン語のオプティムス、最善という意味から生まれた言葉。物事を自分に都合よく受け止めること。また、将来や人生の意義について、希望的に受け止め、肯定的にとらえる考え方。⟷悲観主義

ラップ→叩音

ラディエステーシア *Radiesthesia*

放射（放射線）探知術、探知法。振り子や杖を使って、物質から出ている微細な放射線を探知する方法。水脈などを探す占杖法（ダウジング）を理論づけするものでもある。

ラディオグラフ *Radiograph*

放射線図。また、カメラを用いず、超常現象で撮られた写真のこと。

20世紀初頭、心霊研究家として知られ、パリの総合心理学研究所の共同部長を務めたオショロヴィッツ博士が命名した。

ラディオニクス *Radionics*

生体エネルギーや波動を用いることで診断や治療を行う機器、またはその療法。医師のエイブラムスによって考案された。

彼は病気の組織が出す波動の性質を変えて波動を相殺できる放射器を

考え、治療機器オシロクラストを作り、治療を成功させた。一本の毛髪や一滴の血液があれば遠隔地にいても治療が可能というが、エイブラムスの死後、オシロクラストは否定された。科学的には、現在こうした波動の存在は証明されていない。

ラピスラズリ

和名は瑠璃（るり）。青金石を主成分に方ソーダ石、藍方石など複数の鉱物の混じった半貴石。

古くから利用されてきた鉱物で、顔料のウルトラマリンの原料でもある。

邪気を祓い、正しい判断力をもたらし幸運を招く、パワーストーンとして人気が高い。↓瑠璃

ラファエル（大天使ラファエル）

ユダヤ教、キリスト教の七大天使の一つ。

ラファエルは、神は癒された、神の薬という意味で、地球と地球のすべての生命体の治療をつかさどる大天使。痛みやストレス、悩みを取り去り、体と魂を癒してくれる存在として、大天使ミカエルと並び人気がある。

ラブディック・フォース　*Rhabdic Force*

敏感な人が棒占いなどをするとき、手の筋肉の歪みを感じさせる力。

ラポール　*Rapport*

心理学用語で、相互に信頼できる関係のこと。元々はセラピストとクライアントの間にできる、心が通い合い、話したことが十分に理解しあえる関係。心理療法のほか、心理調査や検査における面接者と被面接者との関係でも重要視される。

霊学的には、テレパシーの送り手と受け手の関係においても当てはまる。

ラリマー　*Larimar*

ドミニカ共和国でしか産出されないため、カリブの宝石とよばれる海の模様の石。正式な鉱物名はブルーペクトライト。白、黄、ピンク、青などさまざまな色があるペクライトの中で、とくに美しい青い石をラリマーとよぶ。

潜在意識下にしまいこんだトラウマや苦しい感情を和らげ、呪縛から自由にする力があるとされてきた人気のパワーストーンでもある。

ラリマーのブレスレット

スギライト、チャロアイトと並び三大ヒーリングストーンの一つとされる。

乱世（らんせい・らんせ）

戦乱の世、秩序の崩壊した乱れた世の中。

り

リーダー *Leader*

欧米の交霊会における統率者のこと。交霊会の集まりでは霊と交信する霊媒とは別に、会の進行を担うリーダーが選ばれる。

審神者（さにわ）は、古代神道の祭祀において神託を受け、神の言葉を伝える者。日本スピリチュアリズムで用いる審神者は、招霊で現れた神や霊が真実を述べているか、偽物かの正邪を判断する者である。

リーディング *Reading*

占い用語。タロットカード占いで現れた内容を読み取ること。占い手の経験、価値観など個人差が影響することが多い。

スピリチュアル・リーディングとは、リーダーが依頼人の心身の状態や、人間関係などを読み取ることである。

力久辰斎（りきひさたっさい）

［1906～1977］福岡県筑紫野市に本部がある、善隣教（ぜんりんきょう）の教祖。善隣教は病気治しで信徒数を飛躍的に伸ばした新宗教である。

利己主義（りこしゅぎ）

社会や他人のことは無視して、自分の利益のみを追求する考え方。わがままで自分勝手に振舞う姿勢。

倫理的利己主義（エゴイズム）は、自分にとって善であることを正義の基準として目的化し、かつ行動するという考え方。だが倫理学説として普遍化すると、各々がそれぞれの利益を追求することが、学説の主張者の利益にはならないという矛盾に陥る。↔利他主義

理神論（りしんろん）

世界の創造者としての神の存在は認めるが、人格をもつ存在とは考えない立場。神の奇蹟や神が人に対して教え示す啓示を否定し、創造された後の世界は、自然法則に従い働き続けるとする。17～18世紀のヨーロッパに現れた考え方で、イギリスの自由思想家たちに支持された。自然神論。

啓示宗教に対して理性宗教ともよばれる。

利他主義（りたしゅぎ）

自己を犠牲にして他人の幸福を願う立場。

仏教では、阿弥陀仏が人々に功徳と利益（りやく）を与え、迷いから解放することをいう。↔利己主義

立正佼成会（りっしょうこうせいかい）

日蓮系、法華系の新宗教。庭野日敬、長沼妙佼により1938年、霊友会より分かれて創立された。

リッチモンド夫人、コーラ・リッチ

モンド　*Cora L.V.Richmond*
「1840〜1923」アメリカの霊能者。とくに、霊感演説や心霊治療で名高い。↓スコット嬢

リバイバル　*Revival*
復活、生き返るの意。キリスト教において、大衆の信仰が新たに活発化すること。そのために信仰の原点に戻る運動をいう。信仰覚醒運動。アメリカのプロテスタントで盛んに行われてきた。
それに伴い発光現象や予言など、さまざまな心霊現象が起こることが知られている。

龍（りゅう）↓竜（たつ）

竜王（りゅうおう）
中国の伝説上の霊獣である竜が神格化したもの。仏教の八大竜王などと結びつき、竜王信仰となった。密教では、雨を乞う際の本尊。
日本における竜王・竜神は、水をつかさどる水神である。
竜王申しは、竜王に対して雨乞いをすること。またその際に唱える文言を意味する。

竜宮・龍宮（りゅうぐう）
深海の底にあるという竜神が住まう宮殿。竜宮城。浦島太郎の説話は日本各地に伝わっており、登場する竜宮も日本人になじみ深い。

Column

輪廻転生を神霊学的にみると

霊魂は不滅であり、人間や人間以外の動植物に生まれ変わり、再生を繰り返す。これが輪廻転生の思想である。

会ったことのない実在した人間の記憶を突然語り出す、また習ったことのない外国の言葉をしゃべり始めたという事例は、列挙にいとまがなく、これを「転生」とみる人も多い。

さらに子どもや幼児にこの現象が現れ、成長とともに消えることが多いが、これも前世の記憶を忘れていくと説明される。

しかし心霊研究が進み、霊学的には霊の生まれ変わりは否定されている。それは決して、霊魂の存在を否定することではない。

神霊学的にみれば「転生」は霊の憑依現象なのである。死者の霊魂が生者に入り込み、死者の生前の記憶が、生者を通して再現されるのである。

この憑依現象のほとんどは、魂が未熟な子どもに現れ、精神世界の成長とともに憑依は消える。魂が力をつけるようになる20歳をすぎた成人には、起こらない現象というのもうなずける。

竜神・龍神（りゅうじん）

竜王に同じ。

龍神遠祖説（りゅうじんえんそせつ）

日本の心霊研究の草分け、浅野和三郎、脇長生が唱えた、龍神を人類誕生の遠祖とする説。原始の地球を支配していた自然霊の想念によって、人類は存在するものとなったというもので、その自然霊を「龍神」とした。

両部神道（りょうぶしんとう）

仏教神道。真言密教と結びついて発生した神仏習合思想の一つ。

真言密教で説かれる胎蔵界・金剛界を両部として、日本古来の神道を解釈するもの。大日如来を本地とし、神道の諸神は衆生救済のため仮の姿となって現れたとする。両部習合神道。本地垂迹説。

鎌倉時代以降、両部神道をもとに、さまざまな神道説が生まれたが、明治以後禁止となり、衰退した。

燐火（りんか・りんび）→鬼火

リンカーン *Abraham Lincoln*

［１８０９〜１８６５］アメリカの第16代大統領。

大統領として世界的に有名だが、霊の存在にも深い理解を示した。彼の奴隷解放の政策は、複数の霊媒師による霊界通信に従って決定されたという。

リンク *The Link*

スピリチュアリストによる家庭交霊会の国際的協会。１９３１年に設立された。

英語のリンクは、鎖、心のつながりの意。

臨済宗（りんざいしゅう）

中国の禅宗五家の一つで、唐の禅僧、臨済によって生まれた。日本へは鎌倉時代、宋代の中国に渡って学んだ栄西（えいさい）により伝えられた。

日本の禅宗の一派、曹洞宗が一般民衆に広まったのに対して、臨済宗は武家政権に守られ、室町幕府は京と鎌倉に5山をつくるなど、手厚く保護された。

臨死体験→近似死体験

リンゼイ卿 *Master of Lindsay*

［１８４７〜１９１３］イギリスの心霊研究者。英国弁証法協会で、霊能力者Ｄ．Ｄ．ホームの浮揚現象や耐火現象などの証言をした。

輪廻（りんね）→生まれ変わり

インド哲学から生まれた転生の思想。霊魂は不滅で、人間の霊魂は人間や動物、植物などに転生して再生をくり返すというもの。

霊学的には、人間以外のものへの生まれ変わりは否定されている。また転生ではなく、霊の憑依による現象とする説もある。

る

類魂説（るいこんせつ）

類魂（グループソウル）とは、同じような自我をもつ霊魂の集団のこと。グループ内の霊魂と霊魂は互いに感応し合うという。心霊研究者の草分け的存在のマイヤースが提唱した。

類別的進化論（るいべつてきしんかろん）

心霊研究者の浅野和三郎が、ダーウィンの進化論を修正して唱えた説。原始より、人は人、猿は猿として、類別的な進化を遂げたとする。たとえば人類は微生物の形でありながら「人」として地中に発生し、複雑な段階を経て、現在の姿になったとする。

瑠璃（るり）

仏教の経典に書かれる四宝また七宝の一つ。

青色の宝石。アフガニスタンのバダクシャーンで採れる鉱物、ラピス

Column

ルルドの泉の奇蹟認定

ルルドの泉の湧き出た洞窟

少女ベルナデットに現れた聖母マリアは、他人には見えず、当初カトリック教会は信じようとしなかった。だが、お告げどおりに泉が湧き、病が癒された噂が広がると、「聖母の御出現」が公認される。最初の出現から4年後の1862年のことである。以来巡礼者は増え、今も年間500万人が訪れている。

このうち奇蹟によって難病が完治したと申告したのは、公認以来6700人、実際に奇蹟の認定が下されたのは66人である。

素早い治癒、治療や自然治癒など科学的な現象を越えたもの、永続的な治癒であること。これが奇蹟とよべる条件となる。

このため、付属病院での厳格な診察や観察、追跡調査などを行った上で、カトリック医師団より認定の判断が下されるという。

こうした厳しい認定基準は、現代医学の進歩という背景もあるが、何よりルルドの奇蹟が神の恩寵によるものであることを証しにするためとしている。

ラズリのことともいわれる。↓ラピスラズリ

ルルド *Lourdes*

スペインとの国境、ピレネー山脈の山麓にあるフランスの保養地。1858年、洞窟の近くに薪拾いにきた14歳の少女ベルナデットが聖母マリアに出会った地として、有名になった。

フランスきっての景勝地ルルド

ルルドの泉

聖母マリアが指さした洞窟下の地面を少女ベルナデットが掘って、湧き出した泉。カトリックの聖地となっている。難病を癒す奇蹟の泉として評判をよび、今も世界中から巡礼者の姿が絶えない。

ルンビニ *Lumbini*

ネパール南部のタライ平原にある小さな村で、仏教を開いた釈迦牟尼の生誕地とされる。釈迦が産湯をつかったという池などがある。四大仏跡の一つであり、巡礼者で賑わっている。

釈迦の生誕地とされるルンビニの風景

れ

霊（れい）

肉体にあり、また肉体を離れて存在するとされる精神的存在。魂（たましい）。

霊学的には、霊界に住む死者の魂を霊とよび、生者の魂を生き霊とよぶことが多い。

霊衣（れいい）

霊界人が着ている衣服のこと。亡くなって間もない魂は生きていたときに着慣れていた衣装を複製して、身にまとう傾向にある。時間がたつにしたがって、着心地よく感じる、ゆったりとした霊衣に変える。交霊会など現界で観察される霊衣は、エクトプラズムで作られるものとされる。

霊位（れいい）

死者の霊につけられる名。また、死者の霊が宿るとされる位牌。

霊界（れいかい）

他界。霊魂が住まいする世界。

心霊学的には、この世界は現界と霊界がコインの表裏のように一体となって存在するとしている。

霊界通信（れいかいつうしん）

霊界から送られてくる霊の想いや考えを受け取ること。霊媒を媒体としてメッセージを受け取るほか、音声や画像による通信の事例もある。

霊界通信者（れいかいつうしんしゃ）
　霊界に住まう霊魂のうち、現界と通信をしようと考え、また通信してくる霊人のこと。

霊格（れいかく）
　霊のパーソナリティー、品位のようなもの。
　霊の世界に嘘言や建て前はない。ゆえに、霊格の高い霊人は、行動と魂の離反がなく調和がとれているとされる。

霊覚（れいかく）
　霊界から通信してくる霊魂から、また生者の生き霊から放射されるオーラに感応する、心霊知覚のこと。透感ともよばれる。

霊学（れいがく）
　霊界や霊魂を学問として探求すること。
　宗教的な霊界の探求、幽霊などの心霊現象の調査、心霊現象についての科学的な探究、死後の世界の探求、神霊についての探求など、分野は多岐にわたっている。

霊感→インスピレーション

霊感商人（れいかんしょうにん）
　霊感があると称して、それを売り物にして商売をする者。
　作家・菅野国春が小説『霊感商人』として、その世界を描いた。

霊感商法（れいかんしょうほう）
　悪徳商法の一つ。商品自体に霊的な神秘な力が宿っているように嘘を並べ立て、買わせるやり方。また、悪霊が取り除かれる、開運を招くなどと信じ込ませ、不当に高額な商品を売りつける商法。不当な献金を強いることも含まれる。

霊感書記（れいかんしょき）
　自動作用（自動現象）の自動書記と同じ超常現象。自動書記が無意識のうちに文章を筆記するのに対して、霊感書記の場合は、受け手は自由な意識をもち、受け取った精神世界を記録する。
　心霊能力をもっていた小泉八雲の文学作品には、この能力も関係していたといわれている。

霊感線画（れいかんせんが）
　自動現象の自動線画と同様な超常現象。ただ霊感線画の場合、受け手は霊にコントロールされることなく、通常の意識をもちながら、受け取った精神的世界を線画として表現する。

冷気現象→微風現象、冷風現象

レイキセラピスト
　レイキを用いて心身を癒す療法士。患者に手を当てることで宇宙からの気を相手に流し込み、心と体を癒すものである。

レイキヒーリング
　臼井甕男を創始者とする、臼井霊気療法に始まる民間療法。明治から昭和初期にかけ、海外の思想や技術と、日本古来の療法が融合されて生まれた民間療法の一つで、手当て療法、エネルギー療法の一種である。
レイキとは自然界がもつ気・エネルギー。人がリラックスして自然体になったときにも流れ、人の治癒力を活性化するという。

霊訓（れいくん）
霊界からの通信の中で、人間に伝えてくる道徳的教訓。内容は霊によりばらばらなことが多く、それは、伝えてくる霊が住まいする位置（段階）によるものとされる。
ただ霊訓は霊みずからの教えではなく、より高いところから送られてくる訓示を伝達するだけの役目を担っているともいわれる。

霊光（れいこう）
霊妙で神秘的な光。天子の徳という意味でも使われる。↓発光現象

霊告（れいこく）
霊界から霊魂が意思や予言を告げ知らせること。ご託宣。広義には、すべての霊界通信をさす。

霊魂（れいこん）
魂。人間の体の中にあり、精神や生命のかなめとして、人格（個性）をもつ存在。
霊学的には、霊魂は肉体が生きているうちは体の中にあって幽体に包まれている。また霊魂自身の意志で、肉体と魂の緒とつながれた状態で、幽体離脱することができる。つながっていた魂の緒が完全に切れ、魂が幽体ごと抜けだすのが肉体の死である。
スピリチュアリズムあるいは霊魂研究は、死後も霊魂は個性をもって存続し、霊界、さらには宇宙のエネルギー体をも認める立場といえる。↓ソウル

霊言（れいごん・れいげん）
霊界から霊魂が語りかけてくる言葉。
特殊な神霊能力で、神霊や生き霊を自分の体に招き入れ、その霊の想いの言葉を、現界の言葉で語らせること。

霊魂界（れいこんかい）
霊界のこと。浅野和三郎らの分類では、「幽界」「霊界」「神界」の3つに分けられる。また、イギリスの心霊研究の草分けであるマイヤースは、「物質界」「冥府あるいは中間境」「夢幻界」「色彩界」「光焔界」「光明界」「超越界」の7つに分類している。

霊魂会議（れいこんかいぎ）
霊界通信など、霊が現界でどのように活動するかを決定する、霊界で開かれる会議のこと。「霊魂会議」は、霊界通信を通じて現界にもたらされた言葉である。

霊魂仮説（れいこんかせつ）
心霊現象には、肉体から離脱した知性をもつ霊魂が深くかかわっているに違いないという仮説。これによれば超常現象のさまざまな分野をも

説明できる。ただ、広く一般に認められるためには、英国心霊研究協会が行っているような、科学的方法も含めた心霊現象の研究や説明が求められることはいうまでもない。

霊魂救済サークル

死後に霊界に行ったものの、その環境になじめないでいる霊魂の救済を目的としたサークル。未発達な霊魂は、自分が置かれた状況がわからず、したがって霊としての向上も図れないでいる。こうした霊魂への助言は、時として霊媒が危険にさらされる場合があり、力ある守護霊などへの信頼が大切となる。

霊査（れいさ）

霊能者が一定の霊的な手順を踏んで、霊および霊界のさまざまな姿、ありさまを調査すること。

霊視（れいし）

肉眼では普通見ることのできない、異次元の霊界の事柄を見ること。見えること。

透視、千里眼、霊眼などともよばれる。

霊視画（れいしが）

霊視能力によって画家が描いた絵画。交霊会の出席者に現れた守護霊や、故人となっている縁者の霊の肖像画などが残されている。

霊術者（れいじゅつしゃ）

一般に、修行などによって病気を治したり開運を招いたりする秘術を

Column

霊界通信機を作ろうとしたエジソン

偉大な大発明家であるエンジンはまた、霊の世界にも興味をもっていた。

友人と「先に死んだ方が、死後の世界について知らせるようにしよう」と約束する一方で、発明家として、霊界通信ができる機械を作ろうとしていたという。霊媒といった第三者の関与なしに、霊界の霊魂たちと自在に交信できる機械ができたなら、死後の世界もまたスムーズに実証されるはずと考えたのだ。

物質の最小単位として、エジソンが推察していたのは電気的な物質。それが情報であり、この情報をもっているのが人間の魂ではないかと考えた。

取り組んだ霊界通信機制作は、霊界からの霊魂の波長をとらえられるよう、通信機の波長を工夫したり、材料の素材を変えたりして研究を重ねたが、完成を見ぬまま終わった。

友人の一人のアレン・ベンソンは、エジソンを「真実の発見と、発見された真実の利用を考えていた科学者」と評している。

会得した、祈祷師や霊能力者のこと。霊術家。霊術師。

明治維新後、海外からもたらされた催眠術や心理学、心霊学と、日本古来の修験道や呪術が混じり合った民間療法を霊術とよぶ。第二次世界大戦前に大流行し、霊術家を名乗る人は、日本中で5万人を数えたという。

霊障（れいしょう）

霊が取り憑くことによって、心身に痛みや病気が発生すること。こうした霊はほとんどが低級霊であり、救いを求めて波長の合う人間に取り憑くとされる。

霊場（れいじょう）

神社仏閣などがある神聖なところ。山岳信仰などの霊験があるとされる場所。聖地、霊地。

西国三十三所の観音を巡る巡礼や、四国八十八カ所の弘法大師の霊場を巡るお遍路は広く知られる。

西国三十三所、坂東三十三カ所、秩父三十四カ所を合わせ、日本百観音とよぶ。

霊智学→神智学

霊聴（れいちょう）

現界の音や声ではなく、次元の異なる霊界の音や霊界人の声を聴くこと。歴史的に、神のお告げとよばれる場合もあった。

霊能者によっては、故人の声のほか、過去・現在・未来の情報を得られるという。

霊動（れいどう）

意思とは関係なく体が勝手に動くこと。潜在意識または生理的な反射による場合もある。

霊学的には、霊に人間の体がすっぽり占有されたために起こる、その人間の意思とは無関係に体が動いてしまう現象である。

霊能（れいのう）

さまざまな心霊現象を起こす能力のこと。本来は人間の誰にでも備わっているという。霊能者は霊能力を発揮できる者。

霊能現象（れいのうげんしょう）

心霊現象の中でも、とくに霊媒などの霊能者によって引き起こされる現象をいう。言い方を変えるなら、霊界の霊魂が霊媒を取り次ぎ役にして起こす現象である。

霊能者→霊媒

霊能発揮（れいのうはっき）

霊能現象を現すこと。先天的に霊媒能力が与えられた者は、幼少の頃より霊能を発揮する。

このほか、精神修行や信仰心によるもの。また、心身に大きなショックを受けて、霊能が開花した例もある。

ただ、そうした霊能力が信頼のおけるものか否か、注意して観察する必要がある。

霊能養成サークル（れいのうようせ

Column

霊界の段階

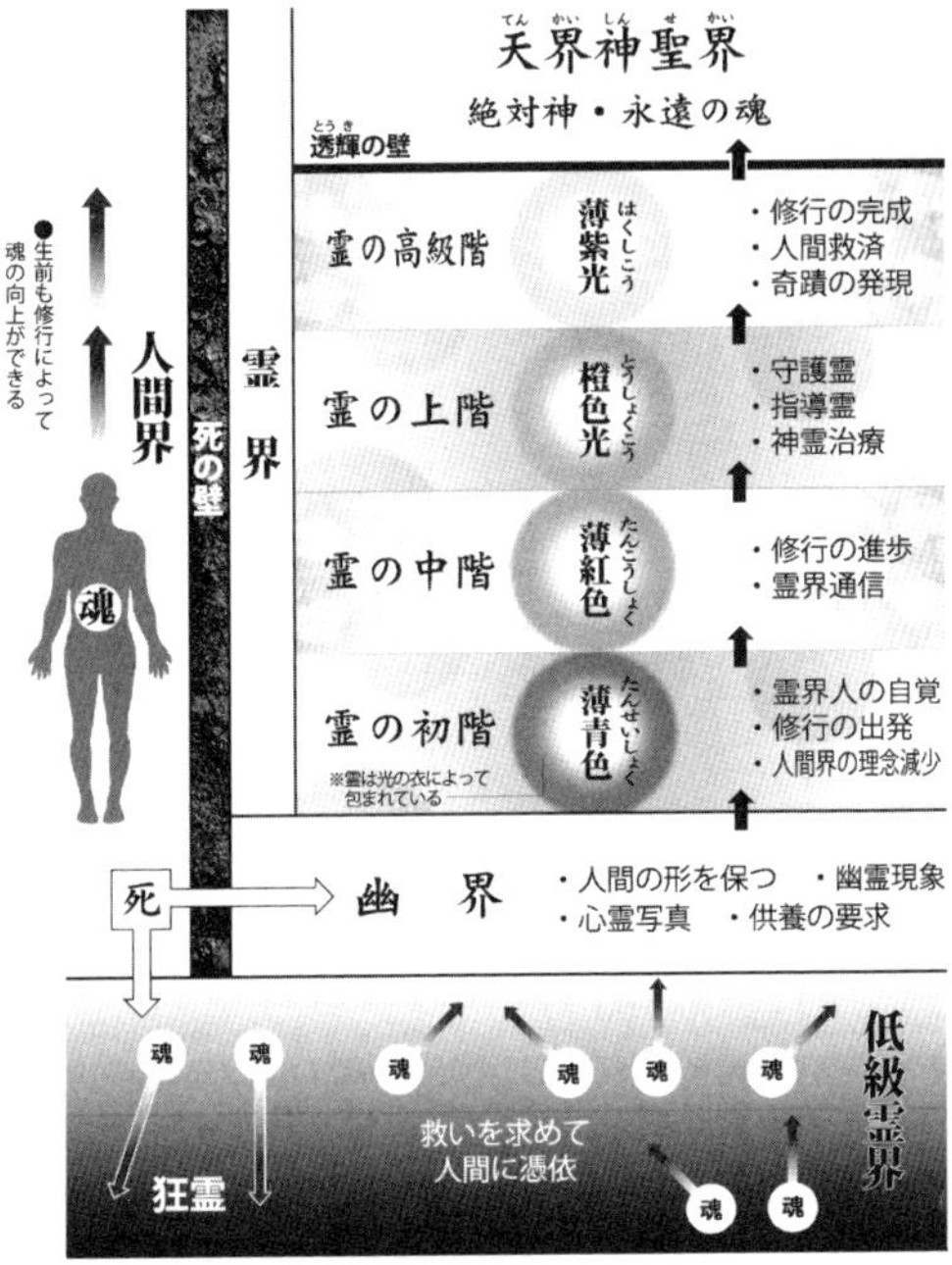

霊界は広く、無数の階級がある。そして霊自身の力量に合う形で人間に働きかけてくる。

概して高い位に進むほど、霊は人間の住む現界には積極的には関心を寄せず、ひたすら魂の向上に励むとされる。

ここで日本神霊学研究会 神主 聖師教 隈本正二郎が提唱する『霊界における霊の向上段階』について紹介する。

右の図は、初代会長である隈本確教祖が考えた『霊魂向上図』を基に、新たな解釈を加えたものである。

死者はまず霊界の入り口の「幽界」へ向かう。ここでは魂は生きていたときのままの幽体に包まれている。

霊は次の段階として、「霊の初階」、「霊の中階」、「霊の上階」へと進む。

現界のよびかけに応えて霊界通信をしてくるのは「中階」の霊人。

人間の守護霊や指導霊となる霊が現れるのが「霊の上階」である。

次の「霊の高級階」で、霊は修行の完成を見る。さらに分厚いバリア＝「透輝の壁」の上に、「天界神聖界」がある。

霊は、生前の生き方、精神の磨き方で、霊界入りしたときの段階が変わってくる。

むろん、霊界での修行を続けることで高い段階へ進むことができるが、それには気の遠くなるような時間や修行が必要となる。

いさーくる）

グループの人たちの潜在的な霊能力を養い、開発するためのサークル。欧米のスピリチュアリストたちの間でたくさんのサークルが生まれ、活動が盛んに行われている。

霊能力がついた初期の頃は、危険な低級霊が憑きやすく、それを防ぐ役割も果たしている。

霊媒（れいばい）

現界と霊界の仲介者。死者の魂を自分の体に招き入れ、その霊の想念を表現する霊能力者。

想念は言葉により、またしぐさなどの動きによって表される。よく知られる恐山のイタコも霊媒である。

霊媒体質（れいばいたいしつ）

体が霊に憑依されやすい性質であること。この体質の持ち主は始終、体のあちこちに痛みを生じる。

霊波之光（れいはのひかり）

１９５４年に波瀬善雄により創設された新興宗教団体。人類救済と世界平和の実現を目的とする。二代救主は波瀬敬詞。

冷風現象→微風現象

霊夢（れいむ）

神秘的な夢。とくに神仏がお告げを知らせるために現れる夢をいう。また霊夢とされるものとして、死者が何かを伝えるために起こす夢や、宇宙に関する情報や人間界の予知など、多くの夢の事例が報告されている。霊学的には、これも心霊現象の一つである。

霊癒（れいゆ）

霊界の霊人が人間の病気を治し、調和の取れた心身に癒して健康に導くこと。霊媒を取り次ぎ役として行われる心霊治療である。

霊友会（れいゆうかい）

法華系の新宗教。１９２４年に久保角太郎、小谷喜美らが開いた。布教を進め信者を増やしたが、その間、立正佼成会など四教団が、さらに妙智会などが分裂した。法華経と先祖供養を主な目的としている。

霊癒家（れいゆか）

霊癒で病を治し、人間を健康にさせる霊魂を助け協力する霊界の霊人。患者自身が治癒力を発揮できるように働くという。

レオナルド・ダ・ヴィンチ

Leonardo da Vinci

イタリアのルネサンス期に活躍した芸術家。

絵画『モナリザ』『最後の晩餐』などで有名な美術以外にも、建築、音楽、工学、数学、幾何学、解剖学、物理学、地学、天文学など幅広い分野に造詣

が深く、「万能人」の異称ももつ。後世に実現を見た発明の構想なども多く、後世に大きな影響を与えた。

錬金術（れんきんじゅつ）

古代エジプトに始まりアラビアを経てヨーロッパに広まった化学技術。卑金属を貴金属に変え、また不老不死の仙薬づくりを目的にさまざまな実験が行われた。これらは、科学的要素と魔術的な要素が混在し、化学の知識を育てる一方、魔術や呪術とも結びついた。

錬金術は、17世紀に近代科学が起こると、急速に衰退した。

蓮華（れんげ）

ハスの花。泥沼の中から清らかに美しく咲く花は、仏教思想の象徴とされている。

蓮華座

仏や菩薩の座る蓮華の台を蓮華台、蓮華座という。死者が極楽浄土に行って蓮華座の上に生まれ変わることは蓮華往生とよばれる。

密教では胎蔵界曼荼羅の蓮華の葉の上に、大日如来を中央に四仏、四菩薩が配される。

煉獄（れんごく）

カトリックの言葉で、死者が天国へ入る前に、火によって罪が清められるという場所。

Column

霊障の種類例

さまざまな霊障は、たとえばその現れ方から、「急性憑依」「慢性憑依」「無感知性憑依」に分けることができる。

急性憑依は、病名が急性○○など突然痛みや苦しみが襲う状態。慢性憑依は、耐えがたい苦痛ではないが心身に病気を抱えた状態。持病や発作の心配や不安を抱えた状態である。

無感知性憑依は、本人に自覚症状がないまま長期間、心身をむしばまれる状態。本人より周りの家族が「変化」に気づく場合が多い。

また理由もないまま、突然マイナス思考になったりする場合、低級霊の憑依が考えられ、これも霊障といえる。

現代医学では霊障を認めていない。しかし、たとえば風邪の場合、除霊で悪影響を受けなくなった体に医師が処方する薬を用いれば、より効果は上がる。霊障を放置したままでは、医学で風邪の症状は消えても、またぶり返すこともある。医学と神霊治療（除霊）のコラボが、病気克服へつながることになるのである。

連想試験（れんそうしけん）
霊媒と、霊媒の入神によって現れた霊、その双方が個々の独立した存在であることを調べるための方法。与えられた単語から連想する単語を答えるといったもので、その反応や時間などで検討がなされるという。

ろ

老衰（ろうすい）
年をとって、体の機能が衰えること。
老衰による死を自然死とよぶ。ただ自然死については、すべての臓器が機能を完全に果たさなくなるのを診断しての言葉ではなく、あいまいさは残している。

ロウソク占い→**キャンドル占い**

ローズクォーツ *Rosequartz*
水晶の変種で、薄紅色やピンク色をした石。紅水晶、バラ石英の名もある。
ギリシア神話に登場する愛と美の女神・アフロディーテの石と伝えられ、優しさを育むパワーストーンとして人気が高い。

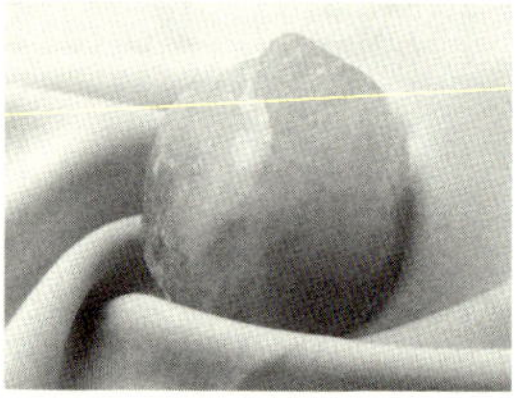

ローズマリー霊能（れいのう）
古代エジプト語を話すことで知られる霊媒。
1927年、支配霊のノナ夫人をよび出し、霊聴により3000年前にエジプト王妃だったというノナ夫人が語る古代エジプト語を伝えた。
ローズマリーの語る言葉は、考古学博士により第18王朝期の古代言語であるとされた。

ローマ法王（ほうおう）
カトリック教会の首長。教皇。カトリックの最高指導者で、使徒ペテロの後継者、地上におけるキリストの代理人とされる。教皇庁のあるバチカン市国の元首でもある。

長崎県浦上教会に建つ第264代ヨハネパウロ２世の像

ローマ法大全（ほうたいぜん）
6世紀、東ローマ帝国の皇帝ユスティニアヌス1世が編纂させたローマ法の法典。
11～12世紀には西ヨーロッパに伝わり民法などに大きな影響を与えた。

六観音（ろくかんのん、ろっかんのん）
六道を輪廻転生する衆生を救う6体の観音。
密教では、地獄道に聖観音、餓鬼道に千手観音、畜生道に馬頭観音、修羅道に十一面観音、人間道に准胝（じゅんでい）観音または不空羂索

（ふくうけんじゃく）観音、天道に如意輪観音を当てている。

六観音

六地蔵（ろくじぞう）

信州善光寺の六地蔵

仏教の言葉。人間は生前の行いによって、六道を輪廻転生し、その六道において苦しむ衆生を救うという地蔵菩薩の6つの分身。

諸説あるが、六道のうちの地獄道には檀陀（だんだ）、畜生道に宝印、餓鬼道に宝珠（ほうじゅ）、修羅道に持地（じじ）、人間道に除蓋障（じょがいしょう）、天道に日光の六地蔵がいる。

六十六部（ろくじゅうろくぶ）

正式には、日本回国大乗妙典六十六部経聖。回国聖（ひじり）。

書写した『法華経』六十六を、六十六カ所の霊場に一部ずつ奉納す

Column

六道珍皇寺（ろくどうちんのうじ）の冥界への井戸

葬送の地であった京都・鳥辺野（とりべの）の入り口に当たる六波羅に、「六道の辻」の石塔とともに、「小野篁（おののたかむら）卿旧跡」の石塔が立つ。

篁は夜な夜な冥府の閻魔庁に通い、閻魔大王が死者の罪を裁くのを手伝っていたという人物。学問や和歌に優れ、また武芸にも秀でていた。小野小町の祖父でもある。

六波羅密寺近くの六道珍皇寺の閻魔堂には、閻魔大王と並んで小野篁の木像が鎮座し、寺の裏手には、冥府に通じるという井戸が残る。

お盆には冥界まで届く迎え鐘をつき、霊をこの世に迎える「六道まつり」が行われる。篁は井戸から冥府に通い、嵯峨の清涼寺近くの薬師寺境内にある井戸から、この世に戻ってきたとされる。ちなみに、こちらの井戸は、生の六道とよばれている。

大臣の藤原良相（よしみ）が他界し、閻魔庁に引き出された際、大王の傍らに篁がいた。「彼は正直な人だ。私に免じて許してほしい」という篁の言葉で、良相は生き返ったという。

るため、諸国を遍歴した行脚僧のこと。中世期に多く見られた。

江戸時代に入ると、阿弥陀像を納めた厨子を背負い諸国を巡る遊行僧や、死後の冥福を請い巡礼する者、また巡礼姿で米銭を乞う者も現れた。六部ともよばれる。

六星占術（ろくせいせんじゅつ）

人気占い師の細木数子が、中国の易学や算命学、万象学などをもとに提唱したという占い。

生年月日をもとに導きだした運命星によって運勢を判断する。運命星は、土星、金星、火星、天王星、木星、水星の6つで、生まれもった運命星により、土星人、金星人、火星人、天王星人、木星人、水星人とよぶ。

六大神通力（ろくだいじんつうりき）

仏教において仏や菩薩がもっているとされる超人的な6つの能力のこと。六神通ともいう。自在に山海を飛行する神足通、遠くの音を聞く天耳通、他人の心を知る他心通、自分の過去世を知る宿命通、一切衆生の過去世を知る天眼通、煩悩が尽き今生を限りに生まれ変わらないことを知る漏尽通の六つである。

六道（ろくどう）

仏教において、生きていたときの善悪の業によって行くとされる六種類の世界。地獄、餓鬼、畜生、修羅、人間、天道の六つ。

六道輪廻とは、迷いの多い衆生が六道の決まった世界に定住できずに、六道を迷いめぐり、生き死にをくり返すことである。

六道の辻（ろくどうのつじ）

死後の世界、六道へ通じる道の分かれ道。

地名としては、平安時代以降、葬送の地であった京都の鳥辺野（とりべの）の六道の辻が知られる。

六波羅蜜（ろくはらみつ）

仏教において、悟りに入るための六種類の徳目のこと。六度。施しという徳（布施）、戒律を守る徳（持戒）、忍耐という徳（忍辱）、努力という徳（精進）、精神統一という徳（禅定）、悟りの知恵という徳（智慧）の六つ。

波羅蜜とはサンスクリット語からきた言葉で、完成した、到達したという意。度（ど）、到彼岸とも訳される。

六波羅蜜寺（ろくはらみつじ）

京都の東山にある真言宗の寺。西国三十三所の第17番札所。

平安以来葬送の地であった鳥辺野の入り口、六道の辻にあり、死者

六波羅蜜寺

を供養する寺として信仰を集めてきた。

六芒星（ろくぼうせい）

二つの三角形を上下にして重ねた、六個の突起をもつ星型。天と地、陰陽などを表し、古来から幸運の印として使われてきた。宇宙エネルギーを放出する形ともいわれる。

平安中期の陰陽家・安倍清明は五芒星の印を使ったことで知られるが、ライバルとされる蘆屋道満はこの六芒星の印を使ったという。

六芒星は、またイスラエルの国旗にも描かれる、ダビデの紋章としても知られる。

六曜（ろくよう）

暦に記載される事項の一つ。先勝、友引、先負、仏滅、大安、赤口の6種類をいう。六輝（ろっき）ともよばれる。

ロマネスク *Romanesque*

中世10世紀末から12世紀にかけ、フランスや北イタリアからヨーロッパ全土に広がったキリスト教美術の

フランスの代表的なロマネスク建築
『ブリウード サン・ジュリアン教会』

Column

六欲天（ろくよくてん）

地獄道・餓鬼道・畜生道・人間道・天道の転生の六道。その天道の人間道寄りあるのが、性欲や食欲などの欲にとらわれる六欲天である。

帝釈天に仕える持国天、増長天、広目天、多聞天の四大王や夜叉などが住み、敵と戦い世界を守ることを楽しむ四大王衆天（しだいおうしゅてん）。帝釈天と、仕える神々や天人が住み、秩序維持を楽しむ忉利天（とうりてん）。

自然を楽しむ夜摩天（やまてん）。弥勒菩薩たち菩薩が修行を続け、宇宙の法則を楽しむ兜率天（とそつてん）は、釈迦が前世を過ごした天上世界でもある。さらに、五感に触れるものを変え、楽しみを作り出す化楽天（けらくてん）。欲のすべてを操り、他者が楽しむのを自分の楽しみとする天上世界の他化自在天（たけじざいてん）。

幸福にあふれる六世界ではあるが、それゆえに善行が見つけにくいという矛盾が解脱を妨げる。何百万、何十億年という長寿の天人たちも、同じ天道への転生は難しいという。

様式。切り石積みや半円形アーチを用いた重厚な教会堂建築を代表とする。ロマネスク建築。

ロマン主義

18世紀後半から19世紀半ばにヨーロッパに生まれた文学、哲学、芸術の思潮や運動。

古典主義や啓蒙主義に異を唱え、空想や情緒、自然との一体感や神秘性へのあこがれ、自我の自由な表現を重んじた。

日本では、明治中期に誕生した文芸誌『明星』『文学界』などを核とする文学運動を意味する。

ロマン派

とくにロマン主義の音楽をさす言葉。古典派に続く19世紀初めから20世紀初めに至る期間のクラシック音楽の潮流。

シューベルトやリスト、メンデルスゾーン、ショパン、マーラー、プッチーニなど多くの作曲家により、現代もよく聴かれる数多くの多彩な音楽が誕生した。

ロンドン・スピリチュアリスト連合
London Spiritualist Alliance

英国スピリチュアリスト協会から分かれ、１８９６年に法人化された組織。心霊研究会として世界的に知られる団体である。

わ

ワークショップ　*Workshop*

本来「作業場」や「工房」を意味する言葉。

講師の話を参加者が一方的に聞くのではなく、参加者自身が討論に加わったり、実際に体験したりするなど、参加体験型で、双方向性のグループ学習をいう。

受け身型学習からの転換・脱皮として、日本でも１９８０年代後半以降、演劇、ダンス、美術などの芸術分野で盛んに行われるようになった。とくにニューエイジの分野で用いられる。

ワークショップは、芸術分野以外にも、学校教育、企業研修、住民参加の街づくりなど、多彩な領域で行われている。

ワイリー、エドワード　*Edward Wyllie*

［１８４８〜１９１１］インドのカルカッタ生まれのアメリカの霊媒。とくに心霊写真家として名高い。

１８８６年にカリフォルニアに移住したワイリーは職業写真家の道へ進んだが、やがて撮影した写真に光や点などが現れるようになった。これらの現象は、１９００年のパサデナ心霊研究所の調査により、心霊現象として認められた。

また、故人の毛髪や残された衣装から過去の事柄を探るサイコメトリーに通じる心霊写真を撮ることもあった。
　こうした心霊写真が評判となってイギリスにも招かれ、ワイリーの霊能力が真実のものであると確認されたという。

若水

　元日早朝に初めて汲む水。初水ともいう。平安時代、宮中で、立春早朝に若水を汲み、天皇の朝餉（あさげ）に奉った。
　その後、民間にも伝わり、年神祭の祭主である年男、あるいは戸主が未明に起き、「若水迎え」などと称して新調した柄杓（ひしゃく）と手桶をもって井戸や泉・川に行って汲んでくるようになった。年神に供えたり、口をすすいだり、沸かして福茶などを家族一同で

飲んだり、雑煮の支度に用いたりする。西日本には汲むのを主婦の役目にしているところもある。
　汲むとき、「福くむ、徳くむ、幸いくむ」「こがねの水くみます」などのめでたい唱え言をしたり、餅や洗い米を供えるところもある。年中の邪気を払い幸いを招く新年の行事であったが、近年この風習は水道の普及などにより、絶えようとしている。

脇長生（わきたけお）

［1890～1978］兵庫県飾磨（現在の姫路市）生まれ。少年期は岡山県和気で過ごし、中央大学で社会学を学ぶ。この頃から物理的あるいは偶発的心霊現象を体験する。22歳のとき肺結核になり、死の宣告を受けるが単身で無人の家島に渡り、見神の体験をして病気は消える。京都府立医大研究室で医学を修め、製薬会社の顧問を務める。
　昭和3年、浅野和三郎の「心霊科学研究会」で審神者となり浅野を補佐、心霊の科学的研究に努める。昭和12年、浅野が他界したため、事実上心霊科学研究会を引き継ぎ、昭和53年7月1日没（88歳）まで、月刊『心霊と人生』誌を発行し続け、日本における正統な心霊研究の灯を守り通した。

惑星情報（わくせいじょうほう）
Planetary Information

　地球外生命体は存在するのか。霊視によってこれを探索した記録は、ドイツのローマー嬢が最初（1813年）とされ、当時彼女は15歳だった。また、スウェーデンの神秘思想家スウェーデンボリは火星、金星など惑星の住人に関する情報を公開した最初の人間であるとされる。現在、さまざまな科学的な方法で地球外生命体の探索が行われているが、存在の可能性は発表されるが、実際にいるかどうかはいまだ解

わ

明されていない。

和讃（わさん）

和語をもって讃嘆する詩という意味。仏・菩薩、祖師・先人の徳、経典・教義などに対して、日本語（韻文）の歌詞（和語）によってほめたたえる讃歌のことである。声明の曲種の一。

ワット *John Watt*

エヴァリット夫人のコントロール。直接談話現象を生起させるとき、夫人の呼吸を利用したため、ワットが話している間は、夫人は声を出すことはできず、話すことができなかった。

ワトシーカ怪奇現象

アメリカ・イリノイ州のワトシーカで起きた霊にまつわる怪奇現象のこと。1865年、メアリー・ロフ（*Roff,Mary*）という19歳の少女が亡くなった。その13年後の1878年のこと、ルーランシー（*Vennum,Lurancy*）という少女にメアリーの霊が乗り移ったという。当時、ルーランシーは憑依霊に苦しんでおり、メアリー霊がその憑依霊を追い出して、そのままルーランシーの心と肉体を支配した。この間、ルーランシーはメアリー霊の意のままにメアリーが暮らしたロフ家で過ごし、ロフ家の親族とも普通に会話した。現象は16週間続き、メアリー霊はルーランシーから離れたという。

この怪奇現象は、米国心霊研究協会ASPRのリチャード・ホジソン博士の調査により事実であると認められた。

ワンネス *Oneness*

「サムシング・グレート」とか「大いなる一つ」などともいう。

宇宙は一つのもの＝ワンネスであった。そこから少しずつ分離してできた人間の魂は肉体をもつようになり、物質というものを知ったときから、「自我」というものをもつようになったという。そして、一つであったことは、意識の深いところに隠れてしまったといえる。

参考文献

【書籍】

『大霊界1　守護神と奇跡の神霊治療』（弘文出版）
『大霊界2　念と病気』（弘文出版）
『大霊界3　恐怖の霊媒体質』（弘文出版）
『大霊界4　迷信と地獄』（弘文出版）
『大霊界5　神と魔界』（弘文出版）
『大霊界6　魂の存在』（弘文出版）
『大霊界7　神と医』（弘文出版）
『大霊界8　神と想念界』（弘文出版）
『大霊界9　神と奇跡』（弘文出版）
『大霊界10　神とエネルギー』（弘文出版）
『大霊界11　21世紀の実在する超神霊』（弘文出版）
『大霊界12　神々の不思議と謎』（弘文出版）
『大霊界13　悪魔と救世主』（弘文出版）
『大霊界14　霊障と地獄への道』（弘文出版）
『大霊界15　浄霊と霊とのたたかい』（弘文出版）
『大霊界16　生と命と大霊界』（弘文出版）
『超神霊』（弘文出版）
『大霊界　神々と霊族と人類』（弘文出版）
『大霊界　天界道（天国への道）』（ブライト出版）
『新大霊界シリーズ①　神と霊の力』（展望社）
『新大霊界シリーズ②　神秘力の真実』（展望社）
『新大霊界シリーズ③　神・真実と迷信』（展望社）
『新大霊界シリーズ④　神と霊の癒』（展望社）
『新大霊界シリーズ⑤　霊媒体質の克服』（展望社）
『大霊界真書』（展望社）
『隈本確全著作解題一～三巻』（展望社）
『マンガでわかる大霊界』（展望社）
『大霊界 天界道シリーズ①　大霊界 神と魂』（展望社）
『悪霊にさいなまれる世界〈上・下〉
　「知の闇を照らす灯」としての科学』（ハヤカワミステリー）
『江戸の小さな神々』（青土社）
『月刊「心霊科学」合本』（出版科学総合研究所）
『キリスト教用語辞典』（東京堂出版）
『広辞苑』
『新宗教事典』（弘文堂）
『新・心霊科学辞典』（潮文社）
『心霊現象の科学』（芙蓉書房）
『心霊の文化史　スピリチュアルな英国近代』（河出ブックス）
『スピリチュアル用語辞典』（ナチュラルスピリット）
『超常現象大事典　永久保存版』（成甲書房）
『日本宗教ものしり一〇〇』（日本文芸社）
『日本の神様を知る』（日本文芸社）
『日本「霊能者」列伝』（宝島社文庫）
『仏教故事名言辞典』（新人物往来社）
『仏教早わかり事典』（日本文芸社）
『四次元図鑑』（池田出版）

『四文字熟語の読本』（小学館）
『リーダーズ英和辞典』（研究社）
『臨床心理学と心理学を学ぶ人のための心理学基礎事典』（至文堂）
『歴史読本　占い予言の知恵』（新人物往来社）

【インターネットサイト】

『イオンライフ・永代供養　永代供養ポータル』
『ウィキペディア』
『webio 辞書』
『お祓い堂』
『お通夜のマナー』
『京都府ホームページ』
『goo 国語辞典』
『言論プラットフォーム「アゴラ」
　衰退する日本の新宗教　島田 裕巳』
『故事ことわざ辞典』
『コトバンク』
『七福神について知ろう』
『「シルバーコード」霊能力入門』
『神式の葬儀』
『神秘学用語、ヨハネの黙示録・日本語の聖書』
『スピリチュアリズム研究ノート　浅野和三郎系の物理霊媒』
『スピチュアリズム普及会』
『Tan ちゃんの気まぐれスピリチュアル日記』
『Tan ちゃんのスピリチュアル用語辞典』
『デジタル大辞泉』
『「天界道」家族を浄霊する　麗大士のブログ』
『豊川稲荷東京別院　公式サイト』
『中川昌蔵（略歴）・大自然の法則研究会』
『ニコニコ大百科』
『日本スピリチュアル・ヒーラーグループ』
『ネット・エンパーク』
『Bible　ヨハネの黙示録の解説』
『パーフェクトリバティー教団 Perfect Liberty』
『ヒプノセラピー』
『ヒーリング癒し辞典』
『仏事法要のことば辞典』
『ブリタニカ・オンライン・ジャパン』
『未知リッチ』
『妙鏡院・家族永代供養』
『ヤフー　除霊と浄霊の違いは？』
『由来・語源事典』
『霊能者・麗大士のブログ』
『和歌山観光局ホームページ』
『ワールドメイト』

あとがき

本書は、神霊および神霊学に対する知識と正しい理解を目的に、神霊学にかかわる用語を収めた事典である。

手に取ればわかるように、心霊・神霊に関する用語にかぎらず、宗教、哲学、心理学、超心理学、占い、風俗、歴史、ちまたの迷信、俗信と広範囲にわたって収録した構成となっている。

一見すると、神霊学とは無縁の分野のようだが、神霊・心霊には、人の心、人の想いというものが大きな要素を占めている。人の想いが宗教や信仰を育んだことは誰しも否定しないであろう。

同様に、謎とされるもの、不思議な物事に対する人間の好奇心や疑問がさまざまな学問の土台となり、解明への追求が新たな学問を誕生させた。幸せを求める人の願望、慰めに飢えた不安な心が、占いを信じさせ、俗信にすがった。そのように、幅広い分野の用語が、実は神霊・心霊の世界と密につながっているのである。

神霊学的にいえば、心とは人に内在する魂（霊魂）、精神世界であり、潜在意識や超意識とも深くかかわっている。まさに机上の無機的な学問とは対照的な学問なのだ。

神霊学の一大テーマは、人類の幸福にある。熱い人の想いが通ってこそ、解明の進む学問といえる。神霊に関する用語の知識は、この一冊で十分であろうと自負している。神霊研究の一助とされたい。

さらに内容についていえば、一般の方にも理解しやすいように専門的すぎる解説文は避け、むしろ平易で初歩的な解説にとどめた。これは多くの方に、神霊や神霊学について知っていただきたいからである。神霊という見えない存在に気づき、神霊研究について興味を抱き、関心を深めてくだされば幸いである。この一冊が、そのきっかけとなり、新たな精神世界へのスタートの礎石になればと願っている。

最後に執筆にあたっては、日本神霊学研究会の会員および関係者各位にご協力をいただきました。衷心より謝意を申し上げます。

二〇一九年六月

日本神霊学研究会　神主 聖師教　隈本正二郎

［監修者略歴］

隈本正二郎《くまもとしょうじろう》

1965（昭和40）年、長崎市に生まれる。父、隈本確と同様、少年時代より数々の霊的体験をもつ。20歳の頃より日本神霊学研究会の初代会長隈本確教祖のもとで神霊能力者の修行を重ね、神霊治療の実践と研究を行ってきた。現在は、初代教祖隈本確の跡を継ぎ、日本神霊学研究会の神主 聖師教を務め、神霊治療と若き神霊能力者の指導・育成にあたっている。著書に『神と霊の力─神霊を活用して人生の勝者となる』『神秘力の真実─超神霊エネルギーの奇蹟』『神・真実と迷信─悪徳霊能力者にだまされるな！』『大霊界真書』『神と霊の癒─苦しみが喜びに変わる生き方』『マンガでわかる大霊界（原案・脚色）』『霊媒体質の克服─幸せを呼ぶ守護神を持て』『隈本確全著作解題〈全三巻〉（編纂・解説）』『神と魂──「神の子」「神の命」であられる貴方へ』（展望社）がある。

大霊界

神霊学用語事典

二〇一九年 八月五日 初版第一刷発行

二〇二〇年一一月六日 初版第二刷発行

監修者──隈本正二郎

編 者──日本神霊学研究会

発行者──唐澤明義

発行所──株式会社 展望社

郵便番号一一二─〇〇〇二

東京都文京区小石川三─一─七

エコービル二〇二

電 話──〇三─三八一四─一九九七

FAX──〇三─三八一四─三〇六三

振 替──〇〇一八〇─三─三九六二四八

展望社ホームページ http://tembo-books.jp/

印刷・製本──株式会社 東京印書館

定価はカバーに表示してあります。

落丁本・乱丁本はお取り替えいたします。

ISBN978-4-88546-364-8

隈本正二郎（日本神霊学研究会 神主 聖師教）の本（編纂・監修含む）

大霊界真書

大霊界とあなたの御心を結ぶ真書。

四六判上製
本体価格（２０００円＋税）
ISBN 978-4-88546-321-1

新大霊界シリーズ①

神と霊の力

神霊を活用して
人生の勝者となる

私たちは大霊界と無縁に生きることはできない。現代感覚でつづった霊界を生き抜くガイドブック。

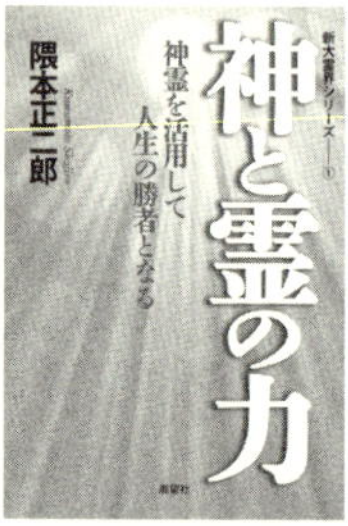

四六判並製
本体価格（１５００円＋税）
ISBN 978-4-88546-309-9

新大霊界シリーズ②

神秘力の真実

超神霊エネルギー
の奇蹟

苦労をぬぐい、強運を与え、夢をかなえる神秘力。今明かされる奇蹟のエネルギーの全貌。

四六判並製
本体価格（１５００円＋税）
ISBN 978-4-88546-314-3

新大霊界シリーズ③

神・真実と迷信

悪徳霊能力者にだまされるな！

神（真理）の光が迷信の夢をつらぬく。
真理と迷信が、いま明らかに。

四六判並製
本体価格（１５００円＋税）
ISBN 978-4-88546-320-4

新大霊界シリーズ④

神と霊の癒《いやし》

苦しみが喜びに
変わる生き方

偉大なエネルギーを浴びて安らかに生きる知恵を
あなたに。混迷の人生、苦悩の日々よさらば。

四六判並製
本体価格（１５００円＋税）
ISBN 978-4-88546-328-0

新大霊界シリーズ⑤

霊媒体質の克服

幸せを呼ぶ
守護神を持て

悪霊と闘うニュー・マニュアル　恐怖の霊障は
こうして防ぐ！　守護神の持ち方を徹底解説！

四六判並製
本体価格（１５００円＋税）
ISBN 978-4-88546-337-2

マンガでわかる大霊界

霊界の不思議と奇蹟の神霊治療
永遠のベストセラー、ついに漫画化！

A５判並製
本体価格（９００円＋税）
ISBN 978-4-88546-338-9